사라진 홍콩

사라진 홍콩

초판 1쇄 발행 2023년 9월 15일
3쇄 발행 2024년 4월 12일

지은이 류영하
펴낸이 강수걸
편집 강나래 오해은 이선화 이소영 이혜정 김성진 송연진
디자인 권문경 조은비
펴낸곳 산지니
등록 2005년 2월 7일 제333-3370000251002005000001호
주소 부산시 해운대구 수영강변대로 140 BCC 626호
전화 051-504-7070 | 팩스 051-507-7543
홈페이지 www.sanzinibook.com
전자우편 sanzini@sanzinibook.com
블로그 sanzinibook.tistory.com

ISBN 979-11-6861-169-6 03910

사라진 홍콩

우리가 '홍콩'이라
불렀던 것들의
시작과 끝에 대하여

류영하
지음

大新人壽

做好 就係香港精神

3767-8777

산지니

민중과 정부가 경험과 역사로부터
무언가를 배운 적은 한 번도 없고,
역사에서 이끌어낸 교훈에 따라 행동한 적도
결코 없었다.

헤겔

차례

일러두기

중국어는 기본적으로 국립국어원의 외래어 표기법을 따랐다. 신해혁명(1911년) 이전의 인명은 한국어음으로, 이후는 중국어음으로 표기했다. 더불어 독자의 이해와 가독성을 위해 아래와 같은 원칙을 만들었다.

1. 원세개(袁世凱), 손문(孫文) 등 신해혁명 전후로 활동한, 시기적으로 애매한 인물들의 경우 한국어 한자음으로 통일했다.

2. 그 밖의 인명과 지명 등 고유명사는 중국어음으로 통일했다. 예외적으로 신문사 이름이나 문무묘(文武廟), 삼합회(三合會), 침회대학(浸會大學), 금마장(金馬獎), 객가어(客家語), 보통화(普通話) 등과 같은 고유명사는 가독성과 빠른 이해를 돕기 위해 한국어음으로 표기했다. 다만 『사과일보(蘋果日報)』는 그 이름의 특수성을 존중했다.

3. 홍콩섬(香港島), 침사추이(尖沙嘴), 몽콕(旺角), 센트럴(中環), 청킹맨션(重慶大廈) 등과 같이 이미 한국인의 입과 두뇌에 익숙한 용어는 영어식 또는 광둥어음을 그대로 따랐다. 레이초우(周蕾), 프룻 첸(陳果), 성룡(成龍), 이소룡(李小龍) 등과 같이 한국에 이미 널리 소개된 유명인의 경우 그 경향을 존중했다.

4. 광둥성(廣東省), 주강(珠江), 광저우만(廣州灣), 주룽반도(九龍半島) 등과 같은 조합의 단어는, 빠른 이해와 현지에서의 활용을 위해 앞의 (고유)명사는 중국어음으로 하고, 뒤의 일반명사는 한국어음으로 달았다.

프롤로그

홍콩과 나

홍콩은 끝났을까?

누구는 끝났다고 하고, 누구는 아니라고 한다. 끝났다고 하는 사람은 홍콩 가치 즉 민주는 퇴보하고, 자유가 사라졌다는 것에 의미를 둔다. 아니라고 하는 사람은 무역항으로서의 중요성과 경제 역량을 늘어 설명한다. 모두 성납이라고 할 수 있나. 두 가지 모두가 홍콩의 정체성이었으니까 말이다.

1840년 아편전쟁부터 시작된 홍콩의 역사는 1997년 중국으로의 주권반환 이전과 이후로 나눌 수 있다. 하지만 홍콩 역사는 2020년 6월 발효된 홍콩보안법 이전과 이후로 한 번 더 나누어진다. 보안법 효과는 실로 엄청났다. 중국 입장에서 보면 골치 아픈 홍콩을 납작하게 만든 신의 한 수였고, 홍콩 입장에서 보면 한 방에 홍콩을 죽인 통한의 한 수였다. 지금의 분위기로 볼 때 앞으로 홍콩에서 정치적인 시위는 일어날 수 없다.

최근 홍콩의 인구 감소와 두뇌 유출이 심각하다. 2022년에는 (2018년에 비해) 노동인구가 20만 명이 감소했다. 2019년 9월~2022년 9월의 3년 동안 6만 8천여 명의 초중등학생이 홍콩을 떠났다. 2018년 9월~2019년 9월에 비해서 열 배 넘게 증가한 수치다. 세상에는 언제나 남는 사람과 떠나는 사람이 있다. 그것은 그 사람 두뇌가 결정한다. 누구는 살 만하다고 느끼고 누구는 견딜 수 없다고 판단한 결과인 것이다. 그렇게 해서 남거나 떠난다. 늘 그렇듯이 홍콩은 이제 남는 사람들의 것이다.

사회심리학자 리처드 니스벳은 『생각의 지도』에서 그리스인이 생각하는 행복은 '아무런 제약이 없는 상태에서 자신의 능력을 최대한 발휘하여 탁월성을 추구하는 것'이라고 했다. 홍콩인의 행복을 정의하기에 더 이상 적절할 수 없는 표현이다. 홍콩인들은 정말 '아무런' 제약을 받지 않고 자신의 능력대로 살았다. 자유, 그러니까 무한 자유는 홍콩 정체성을 말할 때 빠지지 않는 장점이었다. 하지만 지금은 어떨까? 지금도 아무런 제약이 없는 상태일까? 대답은 부정적일 수밖에 없다. 정말 이것은 최선의 결과일까?

1997년 주권 반환 이후 전개된 홍콩 역사를 되돌아보면 마음이 불편하다. 중국이나 홍콩 모두가 만족하는 답을 얻을 수는 없었을까? 철학자 마르쿠스 가브리엘은 『왜 세계사의 시간은 거꾸로 흐르는가』에서 민주적인 판사는 진실을 찾기만 하는 것이 아니라, 쌍방의 이익을 고려한다고 했다. 그렇게 해서 민주주의가 제 기능을 한다는 것이다. 결론적으로 민주주의는 완만한 관료적 과정이라는 것을 이해하지 않으면 안 된다고 했다.

역사는 낭만이 아니고 현실이라는 말이다.

주권 반환을 앞둔 시점인 1987년부터 나는 홍콩에서 중국-홍콩 관계를 지켜보기 시작했다. 1995년 귀국 이후에는 한국에서 양자의 일거수일투족을 내내 '감시'하고 있었다. 중국-홍콩 관계, 즉 두 정체성의 조우는 때로는 달콤했고, 때로는 씁쓸했고, 때로는 위험했다. 하지만 시간이 흐를수록 내 머릿속에는 무언가 부정적인 결말이 다가오고 있다는 느낌이 슬금슬금 피어났다. 에라스무스는 말과 글의 전쟁이 오래가면 폭력으로 끝을 맺는다는 말을 남겼다. 그는 정체성 충돌의 마지막 결말을 알고 있었다. 물론 현재 진행 중인 우크라이나-러시아 전쟁의 밑바닥에도 양국의 정체성 문제가 도사리고 있다.

고교시절까지 내게 홍콩은 '홍콩 아가씨'라는 유행가 가사에 나오는 상상의 도시였다. 이소룡(李小龍)이라는 희대의 영화배우가 사는 동네였다. 영화 속에서 악당이 먼저 흉기를 들고 나오면, 이소룡은 마지못해 쌍절곤으로 대응하곤 했다. 하지만 일단 쌍절곤을 꺼내면 악당이 후회해도 소용없을 만큼 응징했다. 지금 생각해도 답답하고 암울했던 그 시절 우리들 가방에도 쌍절곤이 들어 있었다. 영화에서처럼 나쁜 놈들을 응징하겠다는 일념으로 점심시간 때 연습 삼아 친구들을 향해 휘둘렀다.

중문과에 입학하고 이영희의 『전환시대의 논리』나 에드가 스노우의 『중국의 붉은 별』 등의 책을 접하면서 나는 중국을 배우기 시작했다. 중국에 마오써둥(毛澤東)이라는 지도자가 있다는 것을 알고 막연하게 그를 동경하고 숭배하는 마음이 깃들기 시작한 것도 그즈음이었다. 그를 무조건 정의를 위해서 투쟁한 사람이라고 단정하면서 그에 관한 책을 사 모으기도 했다. 하지만 역사적인 인물에 대한 단정은 역사에 대한 확신만큼 어리석다는 것을 곧 알게 되었다.

학부 3학년쯤에 나는 친구로부터 대륙에서 발행되는 책을 살 수 있다는 정보를 얻었다. 사회주의를 날것 그대로 볼 수 있다니 그야말로 신천지가 열리는 듯한 낭보였다. 그렇게 해서 '인민출판사'가 발행한 '불온서적'이 내 책상 앞에 놓이게 되었다. 홍콩을 통해서였다. 그렇게 홍콩은 내게 성큼 다가왔다. 지금 생각해보면 학부를 졸업하자마자 유학지로 홍콩을 선택한 것도 내 지적 호기심의 자연스러운 귀결이었다.

그날
이후

2018년 홍콩에서 내 책 『중국 민족주의와 홍콩 본토주의』(중국어본 제목 『香港弱化』)가 나온 그때부터 나는 긴장했다. 홍콩역사박물관의 스토리텔링을 분석한 책인데, 홍콩 정체성을 다룬 책이라 주목을 받는 것이 당연했다. 홍콩의 여러 언론으로부터 인터뷰 요청이 들어왔다. 홍콩을 오랫동안 연구해온 외국인 학자가 홍콩에 관한 책을 냈다는 것부터가 뉴스가 되기에 충분했다.

하지만 세상 사람들 마음이 어디 내 마음 같은가! 게다가 홍콩이나 중국 당국이 홍콩에서 일어나고 있는 모든 일에 대해 극도로 신경을 쏟고 있는 시점이었다. 책이 정치와는 전혀 상관이 없다고 해봐야 안 믿어주면 그만 아닌가! 책에서 한 줄을 떼어내어 외국인 학자가 홍콩 독립을 선동했다고 하면, 나는 헤어나올 수 없는 수렁에 빠질 것이었다. 책이 나온 이후 나는 언행을 조심했다. 인터뷰 요청을 모두 완곡하게 거절했다.

내 책은 홍콩역사박물관의 스토리텔링 주체가 홍콩이 아니라 중국이라는 것을 밝힌 작업이었다. 홍콩인이 만든 것이 아니라 중국인이 만든 것처럼 보인다는 말이다. 홍콩역사박물관의 서사는 홍콩 정체성을 인정해주기보다는 중국과의 동질성을 강조하는 스토리텔링이었다. 홍콩역사박물관은 홍콩이 아닌 중국으로 편향되어 있었다. 나는 책을 통해 홍콩 정체성을 인정해주는 것이 중국(국가)과 홍콩(지역)이라는 세계사 초유의 특수한 관계망, 즉 '중국-홍콩 체제'* 안정에 도움이 된다는 것을 간접적으로 주장했다. 무릇 지역 정체성을 비롯 세상에 소중하지 않은 정체성은 없다.

홍콩국제공항에서 입국심사를 받을 때마다 '꽝' 하고 스탬프가 찍히기를 기다리는 시간이 매우 길게 느껴졌다. 홍콩은 물론 중국으로 들어갈 때나 나올 때도 똑같이 긴장되었다. 심사대 앞

---

* 　홍콩의 주권은 1997년 영국에서 중국으로 반환되었다. 식민지가 독립되지 못하고 종주국으로 반환된 첫 번째 사례였다. 그 사실을 인식하는 것이야말로 중국-홍콩 관계를 이해하는 출발점이자 종착점이나. 완전히 다른 두 개의 정체성이 절체절명의 순간에서 접점을 찾아내야만 했다. 그런 의미에서 나는 『방법으로서의 중국-홍콩 체제』(소명출판, 2020)에서부터 이 용어를 사용하기 시작했다.

에서 나는 홍콩에서의 내 종적을 되새기고 있었다. 그렇다. 나는 자기 검열을 하고 있었다. 실제로 일본이나 대만 등 외국의 국회의원과 학자가 홍콩 공항에서 입국이 거부되고 있음을 알고 있었기 때문이다.

'내가 누구를 만나고 돌아다녔지? 그때 실언한 적은? 진심을 담은 말은 한 적이 없던가? 몇 해 전 홍콩의 대표적인 중립지『명보(明報)』에 홍콩과 한국의 시위문화를 비교한 내 글이 실린 적이 있었지. 아니, 어떤 세미나에서는 막연하게나마 홍콩 지지를 표명한 적도 있구나.' 나도 체포될 수 있고 조사받을 수 있었다.

외국인인 내가 이렇게 심리적인 압박을 받는다면, 홍콩인들의 압박감은 말해 무엇 하겠는가! 홍콩에서 열리는 세미나에 불려 갈 때마다 나는 홍콩 친구들의 간절한 눈빛을 보았다. '말해다오, 네가 대신 말해다오, 우리 홍콩 처지를, 우리 너무 답답해, 질식해서 죽을 것 같아!' 홍콩 역사 세미나에 참석한 청중들의 한숨 소리는 영원히 잊히지 않을 것 같다.

몇 년 전부터 홍콩 조야에서 '외국 세력과의 결탁'이라는 말이 유행하기 시작했다. 한국인인 나와 식사하는 자리에서 홍콩 친구들은 농담 반 진담 반으로 '우리는 지금 외국 세력과 결탁을 하고 있어'라는 말을 자주 했다. 실제로 우리는 곧 그런 죄명으로 줄줄이 체포되는 활동가들과 정치인들을 보게 되었다. '외국 세력과 결탁'은 이제 중국 정부가 가장 많이 사용하는 경고성 수사 중의 하나가 되었다.

홍콩에서 인문학 관련 세미나가 사라진 지 이미 오래다. 홍콩 정체성 관련 책 출판이 뜸해졌다. 아니 사라졌다. 심지어 초중등 학교도서관과 각종 도서관 그리고 서점에서 홍콩 정체성이나 민주를 주장하는 책들이 몇 차례에 걸쳐 퇴출되었다. 뿐만 아니라 2023년 7월에는 정부가 공공도서관에 홍콩법률과 국가안전을 위해하는 도서에 대한 고발 창구를 개설하라는 지시를 내렸다. 홍콩은 이제 중국의 소수처럼 다루어질 것이다. 티베트, 신장 등의 현재를 떠올려보면 간단하다. 그들은 정체성은 뚜렷하지만 다르다고, 또 인정해달라고 말하지도 못한다. 그들은 입은 있으나 말을 할 수는 없다. 개인이나 지역이나 국가나 자신의 다름을 인정받지 못할 때 불행하다. 내가 나로서 인정받지 못하는 것보다 더 슬픈 일이 있을까?

정체성과
두뇌 구조

나는 두뇌과학에 관심이 많다. 홍콩 정체성을 공부하기 시작하면서, 사람 두뇌에 관심을 가지기 시작했다. 홍콩인의 '독특한' 성격(두뇌)이 궁금했기 때문이다. 홍콩인은 한국인과 다르다. 두뇌 구조가 다르기 때문이다. 이제 나는 더이상 '저 사람은 왜 저래?', '저 사람을 이해할 수 없어'라는 말을 하지 않는다. 그 사람이 그런 이유는 그 사람 두뇌가 그렇게 생겼기 때문이다. 그 사람도 어쩔 수 없는 상태인 것이다. 모두가 선천적(유전자)이고, 후천적(환경)인 영향 때문이다.

나는 한동안 유전자 결정론의 지배를 받았다. 인간은 근본적으로 이기적이기에 치열하게 경쟁할 수밖에 없는 존재라는 개념은 진화생물학자 리처드 도킨스의 『이기적 유전자』를 통해 세상에 확산되었다. 하지만 신경과학자 요아힘 바우어는 『공감하는 유전자』에서 이 담론을 강력하게 반대했다. 바우어는 유전자가 누군가에 의해 연주되는 피아노와 같다고 주장한다. 그만큼 변화 가능성이 무궁무진하다는 것이다. 그는 자기 삶과 주변 사람을 대하는 내면의 기본 태도가 유전자 활동에 영향을 준다는 사실을 발견했다.

사람은 자신의 두뇌 구조에 따라 판단하고 행동한다. 교육학자 바버라 오클리는 가정교육, 종교, 정치적 신념, 교육적 배경, 노동 경험 등 이 모든 것이 사람의 신경계 수정체를 각각 다르게 만들어 낸다고 했다. 성장 환경은 사람의 두뇌 구조 형성에 큰 영향을 미친다. 개인은 물론 지역(국가) 정체성 역시 그렇게 만들어진다고 보는 것이 사회심리학이다.

이 책을 읽는 독자들에게 자신은 어떤 유형의 사람인지 한번 판단해보기를 제안한다. 단순하게 보자면 세상에는 두 가지 유형의 두뇌가 있다. 영화나 드라마를 보면서 눈물을 줄줄 흘리는 경우는, 측두엽이 활성화되어 있는 사람이다. 반면에 '저게 말이 되냐 안 되냐'를 따지면 전두엽이 활성화되어 있는 사람이다. 감정적인 두뇌와 이성적인 두뇌라는 말이다. 어느 쪽 두뇌가 활성화되어 있느냐에 따른 결과로 현재 여러분은 지금 그 자리에 있다.

심리학자 조너선 하이트는 미국 정당 당원들의 성향을 분석했다. 그는 『바른 마음』에서 공화당원은 도덕심리학을 잘 이해하고 있지만, 민주당원은 그렇지 못하다는 결론을 내린다. 공화당은 기독교로부터 신성함 및 성생활과 관련된 강력한 사상적 프레임을 전수받고 있었다. 이를 바탕으로 민주당을 소돔과 고모라 정당이라는 이미지에 가두어버린다는 것이다.

나는 여기에서 조너선 하이트가 주목한 바와는 다르지만, 사람들 간 두뇌 구조의 차이를 발견했다. 공화당과 민주당 당원들은 두뇌 구조가 다른 것이다. 다르기 때문에 각각 다른 정당을 지지하는 것이다. 조너선 하이트는 또 다른 실험을 했다. 배려, 공평심, 충성심, 권위, 고귀함 등 다섯 가지의 도덕성 기반에 대한 여론을 비교했다.

진보주의자들은 충성심, 권위, 고귀함 등 세 가지 기반을 중시하지 않았다. 되풀이된 실험에서도 진보주의자들은 배려와 공평을 나머지 세 가지보다 훨씬 중요하다고 생각했고, 반면에 보수주의자들은 다섯 가지 모두를 엇비슷하게 중시했다. 애완견을 골라야 하는 실험에서도 비슷한 반응을 보였다. 진보주의자들은 상냥하고, 주인과 평등하게 지내는 개를 원했다. 반면에 보수주의자들은 충성스럽고, 순종적인 개를 원했다.

그들은 서로 많이 다르다. 심지어 문장에 대한 반응도 서로 달랐다. 조너선에 의하면, 진보주의자들의 두뇌는 배려와 공평의 중요성을 부정하는 문장을 접할 때 큰 충격을 받았다. 물론 충성심, 권위, 고귀함의 중요성을 지지하는 문장을 접할 때도 보수주의자들보다 더 큰 충격을 받았다.

영화 <레미제라블>에서 '민중의 노래'를 들으면서 눈물을 흘린 사람들이 많았다고 한다. 그 노래를 들으면 자기도 모르게 눈물이 나온다는 것이다. 눈물을 흘리지 않으면 공감 능력이 부족한 것처럼 보이는데, 눈물이 많은 사람이 공감 능력이 좋다는 것은 우리의 착각이다. 눈물은 공감 능력과는 크게 상관이 없고, 두뇌 구조와 관계가 있다.

문제는 그다음이다. '울면 바보 된다'는 속담이 있다. 최근 두뇌과학으로 보면 우리 조상들은 똑똑했다. 격언이나 속담은 하루아침에 만들어지는 것이 아니다. 오랜 시간 동안의 가르침과 경험이 쌓이고 쌓여서 만들어지는 것이고, 그것이 그 집단의 정체성이 된다. 따라서 격언과 속담에 따라 살면 적어도 그 사회에서는 크게 어긋나는 법이 없다. 아니 성공한다. 울면 측두엽이 활성화되고, 측두엽이 활성화된다는 것은 전두엽의 기능이 떨어진다는 것을 의미한다. 한번 측두엽이 활성화되면, 도파민에 중독이 되는데 매번 눈물을 흘릴 거리를 찾게 된다. 그럴수록 전두엽의 기능은 위축되어 현실(실리)적인 판단과는 점점 더 멀어지게 되는 것이다.

'도덕은 사람들을 뭉치게도 하고, 눈멀게도 한다'라는 명제가 있다. 나는 도덕이라는 말을 정체성으로 치환할 수 있다고 생각한다. 우리가 확신을 가지고 있는 도덕은 우리를 뭉치게도, 눈멀게도 한다. 양날의 검이라는 말이다. 긍정적으로는 뭉치게 하지만, 부정적으로는 한 치 앞도 못 보게 하는 것이다. 결국 그 사람의 머리가 좋고 나쁨은 IQ가 기준이 아니라, 스스로를 돌아볼 수 있는 능력에 달려 있다고 봐야 한다. 바로 전두엽이 제대로 역할을 수행하고 있어야 하고, 그것을 건강한 두뇌라고 할 수 있다. 그것을 사회에 적용한다면 자정 기능, 즉 자기비판 기능이 제대로 살아 있는 사회가 건강한 것이다.

리처드 도킨스는 『만들어진 신』에서 "누군가 망상에 시달리면 정신이상이라고 한다. 다수가 망상에 시달리면 종교라고 한다"라는 로버트 퍼시그의 명언을 빌려 책을 시작하고 있다. 작가 다치바나 다카시는 일본 사회가 한때 제도적 또는 비제도적인 사회적 압력이라는 형태로 젊은이들에게 편향된 입력을 했기에 사회가 편향된 두뇌 소유자 중심이 되었음을 지적했다. 무엇보다도 균형 잡힌 입력을 통해 균형 잡힌 두뇌로 키워나가는 것이 중요하다고 했다.

두뇌과학을 어느 정도 공부했을 즈음, 나는 사회심리학과 문화심리학을 만났다. '개인 두뇌처럼 사회에도 두뇌가 있지 않을까? 사회라는 두뇌도 개인의 두뇌와 유기적인 관계를 가지고 서로 영향을 주고받는 것은 아닐까?'를 고민하던 참이었다. 사회심리학은 사회라는 환경이 개인에게 얼마나 중요한지, 그 반대로 개인이 사회라는 환경의 형성에 미치는 영향을 연구하는 학문이다. 문화심리학 역시 인간 행동에 영향을 주는 역사적, 문화적 맥락을 중시한다.

철학자 마르쿠스 가브리엘은 정체성을 대하는 태도에 대해 이렇게 조언했다. 우리가 대화를 나누고 있는 상대가 특정한 정체성의 대표라고 생각하지 말아야 한다는 점을 우선 강조했다. 그들에게는 그들 지역의 다양한 전통이 내재된 행동 패턴이 있다는 점을 인정해야 한다. 따라서 그들에게 경의도 표하지 말 것이 며, 그렇다고 무시하지도 말라고 조언했다.

홍콩 사회는 시종일관 '애매한 공간', '제3공간', '제3지대'로 규정되어 왔다. 그만큼 정체성이 분명하지 않았던 공간이다. 또 는 홍콩 안에 색깔이 모호한, 회색지대가 많다는 말이었다. 게 다가 아무도 이런저런 정체성을 강요하지 않았고, 강요당하지 않았다. 1997년 중국으로의 주권 반환을 전후하여 홍콩인들은 어쩔 수 없이 자신들의 신분을 인식하게 되었다. 나아가서 더 이 상 애매한 공간에 머무르지 않겠다는 의지가 점점 더 강해졌다. 홍콩을 '애매한' 공간에 두지 않고 확고한 국가관을 부여하겠다 는 중국의 의지 또한 강했다.

이 경우 '닭이 먼저냐 알이 먼저냐' 하는 논쟁도 가능하다. 그 만큼 '애매한' 공간 홍콩을 '애매하지' 않은 공간으로 바꾸어버 리겠다는 유무형의 압력이 가해졌던 것이다. 사실 '애매한' 관계 나 정체성이 정답일 경우가 많다. 어느 한쪽도 고집을 피우지 않 을 때, 도달할 수 있는 경지이기 때문이다. 이쪽이나 저쪽이나 서로에게 양보했을 때 얻을 수 있는 평화이기 때문이다. 문제는 관계의 '애매함'을 '분명함'으로 전환하고자 할 때부터 발생한 다. 어느 순간부터 중국은 중국대로 홍콩의 '분명함'을 원했고, 홍콩 역시 자신의 '남다름' 즉 정체성을 인정해달라는 요구를 하 기 시작했다. 게다가 점점 더 목소리를 높이기 시작했다.

정체성이 분명해진다는 것은 타자화의 힘 역시 그만큼 증가함 을 뜻한다. 그렇게 홍콩은 더 이상 '제3공간'이 아닌 한쪽, 즉 독립으로의 정체성을 띠기 시작했고 그것이 중국의 주의를 환기시켰고, 심지어 우려를 야기했다. 즉 정체성은 '타자'와 '나' 사이 상호 작용의 결과물이라는 것이 내 결론이다. 따라서 지역(국가) 정체성은 망하지 않고, 그저 하염없이 재편될 뿐이다.

사회와
인간

리처드 니스벳은 『생각의 지도』에서, 비교 문화적 관점에서 볼 때 홍콩이 매우 흥미로운 곳이라고 했다. 그는 홍콩에는 동양과 서양의 문화적 특성이 공존하고 있다고 했다. 이런 이유로 홍콩인들은 동양문화를 상징하는 이미지를 보면 동양식으로 사고하고, 서양문화를 상징하는 이미지를 보면 서양식으로 사고하게 된다고 했다. 홍콩인들이 그만큼 혼종적이라는 말이다. 그것이 홍콩이라는 지역의 정체성이었다. 사람의 두뇌가 지역적 정체성을 구성한다고 볼 때, 홍콩인들의 두뇌 구조 즉 사고방식이 혼종적이었다.

니스벳에 의하면, 미국인들은 능력이란 원래부터 주어진 것 아니면 없는 것이라고 생각한다. 능력이 없으면 노력을 해도 별 수 없다는 생각이 팽배해 있다. 하지만 동양인들은 노력을 하면 누구라도 수학을 잘할 수 있다고 믿는다. 홍콩인들에게 두 가지, 즉 중국인 특징과 영국인 특징이 겹친다는 것은 분명하다. 홍콩인 중에는 노력해도 안 된다고 생각하는 사람도, 노력하면 된다는 사람도 있을 것이다. 또는 두 가지 착종된 생각이 두뇌를 통해서 어떤 행태로 체현될 기회를 호시탐탐 기다리고 있을 것이다.

홍콩인들의 이런 혼종적인 두뇌 특징은 홍콩 사회와 역사에서 어떻게 체현되고 구현되었을까? 반대로 홍콩 사회와 문화는 홍콩인들의 혼종적인 두뇌 구조 형성에 어떤 영향을 주었을까? 홍콩은 모든 식민지가 그러하듯 뚜렷한 신분사회였다. 영국인과 중국인은 출발선부터 달랐다. 뿐만 아니라 중국인 중에서도 소수 엘리트만이 식민지의 '충실한' 일꾼으로 선발되었다. 단일한 문화나 민족이 주체가 된 사회와는 완전히 다른 뚜렷한 특징을 가질 수밖에 없는 성장 환경이었다.

가령 홍콩인들은 개인 성향이 매우 강하고 이해관계를 매우 중시한다는 인식이 있다. 내가 느낀 바, 그들은 대답하기 곤란한 경우 정면으로 대응하지 않고 회피하는 것으로 일관했다. 그것은 그 사람의 개인적인 특징일 수도 있지만—지금도 나는 홍콩인을 경험한 중국인이나 대만인에게 홍콩인과의 접촉 경험을 묻고 다닌다—매우 많은 경우가 그러하다면 그것은 사회심리의 한 단면일 수도 있다. 반대로 그런 사회적 특징은 다시 개인의 성격 형성에 큰 영향을 미칠 것이다.

과연 홍콩인들은 홍콩 사회에 진심이었을까? 자신의 성장환경에 대해 지속적인 성찰을 했을까? 세계 최고 수준의 빈부격차는 중국-홍콩 갈등에 얼마만큼의 영향을 주었을까? 철저하게 나누어진 신분은 사회심리 구성에 어떤 작용을 했을까? 중국은 그것을 오랫동안 연구해오고 있지 않았을까?

나는 한동안 홍콩 인구 7백만 명 중 1~2백만 명이나 되는 많은 사람들이 길거리로 나와 민주화를 요구하는 시위를 전개했다는 것에 집중했다. 하지만 요즘 나는 홍콩 인구 7백만 명 중 5백만 명은 시위에 나오지 않았다는 점에 주목하고 있다. 그들은 왜 시위를 하지 않았을까를 따져보면 홍콩 사회에 대한 이해가 빠를 것 같다. 비단 홍콩뿐 아니라 모든 지역(국가)을 분석할 수 있다. 길거리로 나온 사람들은 적어도 홍콩 민주화 또는 독립을 요구했음이 분명하다. 적어도 홍콩의 현재에 대해서 불만이었다. 그렇다면 시위에 참가하지 않았던 사람들은 현상에 만족했을까? 아니거나 의견 표명을 유보했다. 시위를 극도로 혐오하는 사람도, 시위를 반대하는 시위도 있었다.

　어쩌면 세상에 사실은 존재하지 않으며, 오직 의견 차이만이 존재한다는 탈진실(post-truth)과 포스트 팩트(post-fact)만이 사실일 수 있다. 사회심리학자 쿠르트 레빈은 인간의 행동은 개인과 환경이 상호작용한 결과라고 했다. 나는 이런 문제의식을 가지고 홍콩 정체성이 어떻게 형성되고 분화되고 재조립되고 있는지를 살펴보고자 한다.

　방법론은 주로 신경과학(두뇌과학), 사회심리학 등일 테지만 독일 철학자 마르쿠스 가브리엘이 말하는 '신실재론(New Realism)'이 될 수도 있겠다. 그는 이 이론을 이렇게 설명했다. 왜 똑똑한 돌고래는 인간이 먹어도 되고, 멍청한 인간은 먹으면 안 되는지를 생각하는 것이라고 빗대어 말했다. 그는 문화적 배경이 다르기 때문에 문화적 이질성이 생성된다고 말한다. 문화적인 배경 때문에 또는 덕분에 우리 인간은 완전히 다른 생각을 하게 된다. 어떤 곳에서는 개 식용을 금기시하지만, 다른 곳에서는 맛있는 보양식이 되기도 한다.

홍콩에 도착하고 얼마 지나지 않았을 때다. 젊은 부부가 집주인이었다. 남자는 프로 축구선수였다. 그는 훈련을 마치고 귀가하면서 꼭 비둘기구이 한 마리를 사 들고 왔다. 텔레비전으로 유럽의 축구경기를 보면서 맥주와 함께 맛있게 먹었다. 어느 날 내가 물었다. 평화의 새를 먹으면 되나? 그가 되받았다. 먹으면 배에 평화가 오지! 그럼에도 내 배의 평화를 위해서 맛있는 비둘기 고기를 '영접'하기까지 오랜 시간이 걸렸다. 한국에서 자란 나와 홍콩에서 자란 그의 생각은 이렇게 달랐다. 성장 환경은 이렇게 하늘과 땅 차이의 인식 구조를 만들어낸다.

알다시피 반팔 옷을 입을까 긴팔 옷을 입을까 하는 고민은 선택의 문제다. 마르쿠스는 절대 옳고 그름의 문제가 아니라고 강조한다. 하지만 많은 사람들 또는 국가가 이 고민을 시비의 문제로 바라보고 있고 게다가 강요하고 있는 것이 현실이다. 나는 오랫동안 '중국-홍콩 체제'의 정체성 갈등을 지켜보면서 이 스토리를 떠올렸다. 그 지역(국가)의 문화적인 배경 즉 정체성은 어떻게 형성되는 것일까? 다시 그 정체성은 그 지역(국가)의 문화 형성에 어떤 영향을 줄까?

오스트리아와 스페인에서는 무슬림을 비하하여 '바퀴벌레'라고 부른다. 동등한 인간은 언감생심 차치하고라도 네발 달린 동물 자격도 안 되는 '타자'인 것이다. 중국은 홍콩에게, 홍콩은 중국에게 '바퀴벌레' 같은 사이였다. 중국 국가주의와 민족주의 의식으로 철저하게 무장된 중국인들에게 홍콩의 독립적인 정체성을 주장하는 홍콩인들은 '바퀴벌레'였다.

그 반대도 성립한다. 영국식 자유를 맛본, 그리고 스스로 '영국인'이라고 생각하는 홍콩인들에게 중국 국가주의로 무장한 중국인들은 '바퀴벌레'로 보였을 것이다. 그렇게 본다면 홍콩 역사는 아니 홍콩 정체성의 역사는 중국인들에게 '바퀴벌레'의 역사일 수도 있다. 중국인들에게 홍콩 역사 또는 홍콩인들의 역사라는 것은 '바퀴벌레'로 성장하는 역사의 다름 아니다.

마르쿠스 가브리엘은 인간에게는 수많은 편견이 있다고 전제하고, 편견을 제거하기 위해서는 정신적인 단련이 필요하다고 했다. 자신의 두뇌에 대한 경각심 등 끊임없는 노력이 필요하다는 말이다. 편견은 일반화의 오류인데, 명백한 오류가 문명을 움직이는 구동력이 되고 있다고까지 했다. 중국과 홍콩 관계 즉 1997년 주권 반환 이후의 '중국-홍콩 체제'를 지켜보면서 나는 늘 양쪽의 편견을 보아왔다.

중국과 홍콩은 서로를 모르고 있었고, 알려고 하는 노력도 부족했다. 편견은 새로운 편견을 낳았고, 그 편견은 확대 재생산을 거듭했다. 서로 자신들의 확증 편향만을 도모했고, 확증 편향은 다시 우리 편만 옳다는 내집단 편향을 추동했다. 더불어 자신들의 생각에 대한 경각심은 나날이 옅어져갔다. 어느 날부터는 '바퀴벌레'가 '코끼리처럼 커진 괴물'이 되고 있었나.

갈등과
모순

역사는 발전할까? 발전하고 있는 것일까? 슬픈 역사라는 말을 하는데, 역사는 슬플 수 있을까? 역사에 인격을 부여할 수 있을까? 사람들은 조선이 망했다는 말을 자주한다. 조선이 누구누구의 잘못으로 망했다는 말을 많이 한다. 망했다는 기준은 무엇일까? 조선이 망하지 않았다면 영원히 승승장구했을까? 대원군 또는 고종 또는 민비가 잘했다면, 조선은 영원히 발전했을까? 한걸음 더 나아가서 조선이 망하지 않고 영원했다면, 지금 우리는 더 행복한 삶을 살고 있을까?

마르쿠스 가브리엘은 해결책과 문제점에는 다양한 요소가 얽혀 있다고 했다. 어떤 한 가지 방법으로 모든 것이 해결되는 것은 아니라는 것이다. 나는 개인사나 역사를 성공과 실패라는 이분법적 시각으로 보는 태도는 모두 잘못된 것이라고 생각한다. 역사적 진실은 결과에 있는 것이 아니고, 그런 결과에 도달하게 된 과정에 있다.

칡나무와 등나무가 얽히는 '갈등'과 창과 방패의 '모순'이 중층적으로, 복합적으로 작용해서 나온 결과가 역사이기 때문이다. 역사는 갈등과 모순의 결과물이라는 사실이야말로 우리가 역사에서 배워야 할 가르침이다.

돌이켜 보면 19세기부터 중국은 성공과 실패의 연속선상에 있었다. 하지만 사람들은 성공이냐 실패냐 또는 선이냐 악이냐 즉 이분법으로 역사를 바라보는 데 익숙하다. 그 이분법은 또 다른 논쟁을 불러오지만 사실 그 논쟁 역시 이분법의 테두리 속에 있을 뿐이다. 모두 자기 확신에 가득 차 있기 때문이다.

세계사적으로 보면 19세기는 변화의 시대가 아니었을까? 누구나 어쩔 수 없이 변화할 수밖에 없는 때가 아니었을까? 세계인 한 사람 한 사람이 변화의 기운을 조금씩 느끼고 있었을 것이다. 무언가 새로운 기운이 나를 향해 조금씩 다가오고 있다는 그런 느낌 말이다. 아무도 피할 수 없는 거대한 흐름 앞에 개인도 국가도 예외일 수는 없었다.

1840년 아편전쟁부터 지금까지 홍콩 정체성의 변화를 정리하면 우리는 역사에서 진정한 교훈을 배우게 될 것이다. 그런 차원에서 홍콩 역사를 정리하고 싶었다. 역사에서 무엇을 배워야 하는지? 불편한 진실의 소중함이 무엇인지? 왜 양자 입장을 모두 들어보아야 하는지? 를 알게 될 것이다.

나는 이 책에서 '중국'과 '홍콩'의 정체성은 무엇인지? 그것이 어떻게 다르며, 어떻게 형성되었는지? 나아가서 '중국'과 '홍콩'이라는 정체성이 왜 충돌하게 되었는지를 추적할 것이다. 특히 왜 충돌할 수밖에 없었는지에 방점을 두고 싶다. 역사는 갈등과 모순의 결과물이다. 모순과 갈등은 각기 다른 정체성이 만들어낸다. 지역과 지역 사이, 국가와 국가 사이의 갈등은 그 지역과 국가의 정체성 때문에 발생한다.

우리가 기억해야만 하는 것은 지역과 국가는 지역민과 국민이라는 개인 정체성의 집합체라는 사실이다. 물론 궁극적으로는 개인과 개인, 지역과 지역, 국가와 국가라는 정체성 사이의 갈등과 그 해법을 알아보는 것이 이 책의 목표라고 할 수 있다. 앞에서 말했듯이 인문사회적인 관점에서 접근할 것이다.

원고를 최초로 생성한 날을 기록해놓는 버릇이 있는데, 여기에는 2016년 8월 20일로 되어 있다. 홍콩의 정체성 변화에 대해 정리해보고 싶은 욕심과 함께 시간이 그렇게 흘렀다. 원고의 일부는 『딴지일보』에 「홍콩의 진실」이라는 제목으로 연재(2021년 7월~2022년 1월)되었다. 신문사 측에 감사의 뜻을 표한다.

무엇보다도 책이 나오기까지 산지니 출판사와 강나래 편집자의 도움이 컸음을 밝혀두어야겠다.

2023년 8월 춘천 우유당(優游堂)에서
류영하

1장

아편과
전쟁과
역사

홍콩섬과 주룽반도를 왕래하는
스타 페리

홍콩섬과
아편전쟁

　　홍콩섬(香港島)은 1800년대 중엽인 아편전쟁 발발 이전까지만 해도 매우 애매한 곳이었다. 홍콩을 표현할 때 '애매한 신세'라고 하는 경우가 많다. 그곳에 살고 있던 사람들도 예전이나 지금이나 뚜렷한 정체성이 없다는 말이다. 당시 홍콩섬은 중앙정부 통제권이 미치기도 하고, 해적들이 드나드는 곳이기도 한 인구 8천 명 정도의 어촌이었다. 그런 홍콩섬을 제국주의 영국이 주목했다. 홍콩섬과 주룽반도(九龍半島)가 얼마나 중요한 교통의 요충지인지는 동남아시아 지도나 세계지도를 놓고 들여다보면 바로 알 수 있다.

　　홍콩섬은 중국 대륙과 동남아시아를 연결하는 관문임과 동시에 태평양을 향하는 길목이다. 나아가서 유럽, 아프리카, 인도, 동남아의 해운을 연결하는 위치에 자리 잡고 있다. 광둥성(廣東省)의 젖줄인 주강(珠江) 입구에 위치하고 있어 중국 내륙으로 진출이 쉽다. 게다가 황해로 거슬러 올라가는 길목을 차지하고 있다. 오늘날 시진핑(習近平) 주석의 핵심 정책인 세계를 띠(帶) 하나와 길(路) 하나로 연결하자는 '일대일로(一帶一路)' 정책의 그림이 그대로 보이는 곳이다.

　　홍콩섬은 수심이 깊어 큰 배가 정박하기 좋은 천혜 항구였다. 일찍이 바다를 오가는 세계인들에게 생필품을 보급하는 보급기지 역할을 담당하고 있었다. 홍콩은 아편전쟁으로 '역사 전면에 등장'했다. 아니, 역사의 전면에 등장했다고 일반적으로 서술된다. 1840년 영국과 중국은 전쟁을 했고, 중국이 패배하여 2년 만에 난징(南京) 부근 영국 함상에서 두 나라는 조약을 맺는다. 〈난징조약〉이다. 주요 내용은 아래와 같다.

1. 홍콩섬을 영국에 할양한다.
2. 광저우(廣州), 샤먼(廈門), 푸저우(福州), 닝보(寧波), 상하이(上海) 등 5개 항을 개방한다.
3. 전비 배상금과 몰수당한 아편의 보상금을 영국에 지불한다.
4. 공행(公行) 같은 독점상인을 폐지한다.
5. 이 조약은 청나라와 영국 두 나라의 대등한 교섭의 결과이다.

이것이 중국 정부가 두고두고 불평등조약이라고 원망하는 〈난징조약〉이다. 그것이 제국주의 강압에 의한 불평등조약이었다면, 근대식 무기 부족이 전쟁 패배의 일차적 원인이었고, 이것이 지금까지 중국 정부가 사활을 걸고 군비 증강에 나서고 있는 배경이다.

물론 이 조약에서 가장 중요한 점은 '홍콩섬'을 '할양'한다는 것이다. 청나라로서는 대단한 굴욕임이 분명했다. 우리는 '할양(割讓)'이라는 단어에 주목해야 한다. 할(割)해서 양(讓)한다는, 즉 '떼어서 남에게 넘겨준다'는 뜻이다. 당시 청나라 정부가 영국 정부에게 영구적으로 준 것이다. 이렇게 해서 애매한 섬이라고 할 수 있는 홍콩섬이 '역사의 전면'에 등장하게 되었다. 앞서 말했지만 당시 청 정부가 볼 때는, 너무 멀고 관리하기도 힘든,

떼어주어도 크게 애석할 것도 없는 섬이었다. 정체성이 매우 불투명한 작은 섬을 영국 측의 요구에 할양한 것이다.

홍콩은 아편전쟁을 통해 '역사 전면에 등장'했다고, 중국 교과서와 홍콩 교과서에는 물론 홍콩역사박물관 스토리에도 그렇게 기술되어 있다. 아메리카 대륙이나 어느 별자리가 누구누구에 의해서 발견되었다는 말처럼 하릴없이 들리는 말도 없다. 태고부터 그 자리에 그대로 있었던 것을 발견했다는 말이 가당키나 한 것인가?

2년간의 전쟁은 아편 때문에 촉발된 것이기에 '아편전쟁'이라고 부른다. 하지만 〈난징조약〉에는 아편 시장을 개방한다는 조항은 없다. 영국 측이 중국 5개 항구 개방과 독점 상인 등을 폐지하는 요구를 관철시킨 것을 보더라도, 원래 영국의 목표는 아편 판매에 있지 않고 통상에 있었다. 중국과 영국 간의 전쟁을 굳이 '아편전쟁'이라고 부르는 이유는 아편이라는 이름에서 풍기는 비도덕적인 이미지를 빌려와서 영국을 비난하기 위해서다.

과거 역사를 이유로 외국을 파렴치한 존재로 만드는 것은 국민을 정부 지지 세력으로 선동하기 위한 최고의 방법 중 하나이다. 이후 지금까지 중국 정부는 '아편전쟁'을 보검(寶劍)처럼 사용하고 있다. 현재의 정부가 매우 정의롭고 유익하게 보이기 때문이다. 지금도 외국과 쟁점이 발생할 때마다 다시 '아편전쟁'을 하자는 것이냐고 꾸짖는다. 중국도 중국인들도 '아편전쟁'이라는 피해의식에서 자유롭지 않다. 어쩌면 생존하기 위해 필요한 '한(恨)', 해소시켜준다고 해도 죽을 때까지 끌어안고 있는 '한'

같은 것일지도 모른다.

아편과
평화

      이제 전쟁 발발의 원인을 살펴보아야 하는 순서가 왔다. 호광(湖廣)총독 임칙서(林則徐)는 아편을 매우 싫어한 사람이었다. 지금도 아편 등 마약류에 대한 인식은 사람마다 천양지차를 보인다. 당시에도 아편에 대한 지방 관리들의 인식은 너무나 달랐다. 신중한 황제는 몇 번씩이나 지방 관리들에게 의견을 구했지만, 이런 경우 언제나 시원한 결론을 얻을 수 없다. 하지만 세상만사가 그러하듯 팽팽하게 유지되던 균형이 깨지는 시점이 오고야 만다.

  임칙서가 평소 아편 금지를 지지하는 정치인이었다는 점, 그리고 그가 황제에게 끊임없이 아편 근절을 주장했다는 점을 우선 기억하는 것이 좋겠다. 당시 중국 전체 인구 4억 명 중에서 아편 흡연자가 1백만 명이 되지 않았음에도, 그를 비롯한 몇몇의 지방관들은 황제가 상황을 위기로 인식하도록 몰아갔다. 간신히 팽팽하게 유지되고 있던 평화는 그렇게 깨졌다. 아편은 세계적인 질서 변화의 구실에 불과했던 것이다. 임칙서는 범인 인도와 아편 금지 등을 무리하게 요구하여 영국과의 담판을 끝내 결렬시켰다는 책임에서 자유로울 수 없는 전권대신이었음에도 1949년 중화인민공화국 건국 후 구국의 영웅으로 신격화되었다.

  역사에 있어서도 문제의식이 무엇보다 중요하다. 문제의식을 가지려면 항상 깨어 있어야 한다. 깨어 있으려면 확신을 가지면 안 된다. 과연 그럴까? 하는 의문을 포기하는 순간 우리는 어두움에 갇혀버릴 수 있다. 확신을 가지는 순간 진실은 저만큼 달아난다. 내가 보고 들은 것은 진실에 얼마나 가까운 것일까는 평생 화두가 될 만하다.

영어 오피엄(Opium)의 음역이 분명한 '아편(鴉片)'은 양귀비라는 식물의 덜 익은 열매에서 뽑아낸 진액을 건조시켜 만든 것이다. 군 위생병 출신이었던 고등학교 생물 선생님은 군에서 많이 보았던 아편 이야기를 하곤 했다. 하나만 가지고 나왔더라도 이후 진통제는 살 필요가 없었을 것이라고 했다. 아파서 때굴때굴 구르던 사람도 그 시커먼 덩어리를 한 번만 핥으면 금방 헤헤하고 웃는다는 말도 했다.

부엌칼도 사용하는 사람에 따라 흉기도 되고 이기도 되는 것처럼, 예로부터 아편은 마약이기도 하고 약재이기도 했다. 실제로 아편은 영국이나 중국은 물론 세계적으로 오랫동안 사용해온 약재였다. 우선 영국에서나 중국에서나 진통, 불면증 등을 치료하는 약재로 인식되었다는 점이 중요하다. 아편은 13세기경 중국에 전해졌는데, 명대에 이르러 아편은 이미 최고의 명약이었다. 17세기경부터는 아편을 흡연하기 시작했다. 확산세가 커지자 18세기에 금지령이 내려지기도 했다. 아편 흡연이 본격적으로 문제가 되기 시작한 것은 19세기 들어서였다. 뒤이어 영국이라는 변수가 하나 더 보태졌다. 영국이 대량의 아편을 중국으로 수출하기 시작했던 것이다. 영국의 입장에서 보면 식민지인 인도에서 대량 재배된 아편 소비처로 인구 대국인 중국은 매우 적절한 선택이었다. 하지만 영국이 중국과의 주거래 품목으로 아편을 선택한 것은 역사적 우연일 뿐이라는 주장도 힘을 얻고 있다. 다만 영국을 포함한 외세는 명청(明淸) 양대에 걸쳐 중국과의 통상 확대를 지속적으로 요구하고 있었다.

언제나 그러하듯 앞서 말한 중국의 논리에 반발하는 학설도 많이 있다. 우선 당시 중국의 상황을 어떻게 평가하느냐가 관건일 것이다. 되풀이하지만 나날이 수입되는 양이 증가하는 아편으로 나라가 정말 위기에 처했는가? 아니면 위기인 것으로 인식되기를 원하는 사람들이 있었던가? 반드시 전쟁이라는 마지막 수단을 채택해야만 했던가? '애매한' 현상 유지라는 온건책은 처음부터 배제되었던가?

우리가 자주 간과하는 것이 있다. 우리는 지금 유지되고 있는 체제나 질서를 과소평가하는 경향이 강하다. 우리의 두뇌는 무언가를 바꾸어야 한다는 논리로부터 늘 도발당하고 있다. 가라타니 고진은 지금 이렇게라도 유지되고 있는 현상은 혁명보다 더 혁명적인 노력의 소산이라는 사실을 강조한다.

문제는 혁명보다 더 큰 노력으로 유지되고 있는 평화임에도 불구하고, 그 가치를 제대로 인정받기에는 사람들의 기억력과 인내력이 매우 약하다는 것이다. 미국이 '악의 축'으로 규정한 이라크의 경우를 보더라도 이라크가 강제 해체된 후, 그 여파는 간단하지 않았다. 이후 오늘까지 발생하고 있는 난민 혼란을 생각해보면 바로 알 수 있다. 전쟁 피해를 생각해보면 간신히 유지되는 평화는 얼마나 소중한가?

　황제가 볼 때 이 신하 의견도 다르고, 저 신하 의견도 다르다. 심지어 해당 지역에서 올라오는 보고도 책임자에 따라 다르다. 청 정부 당시 지방정부에서 올라오는 보고서는 사실을 보고하기보다는 지방관리 자신의 책임을 면하기 위한 증명서로서의 역할이 더 컸다. 이후 아편전쟁 기간 중에는 '연전연패'하면서도 오히려 '연전연승'하고 있다는 보고서를 올릴 정도로 국가 시스템은 이미 엉망이었다.

　1911년 중화민국 총통이 되고 나중에 다시 황제를 칭한 원세개(袁世凱)는 이런 문제점을 잘 알고 있었다. 그는 정확한 정보를 확보하기 위해 특사를 파견하는 방법을 썼다. 우선 한 명을 파견해서 상황을 듣고, 다시 한 명을 더 파견했다. 두 명의 의견이 일치할 경우는 그대로 믿었다. 아닐 경우 다시 한 명을 더 파견해서 상황을 파악했던 것이다. 아편과 관련하여 최고 책임자인 도광제(道光帝)의 고민은 깊어만 갔다. 아편은 나쁜 것인가? 아편 때문에 정말 백성들의 삶이 도탄에 빠졌다는 말인가? 그래도 지방경제에 활력을 가져오는 역할을 담당하고 있지 않을까? 이 보고서는 상황에 대한 정확한 보고일까? 아니면 자신의 책임을 벗어나기 위한 술수로서의 보고서일까? 이 팽팽한 긴장을 깰 것이냐? 그나마 아쉬운 대로 현상을 유지할 것이냐? 아편을 허용하면서 평화라는 실리를 얻을 것인가? 아편을 불허하면서 자존심을 얻을 것인가?

　불행하게도 역사는 고비마다 명분을 중시하는 강경파의 승리로 끝나는 경우가 많았다. 강경책이라는 결론은 늘 자존심을 배경으로 하는 경우가 많다. 아편 확산을 금지하는 것이 국가 자존심을 지키는 일이라는 '명분'을 얻게 되면 이제 누구도 반대할 수 없게 되는 것이다.

전쟁과
명분

아편전쟁의 뇌관이었던 아편은 정말 사람 몸에 나쁜 것인가? 난징조약은 정말 불평등조약일까? 이때 평등과 불평등은 누가, 어떤 기준으로 결정하는가? 중국 정부가 그토록 자랑스러워하는 것이 1997년의 주권 반환이지만, 주권이 중국으로 반환되어야만 했을까? 주권이 반환되는 것이 중국과 영국 모두에 도움이 되는 것일까? 나는 평소 이런 점이 궁금했다.

영국이 인도에서 생산된 아편을 청으로 수출하여 청나라 경제가 무너지고 백성들이 도탄에 빠지게 되었다는 것이 중화인민공화국 또는 중국공산당의 논리다. 이런 프레임을 '애국주의 역사학'이라고 한다. 자신을 철저한 피해자로 만들고, 반드시 구국 영웅을 등장시키는 것이 특징이다. 물론 언제나 과도한 자기연민이나 낭만주의적 서사 방식을 기조로 한다.

아래 두 개 단락은 지금까지 학계는 물론 일반인에게 가장 광범위하게 유통되고 있는 애국주의 역사학의 틀이다. 내 나름대로 정리하여 짧게 소개해본다.

1. 백성들이 아편에 중독되어 그것을 사기 위해 가산을 탕진하여 국부(은)가 대량으로 유출되었다. 아편 중독 때문에 심신이 피폐해진 백성들이 생업을 포기하여 나라가 망해갔다. 보다 못한 임칙서라는 지방 총독이 황제를 설득하여 드디어 민족 자존심 찾기에 나섰다. 제국주의 침략에 대응하기 위하여, 아편이라는 마약으로부터 백성들을 구하고, 나랏돈(은)이 유출되는 상황을 막기 위해 임칙서라는 '애국자'가 나섰다. 황제로부터 전권을 위임 받은 흠차대신(欽差大臣) 임칙서는 광저우로 내려가 거래되는 아편을 몰수하고 폐기 처분했다.

2. 당시 영국 지식인들은 영국 의회가 상인들 요구에 역사적으로 가장 수치스러운 전쟁을 승인했다고 비판했다. 찬성 271표, 반대 262표였다. 중국의 조야(朝野)는 비교도 안 되는 열악한 무기로 심략자 영국에게 맞섰지만 분패를 했다. 영국 측은 5백 명의 사상자를 낸 반면에 중국 측은 2만여 명 사상자를 낸 것만 보아도 얼마나 일방적인 전쟁이었는지 알 수 있다. 중국은 더 이상의 피해를 막기 위하여 할 수 없이 조약을 체결할 수밖에 없었다.

이때 아편은 정체성을 소환하는 중요한 도구가 된다. 아편의 폭력성을 부각시키는 것, 즉 그 피해에 대한 환기야말로 민족적 분노를 쉽게 끌어낼 수 있다. 혁명 의식 내지 애국심 유도를 위한 효용 가치가 충분하다. 중국공산당에게 반드시 필요한 아이템인 것이다.

이 두 단락의 패러다임은 지금까지 조금도 흔들림 없이 중국인, 나아가서 한국 등 동아시아인들이 쓰는 중국근대사를 완전하게 지배하여 왔다고 해도 과언이 아니다. 지금 이 순간에도 이런 피해 논리는 무한반복되면서 확산되고 있다.

사실 중국에서의 아편 확산과 국부(은) 유출에 대해서 영국에게 모든 책임을 물을 수는 없다. 우선 중국 사회의 구조적인 문제부터 따져보아야 한다. 은 본위제도였다고 하지만, 은에 대한 품질 기준이 없었을 뿐만 아니라 무엇보다도 은은 휴대하기에는 너무 무거웠다. 아편이 중국에서 광범위하게 유행하게 된 이유는, 아편이 효율적인 화폐 기능을 담당했기 때문이다. 아편이 수입되면서 아편의 질과 양이 일정했고, 휴대가 간편해서 점차 물물교환 수단으로 자리잡게 되었다. 역사는 어느 지도자 한 사람의 잘못으로, 어느 한 국가의 강제만으로 몰아가기에는 너무나 복잡한 하나의 유기체임을 간과해서는 안 될 것이다.

기독교 허용과
주룽반도 할양

영국과의 전쟁은 한 번으로 끝난 것이 아니었다. 20년 뒤에 전개된 2차 아편전쟁은 더욱 참혹했다. 1차 아편전쟁에서 이미 청 제국의 약점이 만천하에 드러났기 때문이다. 협상이 가능했던 상황을 전쟁으로 몰고 간 1차 아편전쟁이 두고두고 아쉬운 이유이다.

〈난징조약〉 결과는 청이나 영국 모두에게 불만이었다. 청은 아편 수입량이 증대되는 것과 점점 확대 심화되고 있는 기독교 전도 등이 불만이었다. 반면 영국은 생각한 것처럼 상품 수출이 증대되지도 않고, 베이징에 외교공관을 개설하지 못한 점 그리고 선교의 자유도 확보하지 못한 점이 불만이었다. 조약 개정의 기회를 호시탐탐 엿보고 있던 영국에게 청 관리가 영국 국기를 모독했다는 것은 새로운 전쟁을 일으키기 위한 명분으로 충분했다.

여기에서 우리가 주목해야 할 점은 기독교라는, 서구를 상징하는 종교이다. 서구 종교인 기독교는 중국 질서와 전통 사상 체계 즉 중국의 정체성을 한꺼번에 파괴할 가능성이 있었다. 이런 인식을 가지고 있던 청나라는 초기부터 매우 조심스럽게 대응해오고 있었다. 교황청을 비롯한 서구 세력은 완전한 전도의 자유를 얻기 위해 집요하게 노력해왔다. 이는 기독교 신자든 아니든 간에 한 번쯤 심사숙고해볼 문제라고 생각한다. 막는 쪽은 막는 대로, 시도하는 쪽은 시도하는 대로, 할 말이 많을 것이다.

청대 옹정제(雍正帝)는 교황청에 보낸 서한에서 중국의 라마교를 받으라고 하면 받겠는가 하고 따진 적이 있다. 중국의 정체성을 목표로 도발한 그들에게 정확하게 정체성 문제로 반격한 것이다. 지금까지도 중국 정부가 여전히 기독교 전도를 긴장해서 주시하고 있는 것을 보면 쉽게 풀 수 없는 고리가 분명히 있다는 것을 알 수 있다. 중국인을 전도하는 것이 목표라는 학생들에게 나는 중국과 근대화와 기독교에 대해 공부를 많이 하라고 권유한다.

2차 아편전쟁은 1차 아편전쟁보다 훨씬 격렬하게 전개되었다. 영불(英佛) 양국은 톈진(天津)을 점령하여 기독교 전도 자유와 북부 항구 개항 등이 약속된 〈톈진조약〉을 체결하였다. 이 조약을 비준하는 과정이 여의치 않자 영불은 다시 베이징(北京)을 공격하였다. 원명원(圓明園)을 야만적으로 철저하게 파괴한 것도 이때였다. 1860년에 톈진 개항과 홍콩 주룽반도 할양 등 혁혁한 전과를 확인하는 〈베이징조약〉이 체결되었다. 러시아도 이 조약에 상당하는 대우를 요구하여 헤이룽장성(黑龍江省) 이북 영토와 옌하이주(沿海州) 지방을 할양 받았다.

한번 노출된 약점과 손상된 권위는 제국주의 세력에 의해 두고두고 이용당했다. 대대로 간신히 유지되어 오는 평화가 얼마나 소중한지 역설적으로 보여준다. 이제부터 종이호랑이라고 공인된 대국의 몰락은 의외로 매우 빨랐고, 타의에 의한 근대화는 더 큰 대가를 지불하게 되었다. 그렇게 중국은 외세에 대해 천추의 '한'을 품게 되었다.

지금 우리가 알고 있는 홍콩은 홍콩섬과 주룽반도 그리고 신제(新界) 지역으로 구성되어 있다. 영국은 프랑스가 광저우만(廣州灣)을 조차하자 안전을 구실로 더 많은 땅을 요구했다. 〈홍콩 경계 확대 조약(展拓香港界址專修)〉을 통해 지금 홍콩 전체 면적의 90%를 차지하는 면적을 빌렸다. 99년 동안 임대하는 것으로, 기한이 만료되는 시점이 1997년 6월 30일이었다. (1842년 〈난징조약〉 체결- 홍콩섬 할양, 1860년 〈베이징조약〉 체결- 주룽반도 할양, 1899년 신제 지역 조차)

2장

주권 이양인가? 반환인가?

전차 안에서 바라본 리모델링된
영국 식민시대 전당포 건물

영국의
패배

홍콩(홍콩섬, 주룽반도, 신제 등 포함)은 1842년부터 1997년까지 영국의 식민지였다. 무려 155년간이었다. 중국으로 반환된 건 1997년이었지만, 이에 관한 협상은 1970년대부터 시작되었다. 중국과의 긴 협상기간 동안 영국은 다음과 같은 제안을 순차적으로 했다.

1. 홍콩의 주권을 반환하는 협상이니만큼, 당사자인 홍콩의 대표도 포함시켜 3자 회담으로 하자.
2. 홍콩섬과 주룽반도는 청나라로부터 영구적으로 할양받은 영토이기에 협상 대상이 아니다.
3. 신제(新界) 지역만이라도 조차 기간을 연장하고 싶다.
4. 홍콩을 싱가포르와 같은 도시국가로 독립시키는 것이 양국의 이익에 부합된다.
5. 주권은 중국에 반환하더라도, 일정 기간 경영권을 행사하고 싶다.

영국은 모든 제안을 거절당했다. 당시 중국 정부의 최종 결정자는 덩샤오핑(鄧小平)이었는데, 그는 이렇게 대응했다.

1. 원래 홍콩은 중국 일부이기 때문에, 홍콩 대표성을 인정할 수 없고, 당연히 3자 회담은 성립될 수 없다.
2. 홍콩섬과 주룽반도 할양은 '난징조약'이 불평등조약이었기에 원

천적으로 무효이다.

3. 99년간 빌려준 신제는 기한이 만료되었으니 반환하라.
4. 중국은 이미 전쟁을 준비하고 있다.

지금까지도 항간에서는 덩샤오핑의 기가 마거릿 대처 수상을 꺾었다고 말한다. 1982년 9월 덩샤오핑과 대처 수상이 베이징에서 회담을 한 다음 날, 홍콩 모든 신문 1면에 대처 수상의 사진이 실렸다. 그녀가 회담을 끝내고 인민대회당을 나오던 중 계단에서 실족하는 장면이었다.

1997년 7월 1일 밤 12시, 바다를 매립하여 건설한 홍콩 컨벤션센터에서 영국이 홍콩 주권을 중국에게 반환하는 '주권 반환식'이 열렸다. 155년이라는 시간이 정리되고 있었다. 그야말로 역사적 순간이었다. 중국 대표인 장쩌민(江澤民) 주석은 감회가 북받치는 듯한 표정이었고, 영국 대표인 찰스 왕세자는 비장했다.

홍콩 마지막 총독인 크리스 패튼은 무슨 생각을 하고 있었을까? 그는 임기 5년 동안 시종일관 홍콩의 민주화를 추진했다. 그의 딸은 주권 반환식장을 떠나면서 눈물을 보여 호사가들 입에 오르내리기도 했다. 홍콩에 패튼은 특별한 존재였다. 총독 부임 전, 홍콩 조야에는 홍콩 마지막 총독으로 영국 수상보다 더 영향력이 있는 정치인이 올 것이라는 소문이 파다하게 돌고 있었다. 예상대로 그의 움직임은 달랐다. 영국의 이익을 위해서 최후까지 최선을 다하기로 다짐한 듯 보였다. 다짐을 보여주고자 역대 총독과는 다르게 영국 여왕으로부터 작위를 받지 않고,

총독 제복도 입지 않고 부임했다.

중국으로부터 모든 제안을 거절당한 영국은 막다른 곳으로 몰렸다. 이제 남은 것은 홍콩의 민주화라는 카드였다. 마지막 총독 패튼은 정치 개혁 방안을 발표하고, 입법의회 직선 의원 수를 대폭으로 늘렸다. 지역의회 의원 선거도 직선으로 돌렸다. 홍콩중국인(홍콩의 주류인 한족)을 홍콩 정부의 국무총리와 재무부 장관 자리에 처음으로 기용한 것도 그였다. 재임기간 내내 중요한 발표가 이어졌다. 홍콩의 민주화 그것이야말로 영국의 이익을 영원히 지켜준다고 믿었기 때문이다. 하지만 너무 늦었다. 돌이켜 보면 홍콩인들이 '민주'를 학습할 시간이 절대적으로 부족했다.

중국 정부는 '천고의 죄인'이라며 패튼이 추진한 홍콩 민주화 작업을 비난했다. 패튼은 자신이 뿌린 민주 씨앗이 씩씩하게 자라나서 앞으로 나름대로 역할을 할 것이라고 굳게 믿었다. 중국 대륙을 뒤흔들 것이라는 정도는 아니었겠지만, 중국 정부가 홍콩의 민주화라는 대세는 막지 못할 것이라고 믿었다. 결과적으로 오산이었다.

원래 홍콩인은 '영국 부속 영토 시민(BDTC, British Dependent Territories Citizen)' 신분이었다. 영국 연방 시민으로서 영국 영사의 보호를 받을 권리가 있다는 뜻이다. 패튼은 떠나면서 홍콩 중신층 5만 명에게 '영국 해외 시민(BNO, British National Overseas)' 자격을 주었다. 영구적으로 영국에서 거주할 수 있는 권리이다. 언제라도 영국에 올 수 있으니 걱정 말고 홍콩의 민주화를 위해 나름의 역할을 해달라는 주문이었다.

그는 홍콩 엘리트 계급에게 마지막 희망을 걸었다. 중국이라는 새로운 힘을 견제하고 홍콩 민주화를 견인해줄 것을 기대했다. 영국 정부가 할 수 있는 민주화 작업은 다 한 것처럼 보였다. 하지만 끝날 때까지 끝난 것은 아니었다. 지금 생각하면 중국 주판이 영국 계산기를 능가했다.

'이양'인가, '반환'인가

앞에서도 말했듯이 홍콩은 1842년부터 1997년까지 무려 '155년' 동안 영국의 식민지였다. 강산도 변한다는 십 년이 열다섯 번도 더 지나간 세월이다. 당연히 그 세월의 무게만큼 홍콩은 남다른 정체성을 갖게 되었다. 그것은 155년이라는 긴 시간 동안 만들어진 것이다. 개인이나 지역, 국가의 정체성은 한순간에 만들어지는 것도 아니고, 한순간에 지워버릴 수 있는 것도 아니다.

독자들은 궁금할 것이다. 이 글을 쓰는 사람은 무엇을 연구하는 사람이며, 정치적인 성향은 어떠한가. 이 글을 쓰는 목적은 무엇일까? 무엇을 말하고 싶은 것일까? 나는 정체성을 연구하는 사람이다. 나는 모든 관계와 그것의 충돌을 정체성 문제라고 본다. 사람과 사람, 이념과 이념, 종교와 종교는 물론이고, 지역과 지역, 국가와 지역, 국가와 국가, 문화와 문화의 갈등은 정체성에서 비롯된 것이다. 나는 국가와 지역과 이념이라는 정체성에 관심이 많다. 그것이 왜 충돌하는지에도 관심이 많다. 나아가서 그것이 어떻게 극복되어야 하는지를 고민한다.

알다시피 1997년 주권 반환 이후 2019년까지 홍콩에서 시위가 끊이지 않았다. 나는 그것을 홍콩과 중국, 중국과 홍콩의 '정체성 갈등'이라고 생각한다. 각기 다른 두 개의 정체성이 만난 것이다. 그것은 쉽게 해결될 수 없다. 쉽게 해결될 것이었다면 시위가 그렇게 오랫동안, 그렇게 격렬하게 전개되었겠는가!

우습지만 사석에서 가끔 누구 편이냐는 질문을 받는다. 나는 이렇게 대답한다. "자, 지금부터 내가 '친홍콩' 입장에서 말해볼게요. 그리고 다시 '친중국' 입장에서 말해볼게요. 듣고 나서 내가 누구 편인지 판단해주세요!" 마찬가지로 앞으로 나는 이 책에서 '친홍콩' 또는 '친영국'이 되었다가, 어느 순간에 다시 '친중국'이 될 것이다. 내가 어떤 입장인지, 누구 편인지는 이 책을 다 읽고 판단해주기 바란다.

홍콩은 식민자인 영국이 만들었다. 영국이 온전히 자신의 철학과 의지대로 식민지를 경영한 결과물이 홍콩이다. 누구는 그것을 성공이라고 할 것이고, 누구는 그것을 실패라고 할 것이다. 누구는 근본적으로 잘못 태어난 홍콩이기에 홍콩이 이룬 모든 성과는 헛된 것이라고 할 것이다. 누구는 주인이 누구든지 거주민 즉 홍콩에 사는 사람들이 행복하냐 안 하냐가 중요하다고 할 것이다.

우리네 인생처럼 홍콩 사람들도 행복할 때도 불행할 때도 있었다. 문제는 홍콩 할양 155년 뒤인 1997년에 주인이 바뀐 것이다. 아니 이런 표현에도 거부감을 느끼는 독자들이 있을 것이다. 주인이 바뀌기는 뭐가 바뀌었는가! 도둑놈, 아니 강도가 가져갔던 것을 원래 주인에게 되돌려준 것인데 말이다.

독자들에게 부탁하고 싶은 말이 있다. 홍콩을 강의할 때마다 서두에서 하는 말이다. 1997년 홍콩의 주권이 반환될 때, 홍콩인들이 자주 동원하던 비유였다. 책의 마지막 페이지를 덮을 때까지 이 화두를 기억해주면 좋겠다.

아버지(중국): 애비가 돌아왔단다. 이제 이 애비가 다 챙겨줄게!
자식(홍콩): 155년 동안 나를 안 찾았잖아요. 아버지 없이 잘 살았는데, 이제 와서 무슨 아버지라고, 우리는 아버지 필요 없어요.

중국과 홍콩은 단어 하나를 가지고도 신경전을 주고받은 적이 있다. 영국 정부는 반드시 주권 '이양(移交)'이라고, 중국 정부는 꼭 '반환(回歸)'이라고 했다. 누구라도 느끼듯이 '이양'이라는 말에는 안 주어도 될 것을 흔쾌히 준다는 생색이 숨어 있다. 반면에 '반환'에는 당연히 받을 것을 받는다는 당당함이 드러난다. 아무튼 1997년에 중국 정부는 홍콩 주권을 당당하게 '반환' 받았고, 지금은 '반환'이라는 단어가 널리 사용되고 있다.

알다시피 해가 지지 않는다는 '대영제국'은 많은 식민지를 경영했고, 홍콩도 그중 하나였다. 그냥 평범한 식민지 중 하나였다면, 식민자에 의해 착취당하다가 독립한 식민지 중 하나였다면 이처럼 주목받지 않았을 것이다. 홍콩은 독립하지 못하고 또

'다른' 국가 즉 중국 속으로 들어갔기에 이처럼 말이 많다.

홍콩은 '동양의 진주'라고 불리기도 한다. 아름답고, 반짝이며, 가치가 있다는 의미일 것이다. 살아가기에, 장사하기에 더없이 좋은 곳이라는 의미도 더해졌을 것이다. 오욕의 역사에 의해 탄생된 식민지를 '동양의 진주'라고 부르다니 이것도 말이 안 되는 표현일 것이다. 하지만 이렇게 부르는 이유가 분명히 있을 것이었다. 내가 홍콩에 가기 전부터 가진 의문이었다.

나는 1980년대 중후반 홍콩에 도착했다. 1984년 홍콩의 주권을 중국에 '반환'한다는 〈중영공동성명〉이 발표되고 몇 년 뒤였다. 홍콩의 헌법이라고 할 수 있는 〈기본법〉 제정을 두고 중국과 영국 간 치열하게 힘겨루기가 진행되고 있는 시점이었다. 홍콩 사람들이 '이민'이라는 단어를 입에 달고 살 정도로 사회 분위기는 어수선했다.

홍콩인들에 대한 관찰은 쉼 없이 나의 뇌리를 자극하는 놀이였고 실험이었다. "너는 영국에 대해서 어떻게 생각해?", "영국의 통치에 대해서 어떻게 생각해?", "조국인 중국으로 반환되는 건 기쁜 일 아닌가?" 등의 질문은 나를 만나는 홍콩 친구들이 감내해야 하는 숙제였다. 홍콩에 도착하기 전부터 내가 기대했던 것은 영국이라는 제국주의에 대한 증오와 타도의 분위기였다. 영국 제국주의에 대한 분노로 곧 폭발할 것 같은 민심을 경험하게 될 것이라고 예상했다. 아니 '영국놈'들이 어떤 놈들인가 말이다.

2차 아편전쟁 때 청나라를 향한 압박 강도를 높이기 위해, 그

아름다운 원명원(圓明園)에 불을 지르고 닥치는 대로 약탈한 '놈'들이다. 그들의 욕심 때문에 강희(康熙), 옹정(雍正), 건륭(乾隆) 등 황제들이 그렇게 공을 들였던 여름 궁전을 한순간에 잿더미로 만든 '놈'들임을 잊어버린 건 아니겠지! 인류의 위대한 문화유산이 한낱 해적 같은 놈들 때문에 그렇게 허망하게 사라졌다. 이것이 홍콩에 처음 도착하기 전부터 한동안 가지고 있던 내 정서였다.

당시 한국 젊은이로서는 너무도 당연한 기대가 아니었을까? 민족과 민주라는 화두에 휩싸인 교정에서 보낸 세월이 어디 하루 이틀이더란 말인가! 하지만 처음 마주한 홍콩인들이나 내내 경험한 홍콩인들은 영국에 대한 분노는커녕, 오히려 영국 통치를 받는 자신들이 곧 영국인인 것처럼 자부심이 터질 듯했다. 그 자부심 크기에 반비례하여 홍콩에 대해 잘 알고 있다고 자부하던 난 점점 위축되고 있었다.

강한 의문이 들었다. '영국놈'들이 엄청난 만행을 저지른 다음에 얻은 땅에서 살고 있는 '중국인'들이 어떻게 이럴 수 있다는 말인가! 이들은 '중국인'이 아니던가? 이 사람들을 이렇게 '타락시킨' 동력이 무엇일까? 이들은 정말 잘 먹고 잘사는 것만 아는 배부른 '돼지'들인가? 홍콩에 사는 동안 또는 홍콩인들과 대화하는 동안 나는 순간순간 홍콩인들이 스스로 '영국인'으로 착각하고 있다는 것을 느꼈다. 그들은 철저하게 서구적인 시각으로 무장하고, 매번 대륙의 중국인들과 동남아에서 일하러 들어온 사람들을 타자화하고 있었다. '강자-약자'와 '선진-후진'의 이분법으로 세상을 재단하고 있었다. '영국놈'들을 그대로 흉내 내고 있었던 것이다.

역사
스토리텔링

앞에서 홍콩은 155년간 영국 식민지였다고 했다. 그런데 정확하게 말하자면, 3년 8개월을 빼야 한다. 홍콩은 3년 8개월 동안 일본의 통치를 받았다. 1941년 크리스마스부터 1945년 8월 15일 일본 제국주의가 무조건 항복할 때까지였다. 155년 동안 두 개 나라의 식민을 경험한 셈이다. 그런데 그 역사에 대한 스토리텔링이 극명하게 다르다.

홍콩역사박물관의 상설전시인 '홍콩스토리'에서 일본 통치 시기 홍콩은 '반신불수' 상태였다고 표현하고 있다. '공포 속에서 비참하게 살아가는' 홍콩인들로 그려진다. 물론 실제 상황도 매우 열악했다. 식량 사정이 너무 안 좋아서 인구를 대륙으로 강제 이주시킬 정도였다. 반면에 영국 통치 시기는 언제나 비약적인 경제발전으로 포장된다. 일본과 영국 통치에 대한 스토리텔링이 극단적인 편차를 보이고 있다는 말이다(관련하여 졸저『중국민족주의와 홍콩 본토주의』를 참조하기 바란다).

영국 통치 시기는 모든 것이 완벽했던 것처럼 보인다. 홍콩역사박물관 설명에는 시종일관 "정말 보잘것없던 농어촌에서 영국 식민지로 변천"했다고 스토리텔링되고 있다. 역대 총독 28명의 '치적'을 정리해 놓았는데, 치적만 나열했을 뿐 그들의 실정에 대한 언급은 없다. 한마디 비판은커녕 오히려 따뜻하게 그려지고 있다. 예를 들면 "홍콩영국 정부는 개항 초기 이미 우편 서비스 중요성을 알았기 때문에, 지금의 성 요한 성당 부근에 아주 작은 우체국을 개설했다"는 내용이 있다. 이런 친절한 기록이 곳곳에서 눈에 띄는 것을 보면 홍콩인들에게 영국은 구원자일 수도 있겠다. 중국과 영국 사이에 주권 반환 협상이 시작되면서 홍콩인들 머리는 복잡해지기 시작했다. 중국 정부에 의해 자신들은 자신에 대한 변호조차 할 수 없는 '매국노'로 전락했다. 홍콩인들이 자신을 변호하는 순간 '천고의 죄인'이 되기도 했다.

1997년 주권 반환 이후 중국 정부는 지금까지 홍콩 역사 교과서를 다시 만들기 위한 노력을 경주하고 있다. 2020년 6월말 홍콩에서 〈국가보안법〉이 발효된 직후, 중국 『인민일보』는 "독(毒)이 든 교과서가 홍콩 학생들을 망치고 있고", "교과서 탓에 학생들이 싹수가 '노랗다'"고 했다. 최근 새로운 교과서 초안이 나왔다. '영국의 홍콩 통치는 국제법 위반'이라는 사실을 강조하면서, 홍콩인도 중국인이라는 점을 강화하는 내용이다.

이렇게 정치는 역사 서술과 직접적인 관계가 있다. 박물관이나 언론 기사나 교과서 스토리텔링 속에 숨어 있는 의미를 곱씹어볼 필요가 있다. 문자로 기록된 역사는 '사실'에 어느 정도 부합할까? 역사를 서술한다는 것은 이렇게 어렵다. 아니 애초부터 역사를 서술한다는 것 자체가 불가능한 일인지도 모른다. 우리가 시시각각 깨어 있어야 하는 이유이다. 그럼에도 불구하고 이제부터 홍콩 역사를 최대한 '사실'에 근거해서 서술해보자!

3장

영국의
홍콩

홍콩해방(海防)박물관에있는
불평등조약과 홍콩 분할에 대한 그림

전쟁과
번영

　　　　　1840년 아편전쟁 발발 이후 60년 만에 홍콩 인구는 50배 증가했다. 중국 대륙 바로 옆에 '다른 나라'인 영국이 있는 셈이었다. 그것도 힘센 나라였다. 예나 지금이나 다른 나라의 주권이 행사되고 있는 지역은 피난지로서 최고다. 게다가 영국-홍콩은 이른바 '도착하면 거주할 수 있는 법(Touch Base Policy)'을 취하고 있었다. 누구든지 홍콩에 일단 들어오면 홍콩에 거주할 수 있었다.

　중국 근대의 시발점으로 단정되고 있는 아편전쟁은 전통적인 중국 사회구조를 단번에 흔들었다. 광둥성 연해가 영국 해군 관할하에 들어감으로써 이곳에서 활동하던 해적들은 내륙 수로로 쫓겨 들어갔고, 그 여파로 운수업에 종사하던 노동자들이 실직했다. 당연하게도 혼란 속에서 상호부조나 종교적인 비밀결사들이 번성했다. 게다가 중국 인구는 1840년대에 4억 명으로 증가하였으나 행정조직은 그에 따라가지 못했다. 결과적으로 태평천국(1850~1864년) 같은 내란이 끊이지 않았다.

　영국은 홍콩섬을 점령하고 있던 1841년에 이미 자유무역항을 선포하였다. 향후 야심을 보여주는 대목이지만, 그들은 19세기 중반에 이미 자유항이라는 개념으로 세상을 바라보고 있었다. 홍콩은 일찍감치 누구나 오고 갈 수 있는 자유항이 되었다. 게다가 무관세 정책이었다. 당연하게도 중계무역이 활성화되었다. 수출입 관세가 없다면 상품 가격은 저렴해지고 거래는 활발해질 것이라는 점은 분명하다. 유통과 거래가 활발해지면서 사람들이 모여들었다.

세상만사 음지가 있으면 양지가 있는 법이다. 전쟁으로 고통을 받는 곳이 있으면 전쟁 특수 덕분에 번영을 구가하는 곳도 있다. 사회 혼란은 언제나 인근 지역(국가)의 경제 활성화를 가져왔다. 일본이 한국전쟁 덕으로 급속한 경제성장의 발판을 마련했고, 한국이 베트남 전쟁을 통해서 경제발전의 기틀을 닦았듯이, 홍콩에는 식민지 초기부터 중국 대륙 전쟁 덕분에 인력과 자본이 몰려들었다. 1960년대에는 베트남 전쟁 특수 덕으로 다시 한번 비약적인 성장을 했다.

홍콩뿐만이 아니고, 중국의 다른 조계지도 마찬가지로 '발전'했다. 조계지란 중국 영토에서 외국인이 행정, 경찰, 사법 등을 관할하는 지역으로, 1845년에 상하이에서 영국이 처음으로 설정하면서 시작되었다. 조계지는 지조(地租)만을 중국에 지불할 뿐 사실은 중국의 땅이 아니었다. 상하이 조계지는 중국 내부의 각종 동란으로부터 안전하였고, 자본이 집중되어 '번영'을 누릴 수 있었다.

조계지는 청나라가 청일전쟁(1894년)에서 패배한 이후 급증하였다. 영국, 일본, 러시아, 독일, 오스트리아, 이탈리아, 벨기에 등이 중국의 28개 지역에 조계지를 확보할 만큼 확대되었다. 당연히 해당국 직접투자가 가능하였다. 제국주의 국가들은 무역업과 은행업에 투자하면서 생산에도 뛰어들어, 중국에 대한 경제적인 지배를 확대해갈 수 있었다.

그런 의미에서 홍콩을 포함한 수많은 조차지와 조계지는 중국 근대사의 치부라고 할 수 있다. 서구 세력에 대한 중국의 경계심과 피해의식도 무리가 아님을 알 수 있다. 중화인민공화국 정부는 과거를 잊지 말자는 차원에서 조차지와 조계지로 상징되는 제국주의 열강을 자주 상기시킨다. 알다시피 '피해자 논리'는 국민국가의 정체성 강화를 위한 가장 기본적인 방법이다.

중국 정부와 중국공산당은 중국근대사 전체를 '피해'의 역사로 꾸미는 데 주저하지 않는다. 나아가서 이 논리를 시도 때도 없이 전파하고 주입한다. 이것을 위해 아편전쟁보다 더 좋은 재료도 없다. 이때 아편은 중국공산당이 이끄는 중화인민공화국의 정체성을 생성시키는 중요한 매개가 된다. 아편이 야기한 폐해야말로 사람들의 분노를 이끌어낼 수 있는 가장 좋은 수단 중의 하나인바, 역사에 대한 분노는 중국공산당의 존재 이유인 동시에 이론적인 버팀목이기 때문이다.

식민 초기
정체성 갈등

홍콩 인구는 1842년 초에 이미 2만 명까지 늘어났다. 재판소, 우체국, 토지 등기소, 감옥 같은 정부 건물과 더불어 부두, 창고, 상점, 환락가, 도박장 등 상업 시설이 들어섰다. 1845년에 홍콩을 방문했던 유럽인들은 이미 그 규모에 놀라는 기록을 남기고 있다. 홍콩은 밀수와 합법이 공존하는 중계항으로서 중국 차, 비단, 도자기, 설탕, 염료 등이 해외로 나갔고,

해외에서는 양모, 의류, 금속, 인도 원면 등이 들어왔다. 활발한 중계무역 덕분에 개항 20년 만에 외국 상사 70개가 들어왔다.

물론 아편은 여전히 밀수의 중심에 있었다. 1840년부터 20년 동안 아편으로 벌어들인 영국의 순이익은 6배나 증가하였다. 19세기 홍콩에는 아편 밀무역을 하는 기업도 많았다. 선박은 물론 호위 함대까지 보유하고 있을 정도였다. 지금도 건재하고 있는 자딘 그룹(Jardine Matheson Group)은 한때 아편 밀수의 상징이었다. 해적 문제도 완전히 해결된 것은 아니었다. 1844년에는 해적 150명이 홍콩섬 해변의 창고를 약탈한 적도 있다. 심지어 해적 선단이 빅토리아 항만 동서 양쪽을 막아서 홍콩과 중국 간 무역이 마비되기도 했다.

우리는 '우리'와 '다른' 사람을 얼마나 이해하고 수용할 수 있을까? 예로부터 우리 인간은 보편적으로 강 건너 산 너머 사람들을 무시하고 멸시했다. 그들이 '우리'와 달랐기 때문이다. 어쩌면 인지상정인지도 모른다. 먹는 것도 입는 것도 다르고 말씨도 달랐다. 하물며 홍콩에서는 피부 색깔이 다르고 생김새가 다른 종족들이 한 공간에 살기 시작했다. 그것도 한쪽은 지배자로서, 다른 한쪽은 피지배자였다.

앞서도 말했지만 1차 아편전쟁 결과에 중국과 영국 모두 불만이 있었다. 2차 전쟁의 조짐은 끊이지 않았다. 영국군이 광저우를 포격하기도 하고, 홍콩의 중국인이 영국 포병단의 식사에 독을 타기도 했다. 또 센트럴 시장에 방화를 하기도, 영국군이 해적에게 살해당하기도 했다. 1849년에는 마카오 총독이 암살되자, 홍콩에는 청(淸) 광둥성 당국이 홍콩 총독 머리에 현상금을 걸었다는 소문이 돌기도 했다.

1850년대에는 동남아 각지에서 식민지 당국에 항의하는 소요가 집중적으로 일어났다. 특히 2차 아편전쟁 기간 동안 홍콩 인심은 나날이 흉흉해졌다. 황제를 대신하여 광둥성과 광시성(廣西省)을 다스리는 양광(兩廣) 총독이 '중국인'은 백인을 돕지 말라는 지시를 내리는 동시에 백인들 머리에 현상금을 내걸었다. 홍콩과 광저우의 거리에는 영국 오랑캐를 살해하고, 그들 집에 불을 지르라는 포스터가 나붙기도 했다.

광저우 외국 무역관이 불타고, 외국 선박이 포로가 되고, 홍콩에서는 외국계 기업이 습격당하고, 공무원이 하인에 의해 살해당하기도 했다. 1857년에는 비상을 섞은 빵을 먹고 총독 부인을 비롯한 유럽인들 수백 명이 중독되기도 했다. 아직까지 '홍콩인'이라는 정체성보다는 '중국인'이라는 정체성이 더욱 컸던 것이다.

홍콩 식민지 초기 중국에서 하층민이 대거 유입되었고, 이후 점차 다양한 계층이 살게 되었다. 태평천국 시기에는 동란을 피해 부유한 계층이 유입되었다. 1856년 제2차 아편전쟁 시기에는 광저우에서 민중들이 13행 공무역 상관(외국 상인들과 거래할 수 있도록 허가받은 13개 기업)에 방화했다. 외국 상관들은 속속 홍콩으로 이주했다. 물론 세계 각지로부터 일확천금을 꿈꾸며 '신천지' 홍콩으로 몰려오는 중국인, 즉 화인(華人)도 많았다.

자유와 과객
홍콩인

리처드 니스벳은 생태환경이 경제·사회 구조에 미치는 영향도 분석하고 있다. 평탄한 농지, 낮은 산들, 항행이 가능한 강들로 이루어진 중국은 농사에 적합하였고 이는 중앙집권에 유리하였다. 쌀농사는 공동작업이 필수였기에 구성원 간 화목함이 절실했다. 생태환경 때문에 복잡한 사회 제약이 필요했다는 것이다.

반면에 그리스는 산으로 이루어진 국가이기에 농업보다는 수렵, 목축, 무역 등이 적합했다. 협동이나 안정적인 공동체가 필요 없다고 할 수 있다. 농경 정착 생활이 도입된 것은 중국보다 2천 년이나 늦었다는 것이다. 그들은 중국인들과는 달리 희생을 감수하면서까지 남들과 화목을 유지할 필요가 없었고, 더 많은 영역에서 자율권을 행사할 수 있었다. 물론 시장이나 광장에서 자유롭게 토론하고 논쟁하는 습관도 기를 수 있었다. 당연히 경제·사회 구조는 구성원의 신념체계-두뇌구조에도 영향을 미친다.

리처드 니스벳은 중국인들의 끊임없이 사회 상황에 대해 주의를 기울이는 습관이 전체 맥락을 파악하는 데 유용하게 작용했다고 본다. 자신을 사회 의무와 인간관계들로 이루어진 네트워크 속에서 파악하면, 당연히 이 우주는 독립적이고 불연속적인 원자들의 결합이 아니라, 연속적인 관계들의 유기체로 인식하는 것이다. 반면에 고대 그리스인들은 사물 자체에 초점을 두었고, 사물과 사물 사이에 존재하는 공통 규칙에 주목했다. 결국 세상은 사물들로 구성되어 있고, 각 사물의 행동은 그 사물 내부 속성에 의해 결정되는 것이다.

뇌과학자 나카노 노부코는 『정의 중독』에서 좀 더 직접적으로 '외국인이 일본에 들어와 살면 어떻게 될까?'라는 질문을 던지고 있다. 결론은 그 외국인이 한 세대 만에 바뀌는 일은 없다. 하지만 그 사람의 유전자보다 환경적 요인이 더 크게 작용하기 때문에 몇 세대를 거치면 결국 일본인처럼 될 것이라고 했다. 홍콩인들은 바로 옆 중국에서 이주해 왔다. 하지만 완전히 다른 환경에 노출되었다. 인종적으로 중국인이지만, 문화적으로 새로운 정체성으로 변화될 것임이 분명했다.

또 하나 짚고 넘어가야 하는 점으로 나카노 노부코는 환경적 요인은 쉽게 바뀌지 않기 때문에 일본인의 근본적인 사고방식과 사회성이 크게 바뀔 일도 없다는 점을 분명히 했다. 일단 홍콩이라는 환경이 만들어진 후에는 홍콩인 사고방식이나 사회성이 크게 바뀌지 않는다는 것을 알 수 있다. 하지만 우리는 쉽게 바뀌지 않는 '환경적 요인'이라는 말에 주목할 필요가 있다. 사고방식이나 사회성을 바꾸는 일이 불가능한 일은 아닌 것이다. 환경적 요인을 바꾸면 사고방식이나 사회성도 바꿀 수 있다는 말이다. 문제는 환경적 요인을 어떻게 바꾸느냐 하는 것이다.

나는 홍콩인들에게 이 두 가지 속성 모두를 적용하고 싶다. 그들은 중국인인 동시에 그리스인이었던 것이다. 홍콩인들은 관계, 나아가서 협동도 중요했지만, 더 많은 자율권이 보장된 환경에 장기간 노출되었다.

홍콩으로, 홍콩으로, 피난민의 발걸음은 끊이지 않고 이어졌다. 1911년 중화민국 건국, 1920년대는 군벌전쟁, 1930년대는 항일전쟁 등 중국 대륙을 뒤흔드는 사건에 피난민들의 발길은 자연스럽게 홍콩으로 향했던 것이다. 1937년 말에 홍콩 인구는 이미 1백만 명을 돌파했다. 결정적으로 피난민이 몰려온 것은 1940년대 후반부터였다. 일본 통치로 일시 감소되었던 홍콩의 인구는 국민당과 공산당 간의 내전을 피해서 몰려오는 피난민으로 다시 폭증하기 시작했다. 1947년에는 홍콩 인구가 180만 명이 되었다. 사회주의 정권인 중화인민공화국이 출범한 다음 해인 1950년에는 다시 230만 명으로 증가했다.

우리는 언제나 억압받지 않는, 꿈과 능력이 무한대로 인정되고 발휘될 수 있는 공간을 꿈꾼다. 홍콩은 전쟁을 피해서, 사회주의가 싫어서 오는 피난민들에게 이상적인 공간을 제공했다. '나는 공산당이 싫어요' 하면서 탈출한 사람들에게 홍콩은 '자유' 그 자체였다. 자유를 찾아 위험을 무릅쓰고 육상으로 해상으로 넘어왔다.

인구 유입은 염가 노동력을 제공한다는 점에서 긍정적이지만, 주거, 교육, 취업, 의료 등 문제를 수반한다. 땅이 좁은 홍콩으로서는 감당할 수 없는 인구가 한꺼번에 몰려든 것이기에 정부는 특단의 대책을 세울 수밖에 없었다. 1949년에 처음으로 중국-홍콩의 국경선을 만들었다. 중국과 홍콩 사이에 눈에 보이는 경계선이 생긴 것이었다. 이때부터 홍콩인 정체성이 만들어지기 시작했다고 주장하는 학자도 많다. 눈에 보이는 경계선은 정체성 생성의 또 다른 출발점이다.

1950년대 말부터 중국에서는 '대약진운동'의 실패와 자연재해로 수천만 명이 아사하는 상황이 발생했다. '반우파 투쟁'과 '문화대혁명' 등이 야기한 정치적 박해는 인간이 상상할 수 없는 지경이었다. 수많은 사람들이 홍콩으로 피신했다. 중국에서 벌어진 부르주아지 숙청 역사를 되돌아보면, 그들은 홍콩으로 탈출을 했기에 목숨을 건졌다.

1950년부터 20년 동안 그 살벌한 상황을 뚫고 90만 명이 중국에서 홍콩으로 들어왔다는 기록이 있다. 문화대혁명이 끝나고 중국의 느슨해진 사회 분위기에 힘입어 홍콩으로 탈출하는 인구가 급증했다. 이렇게 해서 1980년에는 홍콩 인구가 5백만 명이 넘었다. 홍콩을 '피난민 도시'라고 하는 이유이다. 홍콩 친구들과 대화를 하다 보면 아버지나 할아버지가 언제 어디에서 왔다는 이야기가 꼭 등장한다. 그들은 철책을 넘어서 육로로, 또 헤엄쳐서 바다를 건너왔다. 무슨 책이든 저자 이력에도 중국으로부터 탈출 경력이 빠지지 않는다. 한국인들이 한국전쟁 때 월남했다는 것과 똑같다. 홍콩인 한 사람 한 사람이 책 한 권만큼의 스토리를 간직하고 있다.

홍콩인들을 이해하기 위해서는 전쟁을 피해서, 중국공산당의 핍박을 피해서, '평화'와 '자유'를 찾아왔다는 스토리는 매우 중요하다. 홍콩인을 구성하는 중요한 정체성이기 때문이다. 중국에서 사회주의 정권이 수립되면서, 홍콩으로 피난 온 이 170만 명의 엘리트들은 향후 홍콩 발전의 주역을 담당했다.

1984년 중국과 영국 사이에 홍콩의 주권을 중국에게 반환한다는 〈중영공동성명〉이 발표되었다. 홍콩의 주권이 중국, 아니 중국공산당에게 반환된다고? 그것이 결정되었다고? 홍콩의 주가와 집값이 폭락했다. 절체절명의 위기감에 홍콩인들은 다시 피난을 생각했다. '대륙에서 우리 가족이 어떻게 당했는데? 우리 할아버지는 지주계급이라고 인민재판에서 변명 한마디 못하고 바로 총살당했어! 우리 아버지는 친구에게 솔직하게 한마디 했는데, 우파로 지목되어 평생을 감옥에서 보냈어! 문화대혁명 때 나는, 저 사람은 우리 아버지가 아니라고 공개 선언해야 했다고! 엄마가 집에 와서 울면서 불평하자 내 동생이 엄마를 밀고해서 엄마는 고문을 받다가 돌아가셨다고! 내가 어떻게 탈출했는데? 내가 어떻게 살아남았는데?' 주권 반환은 중국을 탈출한 홍콩 사람들의 상처를 다시 건드렸다.

나는 홍콩 지인들이 혼잣말처럼 중얼거리는 소리를 많이 들었다. "공산당이 온다고, 공산당이." 홍콩인 정체성을 상징하는 말로 지나가는 손님, 즉 '과객(過客)'이라는 단어를 사용한다. 언제든지 떠날 수 있다는 말이다. 알다시피 과객은 책임이 없다. 내가 그곳에 영원히 살아야 할 이유도 없다. '과객 심리'를 홍콩 사회의 치명적인 약점으로 꼽는 학자가 많다. 다시 한번 떠나면 되는 것이었다.

1997년 주권 반환을 앞둔 그즈음 홍콩 사회의 화두는 단연 해외 이민이었다. 홍콩의 내 친구들은 모두 이민이라는 말을 입에 달고 살았다. 캐나다와 호주 대사관 앞에는 사람들이 장사진을

쳤다. 최근에는 홍콩과 동병상련의 처지인 대만 그리고 홍콩에 대한 영원한 책임을 강조하는 영국 정부가 홍콩인들의 이민을 받아들이는 데 더욱 적극적이다. 1987년에 3만 명, 1988년에 4만 5천 명, 1989년에 4만 2천 명, 1990년에 6만 2천 명, 1991년에 5만 8천 명, 1992년에 6만 6천 명이 이민을 떠났다. 1984년부터 10년간 60만 명이 홍콩을 탈출했던 것이다. 무려 홍콩 인구 10분의 1에 해당했다. 그들 대부분이 사회 중산층들이었다. 이른바 '두뇌유출(Brain Drain)' 현상이었다.

당시 지도교수는 나를 송별하는 식사 자리에서 진지하게 물었다. "내가 외국에 가서 사는 것은 어떨까? 한국인인 너는 지금 외국인 홍콩에 살고 있잖아!" 나는 당시 이미 소문을 들어 선생님이 호주로 이민을 준비 중이라는 것을 알고 있었다. 선생님은 홍콩을 대표하는 인문학자이면서 '친대만파' 지도자급으로 활동하고 있었다. 우파답게 공자를 숭상하고, 유교를 전파하기 위한 활동에도 열심이었다.

끝내 선생님은 떠나기로 결심했다. 홍콩의 주권이 중국으로 반환될 경우, 이미 우파로 공인된 본인 활동에는 제약이 따를 수밖에 없다고 판단했다. 하지만 한국인인 나는 (피난민답게) 매우 '이기적인' 홍콩인들에게 그리고 철저한 '개인주의' 사회인 홍콩에 신물을 내고 있던 차였다. 선생님은 호주로 떠났다. 당시 나는 선생님이 바보 같은 결정을 했다고 생각했다. 선생님의 지명도 덕분에 호주 중국인 사회에서도 대우받고, 여전히 공자 사상을 전하는 데 열심이지만, 홍콩에서만큼 행복하실까 했다.

하지만 지금 홍콩의 답답하고 무서운 상황을 보고 있으면, 역시 선생님의 선견지명은 탁월했음을 느낀다.

신이민 또는
신홍콩인

　　　　　　홍콩 인구의 유입을 논할 때 '신이민' 또는 '신홍콩인'이라 불리는 사람들을 챙겨보아야 한다. 중국 개혁개방 이후에도 여전히 너무 많은 사람이 몰려왔기에 홍콩 정부는 중국 정부와 상의해서 이민정책을 바꾸었다. 하지만 각자의 욕심은 달랐다. 홍콩 정부는 홍콩 '두뇌 탈출'에 대응을 해야만 했고, 중국 정부로서는 미래의 홍콩 정체성 판도에 대응할 방법이 필요했다. 중국 정부 차원에서 신청자들을 선별해서 홍콩으로 이민을 보내는 것이었다. 처음부터 홍콩 정부는 이민자를 심사할 권한이 없었다. 누구를 보내느냐 하는 것은 순전히 중국 정부의 소관이었다. 홍콩 정체성을 '친중국'으로 변화시키기에 도움이 되는 인재를 선발해야만 했다. 국가나 지역의 정체성 변화를 유도하기 위한 가장 쉬운 방법은 '수혈'이다. 홍콩의 정체성을 친중국으로 돌려놓는 가장 쉬운 방법은 중국 의식으로 똘똘 뭉친 사람, 즉 선발된 중국인을 보내는 것이다.

　신이민 정책은 결과적으로 보면 중국 정부의 준비성이 돋보인 정책이었다. 미래에 있을 여론 주도권 다툼을 미리 대비한 것이었다. 이른바 사람으로 홍콩을 접수하는 방식이었다. 홍콩 친구들은 그것을 새로운 인해전술이라고 불렀다. 1982년부터 매일 75명, 1995년부터는 150명이 홍콩으로 들어왔다. 불완전한 통계지만 이제 홍콩 인구 7백만 명 중 40% 이상을 새로 이민 온 '중국인'이 점유하고 있다고 본다.

　그들은 언어불통, 학력, 자립심 부족, 생활습관 차이 등으로 홍콩 사회에 적응을 잘하지 못했다. 홍콩 사람들은 홍콩의 사회복지 혜택만을 노린다는 의미에서 새로 이민 온 그들을 '메뚜기'라고 부르면서 무시했다. 하지만 그들은 태생적으로 '친중국' 성향일 수밖에 없기에 나날이 강해지는 '친홍콩파'를 견제하는 세력으로 성장했다. 이후 홍콩의 당면 이슈에 대해 이 두 개의 정체성은 사사건건 대립하게 된다.

4장

영국인과
홍콩인

빅토리아산을 오르는 트램은
홍콩을 찾는 관광객이라면 누구나 타는 명물이다.

화교(華僑) 또는
화예(華裔)

　　　　홍콩인들을 바라보면서 나는 '화교'라는 단어를 떠올린다. 이 사람들도 결국은 화교(華僑)가 아닐까. 화(華)는 '중국'을 아름답게 부르는 호칭이고, 교(僑)는 '해외에서 잠시 살고 있는 사람'을 가리킨다. 즉 화교는 해외에 잠시 살고 있는 중국인이라는 말이다. 언제라도 돌아갈 수도 다시 떠날 수도 있다. 그 말이 너무 정처 없는 불쌍한 사람처럼 느껴져서, '화예'라는 말이 새로 만들어졌다. '중국'이라는 화(華)에 '후예'라는 예(裔)가 붙었다. 그곳에 정주해서 대대손손 살고 있는 중국의 후손이라는 말이다.

　홍콩인들은 화교일까? 화예일까? 그들은 언제부터 자신이 대륙의 중국인들과 다르다고 생각했을까? 지금까지도 홍콩인은 혈통적으로 틀림없는 중국인이다. 대부분 대륙 중국인과 친인척 관계를 가지고 있는 사람들이기 때문이다. 문제는 문화적인 부분이다. 춘절을 중시하고, 음식 문화도 비슷하고, 차를 즐기는 것도 비슷하고, 공자를 숭상하는 모습을 보면 동일한 문화적 유전자(Meme, 밈)를 공유하고 있음을 알 수 있다. 하지만 번체자와 홍콩어(홍콩식 광둥어), 딤섬 등 홍콩인들끼리만 공유하는 문화적 유전자도 매우 많다.

　남북한을 생각해보면 쉽게 이해된다. 남북한은 기본적으로 한국어로 소통이 가능하다. 하지만 우선 정치체제와 이념이 완전히 다르다. 어휘나 풍속 또한 다른 점이 많기에 자주 오해가 발생하기도 한다. 분단된 지 이미 70년이 넘었기 때문이다. 우리는 자주 '같은' 종족(민족)이라고 말한다. 문제는 '같은'이라고할 때 그것의 기준이다. 일반적으로 혈통, 언어, 문화적 유전자등을 종족적 정체성의 주요 구성 조건이라고 본다. 하지만 그기준을 잡기가 쉽지 않다. '무엇이, 어디까지' 같을 때 '우리'는같다고 할 수 있을까? 같은 종족(민족)이라고 할 수 있을까? 이문제를 붙잡고 이 책을 읽어주기 바란다.

중국 문화와
홍콩 중국인

리처드 니스벳은 『생각의 지도』에서 중국인의 동질성은 중앙집권적인 정치권력에서 기인한다고 했다.서로 얼굴을 맞대고 생활하는 촌락 생활은 조화와 화목을 중시하는 규범을 만들어냈다는 것이다. 생각이 다른 사람들을 만날기회도 드물고, 다른 의견을 내세웠다가는 제재를 당했기에 좀더 타당한 결론을 얻는 절차를 만들 필요가 없었다. 그래서 서로 합의점을 찾는 중용의 도를 찾는 것이 중요한 목적이 되었다고 주장한다.

해외 중국인 사회의 가장 큰 특징을 꼽으라면 무엇일까? 종교시설 즉 사원이다. 중국인들이 사는 곳에는 제일 먼저 사원이 들어선다. 사원은 홍콩뿐만이 아니라 전체 중국인 사회의 특징으로 보아야 한다. 해외 중국인들은 종족 내 크고 작은 분쟁을 먼저 사원이나 종친회를 통해서 해결해왔다.

몇 년 전 태국의 중국인작가협회가 개최한 세미나에 참석했을 때 들은 이야기다. 태국이나 말레이시아를 포함한 세계 중국인 사회의 분쟁은 종친회나 향우회와 사원 등의 원로들이 해결해주며, 결정에 불복할 경우 파문되어 중국인 사회에서 살아갈 수 없다는 것이다. 중국인들에게는 현지 실정법보다 커뮤니티의 권위와 종족 내 체면이 우선이라는 말이다. 홍콩에서도 마찬가지인데 1847년에 건립된 사원인 문무묘(文武廟)가 그 대표로서 지금까지도 홍콩인들의 정신적인 지주 노릇을 하고 있다.

문무묘에는 시험을 비롯한 온갖 문서운을 관장하는 문창제, 승진과 사업운을 책임지는 관무제를 모시고 있어 이곳을 찾아오는 홍콩인들의 발걸음은 오늘도 끊이질 않는다. 표면적으로 문무묘는 일개 사당에 불과하다. 하지만 홍콩의 중국인 사회에서는 처음부터 그들의 이익을 대변해주고 분쟁을 해결해주는 자치정부 역할을 하고 있다.

원래 중국 대륙에서는 마을의 지도자들 즉 향신(鄉紳)들이 이 역할을 담당하고 있었다. 전국적으로 향신은 마을의 질서를 유지하고, 행정의 공백을 메워주는 역할을 하기에 역대 정부로서도 나쁠 것이 없었다. 하지만 중화인민공화국이 들어서고, 지주계급을 숙청한다는 명분 아래 2~3백만 명이 처형되면서 이른바 향신계급은 사라졌다. 중국 개혁개방 이후 여기저기에서 '비문명적인' 무례한 행동을 하는 중국인들(물론 일부 중국인)이 나타나기 시작한 기원을 당시 향신 숙청이라 보는 학자들이 많다. 전국적으로 향신들이 제거됨과 더불어 전통 질서가 무너졌다는 것이다. 중국어에서 '예(禮)'는 '리(理)'로 풀이되는데, '예절'은 '이치'와 '도리'인 것이다. 갑자기 사라진 '도리'의 빈자리는 매우 큰 법이다.

홍콩영국* 정부는 홍콩(중국)인들의 대표 사원인 문무묘 권위를 인정해주는 것을 통치 수단의 하나로 여겼다. 이른바 '홍콩(중국)인으로 홍콩(중국)인을 다스린다'는 '이화제화(以華制華)'였다. 정부의 행정 부담을 덜어주는 간접통치 방식이었다. 홍콩의 중요한 중국인 단체는 몇 개 더 있다. 그중 하나가 남북행공소(南北行公所)이다. 남북행공소는 1868년 중계무역에 종사하는 홍콩(중국)인 회사들로 구성되었다. 상호부조를 목적으로 하는 협회인데, 나중에는 홍콩에서 제일 큰 상업 단체가 되었다. 은행과 보험 서비스를 포함하여 지역 사회 치안과 소방 업무도 담당했다.

1869년 창립되고 1872년에 정식으로 문을 연 동화의원(東華醫院)도 홍콩(중국)인 커뮤니티에서 굉장히 중요한 역할을 담당했다. 동화의원은 '광동(東) 중국인(華) 병원'을 축약한 말인데, 이름부터 서비스 대상을 분명하게 적시하고 있다. 동화의원은 식민지 초기 열악한 환경 속에서 홍콩(중국)인들에게 한방 의료 서비스를 제공했다. 당시는 홍콩 정부의 관심이 홍콩(중국)인들

---

* 영국령 홍콩을 정확하게 지칭하기 위해서는 홍콩영국 정부라고 해야 하고, 홍콩 인구의 주류인 중국인을 홍콩중국인이라고 해야 정확할 것이다. 하지만 그때그때 독자의 이해를 돕기 위해 홍콩 정부, 홍콩(영국) 정부, 홍콩인, 홍콩(중국)인으로 표기한다.

에까지 미치지 않았고, 홍콩(중국)인들 역시 서양 의료 기술을 신뢰하지 못하는 시기였다. 지금도 활발하게 활동하고 있는 동화의원은 처음부터 의료, 공익, 자선 사업 외에도 홍콩(중국)인들의 민원을 해결하고 중재해 주었다.

홍콩인
탄생

영국 통치 시기 홍콩 정부는 내부의 분화는 물론 중국과의 분화·분할 정책을 폈다. 중국과의 분리가 중요하다는 사실을 발견했던 것이다. 바로 '탈중국화', 즉 정체성의 분리였다. 그 수단은 결국 경제 그리고 근대화였다. 이 두 가지 축이 중요했다. 특히 중국과의 정체성 일체화 방지가 관건이었다. 홍콩의 구세대가 친중국이고, 신세대가 친홍콩임을 보면 상황을 어느 정도 짐작할 수 있다. 한 걸음 더 나아가면 직면하게 되는 것이 경제적인 분석이다. 지역(국가) 정체성을 분석할 때 어쩌면 가장 중요한 것은 경제적인 부분이다. 홍콩인을 중국으로부터의 이익을 직접적으로 받는 계층과 아닌 계층으로 나눌 수 있다.

식민지 초기부터 홍콩인은 언제나 명분과 실리라는 두 마리의 '괴물' 사이에서 애매하게 방황하고 있었다. 어쩌면 식민 치하에서 하루하루를 살아가고 (아니 살아내고) 있는 모든 홍콩인들에게 부과된 숙명인지도 모르겠다. 명분인 '민족'을 따를 것인가, 아니면 실리인 '돈'을 따를 것인가. 처음부터 홍콩인들은 이 두 괴물이 교대로 (무자비하게) 던지는 질문에 순간순간 대답해야만

하는 운명이었다.

　리처드 니스벳은 『생각의 지도』에서 100년이 넘는 시간동안 영국의 통치 아래 어린 나이부터 영어를 배우며 자란 홍콩인들은 중국인임에도 불구하고 서양의 문화적, 언어적 영향을 크게 받았다고 했다. 홍콩에는 동양과 서양의 문화적 특성이 공존하고 있다는 것이다.

　최근 민족이라는 정체성이 대두되기 시작한 시점을 중세까지 올려 잡아야 한다는 주장이 힘을 받고 있지만, 민족이라는 아이템의 등장이 제국주의에 대항하기 위해서였던 건 분명하다. 역사를 보면 팽팽하던 명분과 실리의 균형이 언젠가는 깨지는 시점이 오고야 만다. 홍콩인들에겐 1866년이 그 시작이었다. 1866년 광저우의 중국인들이 홍콩(중국)인 부자들을 공격하고 약탈할 것이라는 소문이 돌기 시작했다. 홍콩(중국)인 사회의 지도자급 인사들은 정부 허가를 받아서 자신들 재산을 보호해줄 조직을 만들었다. 바야흐로 홍콩에서 부유한 홍콩(중국)인들의 사회적 책임감이 증가한 것이었다.

　나는 이것을 '중국인'과 '홍콩인' 정체성이 분리되는 시점이라고 본다. 명분과 실리는 팽팽하게 밀고 당기다가 어느 순간 갑자기 한쪽으로 기울게 된다. 피는 물보다 진하다고 하는 것이 명분이라면, 우선 먹고살아야 피를 만들 수 있다는 것은 실리이다. 민족이 먼저일까? 내가 먼저일까? 다른 문화적 유전자가 생성되기 시작하는 갈림길에서 던져지는 질문이다. 같은 종족(민족)이기에 '반종족(민족)적인' 홍콩의 중국인 부호들을 공격하라는 것은 명분일까 실리일까? 같은 중국인이라는 외침이 명분이라면, 홍콩에서 살아가는 중국인의 생존은 실리가 된다. 대륙 중국인과 홍콩(중국)인이 더 이상 '같은' 중국인이라는 범주에 편안하게 머무를 수 없는 시점이 온 것이다.

1884년에는 이런 일이 있었다. 프랑스가 베트남을 편드는 중국과 갈등이 생기자 프랑스는 대만과 중국의 푸저우(福州)를 공격했다. 홍콩 정부는 출범 이래 최대 난관에 봉착했다. 프랑스 편을 들 것인가, 중국 편을 들 것인가? 누구의 편을 들 것인가? 프랑스 군함의 정박과 보급을 허락할 것인가, 거부할 것인가? 피해 갈 수 없는 갈림길이었다. 이때 홍콩 정부의 '명분'과 '실리'는 무엇일까? 중국 편을 든다면 프랑스 군함 정박을 허락하면 안 되고, 프랑스 편을 든다면 군함 정박을 허락해야 한다. 중국 편을 든다면 홍콩(중국)인 지지를 받아서 식민통치가 한결 수월해질 것이지만, 프랑스 편을 든다면 홍콩(중국)인들과 관계는 어려워질 것이었기에, 두 가지 모두 홍콩 정부로서는 큰 대가를 지불해야 했다.

결과적으로 홍콩 정부는 프랑스 편을 들었고, 프랑스 군함 선적을 위한 노동을 거부하는 중국인 노동자들에게는 벌금을 부과하였다. 프랑스에 저항하라는 중국 정부(청나라)의 지시를 보도한 신문의 편집인은 기소되었으며, 항의하는 군중을 향해 발포했디. 이에 저항하는 시위가 한 달가량 지속되었다.

중국 정부(청나라)의 입장도 매우 '애매'했다. 표면적으로는 홍콩 정부를 비난하고, 같은 민족이라는 명분으로 홍콩인을 선동하고 있었지만, 실제로는 홍콩을 철저하게 이용하고 있었다. 전쟁 비용을 홍콩 정부 터전 아래서 돈을 번 홍콩 은행들로부터 조달하고 있었고, 전쟁에 필요한 무기와 탄약도 홍콩을 통해 수입하고 있었던 것이다.

이런 애매한 입장은 비단 청나라 정부에만 그친 것이 아니다. 이후 군벌전쟁이나 국공내전 그리고 중화인민공화국 정부에 이르기까지 동일했다. 홍콩 정체성을 분석하기 위해서는 잊지 말아야 할 지점이다. 표면적으로 보이는 것이 전부가 아니다. 역사를 서술하기 어려운 또 다른 이유이다. 우리가 알고 있는 역사는 설탕 옷을 입힌 알약 즉 '당의정'이다. 설탕 옷을 벗겨내면 매우 쓴 맛이 우리를 기다리고 있다.

홍콩 초기 역사에서 홍콩(중국)인 노동계급이 자신의 정체성을 인식하기 시작한 시점에 대해서도 이야기해보자. 1891년에는 목수들이 임금 문제로, 등나무 의자를 만드는 노동자들이 근무시간 문제로 파업을 했다. 어떤 학자는 영국에 반대하는 애국주의가 배후라고 하기도 하고, 어떤 학자는 생계를 위한 투쟁이었다고 본다. 역사적인 사건사고는 언제나 그러하듯 우리에게 쉬운 해석을 허락하지 않는다.

다만 홍콩이라는 영국 식민지의 홍콩(중국)인 노동자 계급이 자신들의 정체성을 인식하기 시작했다는 것은 분명하다. 그들은 자신이 영국인이 통치하는 식민지에서 살고 있는 '홍콩(중국)인'이고, '노동'으로 삶을 영위하는 '계급'임을 인식하기 시작했다. 향후 중국 정부가 홍콩 문제를, 그리고 홍콩(중국)인 노동자들을 어떤 식으로 활용할지 그 방향을 알 수 있는 부분이다. 역대 중국 정부는 민족적 정체성이 강한 삼합회(三合會) 등 비밀결사를 이용하여 노동운동을 배후에서 조종하기도 했다.

영국인과
홍콩인

　　　　　　식민자로서 당연하겠지만 식민 초기 영국인들은 홍콩(중국)인들을 대놓고 차별했다. 법원은 이중 잣대로 백인에게는 상대적으로 가볍게, 홍콩(중국)인에게는 태형 등 비인도적인 판결을 하기도 했다. 야간 통행금지는 실질적으로 홍콩(중국)인에게만 적용되었다. 홍콩섬 빅토리아 산정(peak) 부근은 아편전쟁 이후 1백 년 동안 영국인들만 거주할 수 있는 공간이었다. 이곳은 지금도 홍콩의 최고 상류층이 거주하는 곳이다. 영국인들은 빅토리아산 정상을 자신만의 공간으로 만들었다. 영국의 전통적인 마을의 특징을 그대로 재현하여 클럽, 호텔, 병원, 성공회 성당을 배치했다.

지금도 관광객들의 사랑을 받고 있는 피크 트램(Peak Tram)은 1888년에 운행을 시작했다. 이는 원래 산 위 고급 주택가에 사는 영국인들의 출퇴근을 위해 설치된 교통수단이다. 또한 홍콩의 주요 클럽은 홍콩(중국)인 가입을 허락하지 않았다. 1846년에 창립된 사교클럽인 '홍콩클럽'은 점주, 홍콩(중국)인, 인도인, 여자 등의 출입을 허락하지 않았다. 영국인들과 홍콩(중국)인들은 사는 곳은 물론 노는 곳도 달랐다.

식민지 초기 홍콩은 남자 비율이 절대적으로 우세하였다. 1872년에 실시된 인구조사를 보면 남녀 비율이 홍콩(중국)인은 7대 1, 유럽인은 5대1이었다. 당시 홍콩에서 사는 여자들은 홍콩(중국)인과 외국인을 막론하고 직업여성들이 절대다수를 차지하고 있었다. 초기 홍콩 사회를 들여다보면, 요즈음 우리가 말하는 '홍콩 간다'의 어원은 이때까지 거슬러 올라가야 한다는 것을 알 수 있다.

사교클럽 문화는 지금까지도 홍콩 문화의 특징 중 하나인데, 딱 한 번 경험한 적이 있다. 오랜만에 박사 지도교수를 찾아뵙자 사모님과 고민을 하더니 어디론가 전화를 걸었다. 한참 만에 상대에게 허락을 받은 선생님은 어디론가 같이 가자고 했다. 유명 작가와 학자들이 정기적으로 식사를 하는 클럽이었다. 선생님은 홍콩의 클럽 문화를 내게 보여주고 싶었던 것이다. 이런 클럽이 종횡으로 홍콩 상류층을 형성하고 있다.

결국 이런 클럽 문화는 부정할 수 없는 홍콩 문화일진대 '우리'를 확인하는 과정, 즉 '끼리' 문화는 '그들'을 생성하고 '소외'를 동반한다. 홍콩 사회는 식민지답게 내부적으로 이미 그렇게 취약했다. 인종별로 계층별로 이미 따로 놀았다. 초기에는 인종이 신분을 직접적으로 상징했지만, 사회의 자본주의적 성장은 신분 정체성의 단순한 구도를 용납하지 않는다. 자본주의 성장은 거대 자본이 집중되는 것을 의미하는데, 홍콩에서 홍콩(중국)인 재벌이 등장하기 시작했다. 그들은 당연히 자신들 실리를 보호하기 위해서 뭉치기 시작했다.

1896년에는 홍콩(중국)인들을 위한 '중화회관(中華會館)', 1899년에는 중국인 상공회의소인 '화상회소(華商會所)'가 출범했다. 홍콩 정부 정책에 따라 이 조직들은 사회 지도자 역할을 담당하게 되었다. 역시 홍콩(중국)인으로 홍콩(중국)인을 통제하는 '이화제화(以華制華)' 정책의 하나였다. 시간이 흐를수록 통치자인 영국인들과 부유한 홍콩(중국)인들이 상호 '실리'라는 접점에서 만나는 횟수와 범위가 확대되고 있었다.

이렇게 민족이라는 명분은 약해지고 경제적 실리라는 문화적 유전자를 통해서 이익을 공유하는—새로운 기득권인—또 하나의 정체성이 만들어지고 있었다. 새로운 '우리' 즉, 홍콩의 상류층은 이렇게 태어났다. 1945년 8월 일본의 패망 이후 3년 8개월 만에 돌아온 홍콩(영국) 정부는 홍콩(중국)인들에 대한 차별을 눈에 띄게 완화했다. 홍콩(중국)인을 정부 부서 책임자로 승진시키고, 홍콩인의 거주가 엄격하게 금지되었던 빅토리아산 정상과 창저우도(長洲島)를 개방했다.

영국 식민부터 부정할 것인가? 영국 식민 결과를 부정할 것인가? 아니면 이 두 가지 모두를 부정할 것인가? 식민지 역사가 1백 년이 지났고, 게다가 일본의 통치를 경험하면서, 지배자인 홍콩(영국) 정부와 피지배자인 홍콩(중국)인이 서로를 인정하고 수용하게 된 것이다. 물론 상류층의 제한된 결합이지만 우리는 모두 '홍콩인'이라는 정체성을 향해서 한 걸음 더 가까이 다가갔다. 이제 홍콩이 자랑하는 시스템을 살펴봐야 할 시간이 왔다. 식민지라는 속성 때문이겠지만, 홍콩의 주요한 특징 중 하나는

'행정 주도'라는 점이다. 홍콩의 행정 체계가 '동양의 진주'로 불리는 홍콩을 만들었다는 점에는 이의가 없다.

5장

체제와
교육

홍콩인의 중국적 정체성을 확인하고
제고시키는 장치로서의
홍콩고궁문화박물관

행정과
정치

사상가 진야오지(金耀基)는 영국 식민지하의 홍콩을 '행정이 정치를 흡수했다'는 말로 개괄했다. 홍콩의 제도적인 우수성을 이야기할 때마다 격언처럼 사용된다. 정치가 필요 없을 만큼 제도적으로 완벽하다는 뜻이다. 법률, 공무원과 경찰, 징세, 교육 등 이미 제도가 완벽하기에 따로 정치라는 행위가 필요 없다는 것이다. 하기야 정치도 우리가 보다 인간답게 살기 위한 수단일 뿐, '정치' 그것이 목적은 아닐 것이다.

국가적으로 행정이 중요할까, 정치가 중요할까, 행정이 완벽하면 정치는 필요 없을까? 정치 없는 행정은 또 어떤 문제를 불러오게 될까? 나는 이런 문제에 있어 문외한이고, 여기에서 논의할 지면도 부족하다. 박정희 대통령은 자주 '정치인이 무엇을 아느냐'고 했단다. 정치인의 무책임함을 지적하는 동시에 행정의 중요성을 강조하는 말이다. 그런 측면에서 그는 행정 제일주의나 효용 제일주의를 견지했다. 홍콩의 행정중심 흐름과 비견될 수 있을 것이다. 행정 중심주의는 거꾸로 보면 정치가 없다는 말인데, '정치 없는 홍콩' 즉 '정치를 연습하지 못한' 점은 원죄가 되어 홍콩 사회 (민주적) 발전에 두고두고 부담이 되었다. 정치를 '주고받는' 행위라고 본다면, 최근 시위에서 홍콩 본토(locality)파는 '전부'가 아니면 '전무'라는 식으로 접근했다.

홍콩 행정의 최고 책임자는 영국여왕 전권대표인 총독(지금은 특구행정장관)이었다. 물론 견제 장치도 있다. 행정국과 입법국은 총독에게 협조하고, 법률을 제정하는데, 양자 모두 총독에게 건의하고 질문할 수 있다.

식민지 초기부터 영국 재벌기업들의 발언권은 매우 강해서 곧 참정권을 요구했다. 1850년에 자딘 그룹 임원이 처음으로 입법국 의원이 되었고, 이후 1900년까지 50년 동안 입법국 의원 70%가 재계 출신이었다. 홍콩은 식민지 초기부터 재계 영향력이 매우 큰 사회였음을 알 수 있다. 더불어 자유 특히 경제활동의 자유는 그 폭을 더해갈 수밖에 없었을 것이다. 홍콩 사회가 기득권 중심으로 갈 수밖에 없는 기틀을 다진 것이고, 그것은 홍콩 정체성의 중심축이었다.

민주는 없고
자유만 있는 곳

홍콩을 스토리텔링할 때 자주 쓰이는 말이 또 있다. '민주는 없고 자유만 있다'는 것이다. 홍콩식 자유는 유명하다. 많은 학자들이 홍콩 공기는 다르다는 말을 많이 한다. 이때 공기는 자유를 말한다. 무슨 의미인지 몰랐는데 홍콩을 떠나고 나서야 알게 되었다. 홍콩에는 편안함이 있다. 그 편안함의 근원을 곰곰이 따져보면 자유라는 말밖에는 없다는 것을 알게 된다.

홍콩(영국) 정부는 자유에 대한 인간의 근원적인 욕망을 실현해주었다. 자유는 인간 능력을 발휘하기 위한 기본 조건일 것이다. 네 능력을 마음껏 펼쳐보거라 하고 멍석을 깔아준 것이다.

기업의 성장은 기업 활동 자유와 긴밀한 관계가 있다. 기업에게 얼마만큼 자유를 줄 것인가는 모든 정부의 고민거리일 것이다. 기업의 사업 아이템이나 활동 범주를 어디까지 용인할 것인가에 따라 경제 수치는 등락하기 때문이다.

'경제 자유 지수'라는 것이 있다. 2010년대까지만 해도 홍콩은 세계 1위의 경제 자유 지수를 기록하고 있었다. 이 지수는 그 사회의 자유와 개방 정도를 가리킨다. 인간 능력을 마음껏 발휘하게 해주는 것 그것이 자본주의의 기본 틀이다. 한 사람 한 사람의 능력이 인정받고, 또 그 능력이 현실로 구현되고, 다시 그 성과가 사회 전체에 골고루 나누어지는 선순환 구조야말로 자본주의의 이상일 것이다.

홍콩식 첨단 자본주의는 이렇게 기초를 마련했다. 우리 홍콩 (영국) 정부를 전복시키거나 공격하지 않는 한, 네 생각과 네가 하고 싶은 말을 모두 허용해주마! 홍콩 정부는 시종일관 '불간섭주의'를 자랑했다. '불간섭주의'는 '홍콩식 자유'를 상징하는 구호이기도 하다. 영국 식민지 시절 경제 관료들은 '작은 정부'라는 말도 자주 했다. 그만큼 정부의 규제와 간섭을 배제하고 민간에게 맡긴다는 의미였다.

미국에 거주하는 홍콩 출신 학자 레이초우(周蕾)는 경제가 홍콩 정체성의 일부라고 한 적이 있다. 경제학에 크게 두 가지 흐름이 있다. 정부가 시장에 적극적으로 개입해야 한다는 주장이 그 하나이고, 정부 개입을 최소화하고 시장 흐름에 맡겨두자는 주장이 다른 하나이다. 원래 1841년 홍콩이 무관세 자유무역항으로 선포될 때, 경제활동에 대한 간섭을 최소화하자는 영국 고전경제학파의 영향을 받았다.

처음부터 홍콩(영국) 정부는 인간의 욕망을 마음껏 발산해보라는 쪽에 기대고 있었다. 당연히 제도가 정비되어야 한다. 근대화된 정신이 뒷받침되어야 한다. 그 바탕에는 영국식 자유주의와 이성이 깔려 있다고 주장하는 학자들이 많다. 하지만 1997년 주권이 영국에서 중국으로 반환된 이후 달라졌다. 행정을 지배하는 것은 정치라는 사실이 새삼 확인되고 있다. 행정이 정치를 흡수한 시대는 지나갔고, 정치가 행정을 지배하는 시대가 온 것이다. 주권 반환 이후 홍콩 공무원들은 중국 정부만 바라보고 있다. 중국 정부는 수시로 중국을 사랑하는 '애국자'만이 홍콩 지도자가 될 수 있음을 강조했다.

홍콩 공무원들은 이제 중화인민공화국에 대해 충성 서약을 해야 한다. 그 사람의 능력보다는 정치적 성향이 인사 기준이 된 지 오래다. 2021년 4월부터 충성 서약을 거부한 129명의 공무원에 대한 해임 절차가 진행되고 있다. 7월 구의회 의원 1백여 명이 사직을 했다. 2023년 7월 뉴스는 지난해 3800명 이상의 공무원이 사직했고, 이것은 1997년 주권 반환 이래 가장 많은 수치임을 보도하고 있다. '행정의 공백'과 '느슨해진 기강'을 지적하는 뉴스가 등장하고 있다. 홍콩을 떠난 혹은 떠나고 있는 기업들이 늘어나고 있다. 기업 자유가 축소되고 있다는 뜻이다. 행정 또는 제도 그것보다 중요한 것은 정치이념처럼 보인다. 요즈음 홍콩에서는 말이다.

조기 홍콩 교육과
충효 사상

리처드 니스벳은 중국과 고대 그리스 경우를 예로 들면서 결론적으로 생태환경은 경제 구조 차이를, 다시 사회구조 차이를, 다시 사회 규범과 육아 방식을 차이를 만들어 냈다고 말한다. 쿠르트 레빈은 교육제도의 중요성에 대해 과소도 과대평가도 하지 말라고 했다. 교육제도는 장기적으로 중요하지만, 교육은 전반적인 사회 분위기의 변화와 더불어 변화하게 되어 있다고 했다. 따라서 교육은 그 나라 문화를 비추는 거울에 지나지 않는다고 했다.

홍콩의 성공과 실패는 '홍콩영국 정부(港英政府)'가 만들어낸 것이다. 홍콩 사람들은 이렇게 '홍콩영국 정부'라는 말을 사용한다. 홍콩 정부는 사실 홍콩의 정부가 아니라 영국 정부의 지시하에 움직이는 정부라는 말이다. 이렇게 본다면 홍콩의 성공과 실패는 영국의 것이다.

식민지 초기 정부는 교육에 특별한 관심이 없었다. 중국어 서당과 교회 학교를 지원해 주는 정도에 그쳤다. 대다수가 교회 학교였는데, 언제 어디서나 그렇듯이 교회 학교의 궁극적인 목표는 전도에 있었고, 반면에 학생들 목표는 영어를 배워서 좋은 대우를 받는 직업을 구하자는 것이었다. 어쩌면 그것이 명분과 실리, 즉 교회와 학생이 만날 수밖에 없는 '아름다운' 타협점일 것이다.

중국어와 영어를 모두 중시하던 교육 정책은 1878년부터 영어 중심으로 전환되어 식민지 홍콩의 영어교육 체계를 확립했다. 중국어중심 사립학교도 설립이 되지만 차선이라는 이미지에서 벗어날 수는 없었다. 홍콩이 영국 식민지임을 감안하면 영어는 광둥어라는 현지어보다 훨씬 더 중요했다. 홍콩(중국)인들 대부분이 광둥어 외에 영어를 하는데, 외국어 능력은 차원이 다른 정보의 습득을 보장해주었다. 물론 개인 능력은 사회의 경쟁력과도 직결된다.

 리처드 니스벳은 『생각의 지도』에서 이중언어자(bilingual)를 동등 이중언어자(Coordinate bilingual)와 복합 이중언어자(Compound bilingual)로 나누어서 그 차이를 설명하고 있다. 제2외국어를 언제 배웠느냐에 따라 나눠지는데, 중국인이나 대만인들은 표준어와 방언을 사용하는 동등 이중언어자이고, 홍콩이나 싱가포르인들은 영어와 중국어를 공용어로 하기에 복합 이중언어자라고 할 수 있다.

 문제를 영어와 중국어로 내는 언어 실험 결과, 중국인이나 대만인은 세상을 '관계'로 파악하는 동양적 사고를 하고, 홍콩인이나 싱가포르인은 세상을 범주로 묶을 수 있는 '사물'로 파악하는 경향이 나타났다. 결론적으로, 제한적이지만 언어가 사고에 영향을 줄 수 있다는 사실을 얻었다고 했다. 동양인이지만 서양적인 세계관을 갖춘 홍콩인들의 두뇌 구조, 즉 정체성을 조성하는 부분을 알 수 있는 대목이다.

 1908년 홍콩 총독이 대학의 필요성을 언급했고, 인도 재벌 모디(H. N. Mody)와 홍콩(중국)인 재벌들 그리고 중국 양광 총독의 기부로 홍콩대학(香港大學) 개교가 추진되었다. 대학준비위원회는 영어를 교학 언어로 결정했고, 중국어문학만은 중국어로 강의한다는 원칙을 만들어 지금까지 지켜지고 있다.

1911년 청나라가 공화제인 중화민국으로 바뀌면서 중국에서 홍콩으로의 인구 유입이 확대되었고 학령인구에 대한 교육 문제가 현안이 되었다. 각종 학교가 난립하였고, 게다가 교사들이 학생들에게 혁명 사상을 주입하였기에 홍콩 정부의 고민은 날로 깊어갔다. 영국 인도의 교육 책임자였던 매콜리(Thomas Babington Macaulay)는 영국인들과 피통치자인 인도인들을 이어줄 통역 계급을 양성하는 것이 교육 목표라고 고백한 적이 있다. 피부색은 다르지만 소양과 지성은 영국인처럼 보이는 집단을 양성하는 것이 목표라는 것이었다. 적어도 홍콩인들은 중국인이 아닌 영국인으로 양성되었다는 말이다.

1912년 개교한 홍콩대학은 특별히 한문과(漢文科)의 선택과목으로 『사서오경』과 중국의 전통 경전을 두었다. 청나라 정부와의 관계를 고려한 대학 운영 방침의 일환인데, 혁명을 찬양하는 강의는 허용되지 않았다. 남학생만 입학이 허락되었고 1919년 '54운동' 영향으로 1921년부터 여학생도 받기 시작했다.

홍콩대학의 중문과 이외 모든 학과의 강의를 영어로 했다는 것은, 홍콩 정체성에 대한 영국의 의지를 분명하게 보여준다. 중문 또는 중국문화적 정체성은 충분히 수용하겠지만, 다른 모든 분야는 영국식 정체성으로 교육하겠다는 의지의 발로이다.

1913년 홍콩 정부는 처음으로 '교육조례'를 발표하여, 모든 학교에 대한 감독권을 행사하기 시작했다. 중국에서 일어난 '54운동'의 영향으로 홍콩에서도 민족정서가 고양되기 시작했고, 홍콩 정부는 민족주의 확산 흐름에 우려하여 중국어 학교 교사 양성 즉 사범교육에 관심을 기울였다. 나름대로 형성되고 있던 홍콩인 정체성 즉 홍콩(중국)인이 진정한 홍콩인으로 전환되는 추세가 다시 혼란해졌다.

국가와 민족은 어떻게 인식되고 교육되어야 할까? 식민지 홍콩에서 이루어지는 교육의 적절한 선은 어디일까? 홍콩에 사는 홍콩인들은 영국인일까 중국인일까? 그들은 어떤 정체성으로 정립되는 것이 좋을까?

리처드 니스벳은 『생각의 지도』에서 홍콩(중국)인들만이 동양의 문화와 서양의 문화를 동시에 보유하고 있는 것이 아니라고 했다. 동양계 미국인들도 마찬가지라고 했다. 동양계 미국인들 역시 그들 안에 존재하는 '동양적인 자기 개념'을 자극시켜주면 동양적으로 행동하고, '서양적인 자기 개념'을 더 강하게 자극시켜주면 서양적으로 행동한다는 것이다. 미국 문화를 연상시키는 미국 의회 빌딩, 말 위에 앉아있는 카우보이, 미키마우스 등의 이미지, 중국 문화를 연상시키는 용, 불교사원, 붓글씨를 쓰는 남자 등의 이미지에 노출되었을 때를 각각 가리킨다.

고전문학을 중시할 것인가, 현대문학을 중시할 것인가? 는 지금도 인문학 관련학과의 고민이다. 보수를 표방하는 국민당은 고전문학을, 진보를 대표하는 공산당은 현대문학을 중시했다.

당연하게도 청나라와 국민당은 공자를 위시해서 유교 경전을 금과옥조로 내세웠고, 청나라를 반대하는 혁명파와 공산당은 공자를 '사람을 잡아먹는' 전통의 우두머리라고 찍어서 공격했다.

교육만큼 사람마다 생각이 다른 분야도 드물다. 기존 질서에 부합되는 인간을 키워야 할까, 아니면 새로운 질서를 창조하는 인간을 만들어야 할까? 무게 중심을 어디에 두어야 할까?

역사학자 임지현은 남한과 북한 모두 학교 교육에서 '충'과 '효'를 가장 중요한 덕목으로 강조했다고 보았다. 알다시피 충과 효는 체제와 질서에 대한 충성을 의미한다. 남북한 모두 기존 질서에 부합되는 인간을 양성하는 교육을 했다는 말이다. 남북한뿐만이 아니라 중국 역대 정부는 물론 조선 등 동아시아부터 베트남 등 동남아시아까지도 유교를 통치이념으로 삼았던 까닭이다.

전통과 질서를 강조하는 유교는 청나라의 교육방침이기도 하지만, 홍콩 정부 방침이기도 해서, 홍콩 정부는 청나라를 뒤엎자는 혁명파의 활동을 예의주시하고 있었다. 혁명은 도미노 게임과 같아서 청나라에 혁명이 일어날 경우 당연히 홍콩도 그 여파로부터 자유롭지 못할 것이었다. 제국주의 국가들이 시종일관 염려했던 점은 청나라 정부가 적절하게 유지될 수 있느냐 하는 것이었다. 청나라 정부가 무너진다면 그 여파는 식민지 체제를 일거에 무너뜨릴 수 있기 때문이었다. 청나라가 너무 강성해서도 너무 약화되어서도 안 되는 이유가 여기에 있었다. 제국주의 국가들은 이권을 가져간 이후에는, 가급적 청나라의 체면을 세워주고 현실적인 요구를 들어주고자 했다.

1925년 홍콩 정부는 광둥성과 홍콩의 대파업(다음 장에서 상술)으로 조성된 반영정서를 누그러뜨리기 위해, 중국전통 도덕윤리에 기초한 중국어 교육을 제창했다. 1926년에는 처음으로 중국어 공립학교를 세웠고, 1927년에는 홍콩대학에 중문과를 개설했다. 당시 홍콩 정부는 식민지 체제 안정을 위해 충과 효를 중심으로 하는 유교 정신 선양에 힘을 쏟았다. 체제 안정에 조금이라도 방해될 만한 활동은 허용하지 않았다. 청나라 전복을 획책하는 혁명가 손문(孫文) 활동도, 대문호 루쉰(魯迅) 강연도 환영하지 않았다.

1927년 루쉰은 홍콩 경찰의 감시 속에서 문무묘 뒤에 있는 기독청년회관(YMCA)에서 두 차례 특강을 했다. 그는 청년들을 대상으로 "대담하게 말하고, 용감하게 행동하고", "옛사람을 밀어젖히고", "고문을 버리고 생존하라"고 요구했다. 두 번째 특강에서는 공맹지도(孔孟之道)를 핵심으로 하는 봉건문화는 수명을 다했다고 했다. 영국 침략자들이 봉건문화를 고취하는 이유는 '우리' 부패문화를 이용하여 '우리' 이 부패민족을 통치하기 위함이라고 했다. 루쉰의 발언은 당시 중국의 국민당 정부나 홍콩 정부의 통치와 교육 이념에 정면으로 반발하는 것이었다. 루쉰은 시종일관 보편적인 인간의 정체성 생성에 관심을 가지고 있었으며, 길들여지는 정체성에 대항했던 것이다.

두뇌(유전자)와
교육(성장) 환경

나는 정체성을 공부하는 사람이다. 이 책의 목표도 '중국'과 '홍콩'의 갈등이 사실은 정체성 충돌임을 말하는 데 있고, 나아가서 충돌을 예방하거나 해결하기 위한 방법을 고민해보는 데 있다. 내 고민은 학계가 이룩해놓은 기존의 정체성 연구를 새롭게 두뇌과학과 연결시키고자 하는 데까지 와 있다.

여기에서 살짝 두뇌과학 이야기를 해보자. 모든 사람이 서로 다른 이유는, 두뇌 구조가 다르기 때문이다. 보수와 진보라는 정체성도 사실은 두뇌의 차이에서 비롯된다. 우리가 보수와 진보로 나뉘어서 서로 싸우는 이유는? 우리의 두뇌 구조와 그것의 작동 시스템이 다르기 때문이다. 사고하는 방식의 차이인데, 크게 나누면 어떤 사람은 현실(실리)적으로, 어떤 사람은 낭만(명분)적으로 사고한다.

우리는 '저 사람은 정말 이해가 안 돼', '사람이 어떻게 저럴 수가 있어?'라는 말을 입에 달고 산다. 이때 이 사람과 저 사람의 두뇌는 다르다. 타고난 두뇌(유전자)와 성장(교육) 환경이 다른 것이다. 그런데 두뇌(유전자)도 환경의 지배를 받기 때문에 다음 세대의 두뇌를 생각한다면 환경이 매우 중요해진다. 그 환경을 두고 보수파는 보수적인 교육을, 진보파는 진보적인 교육을 해야 '사람'이 된다고 생각하는 것이다.

1954년 홍콩에서 초등학교 의무교육이 실시되었다. 아편전쟁부터 따지면 1백 년이 넘는 시간이 걸렸다. 홍콩에 영국식 교육이 정착되기 시작한 시점이다. 홍콩의 공무원들을 접촉해보면 매우 우수하다는 인상을 받았다. 홍콩이 비약적인 발전을 했다면 그 이유로 우수한 공무원을 빼놓고 말할 수는 없다. 나는 그런 공무원을 영국식 교육제도가 배출했다고 본다. 홍콩인들은 홍콩 교육제도에 대단한 자부심을 가지고 있고, 홍콩 주요 대학들은 여전히 아시아 톱 순위를 차지하고 있다.

교육에 관한 한 나는 영국의 경험을 인정해주고 싶다. 영국은 1921년에 세계 최초의 대안학교인 서머힐 학교(Summerhill School)를 만들었다. 영국은 학생들에게 노는 결정권 즉 자유가 있는 학교인 서머힐이라는 스토리를 가지고 있는 나라이다. 무려 1백 년 전에 '학교'의 의미와 '교육' 방법에 대해 새롭게 고민을 시작한 사람들이 영국에는 있었다.

홍콩인들이 지금까지 영국 통치에 대해 연연해하는 이유 중 하나는, 교육의 자유가 있었기 때문이다. 중국 문화대혁명의 영향으로 1971년에 공포된 홍콩 교육법에 의하면 수업이나 관련 활동에는 정치적인 노래, 무용, 구호 등을 허용하지 않았다. 이 법은 정치교육을 하지 않겠다는 홍콩 정부의 의지를 더욱 추동했다. 교육이 정치로부터의 자유를 보장받았던 시절이었다. 당연히 따라오는 것이 학문의 자유일 것이다. 누구의 눈치도 볼 필요가 없는 학문의 자유는 사회 발전으로 이어졌다. 홍콩인들 두뇌(유전자)는 이런 환경에서 성장했던 것이다.

1980년대까지도 한국에서 우리 세대가 받았던 '국가'와 '민족' 교육을 생각해보면 이해가 빠를 것 같다. 1989년까지 우리에게는 영화관에서 영화만을 볼 수 있는 '자유'가 없었다. 영화를 보기 전에 애국가가 흐르는 영상을 보아야 했고 기립해야 했다. 홍콩에 도착했을 때 가장 좋았던 점은, 영화관에서 나를 일으켜 세우거나, 걸어가는 도중에 내 발걸음을 멈추게 하는 국민의례가 없다는 것이었다.

하지만 1997년 중국으로 주권이 반환될 즈음부터 국가와 민족은 홍콩인 두뇌를 향해 시시각각 도발해 오기 시작했다. '국민교육센터'를 중심으로 다양한 활동이 전개되고 있는데, 그즈음부터 홍콩인들은 텔레비전 뉴스에 앞서 '마음은 조국과 하나'라는 '국가홍보영상'을 보아야 한다. 2015년 중국 정부는 '국가안전 교육일'을 제정했다. 매년 4월 15일 홍콩에서도 교육국과 보안국이 주축이 되어 강연과 전시 등 각종 활동을 전개한다. 2021년부터는 초등학교에서부터 국가안보에 대해서 교육을 받는 등 이제 그들 두뇌는 완전히 다른 (교육) 환경에 노출되기 시작했다. 더불어 두뇌(유전자) 구조도 다시 만들어질 것이다.

6장

지역 공동체 홍콩의 등장

마카오를 향해 출발하는 페리.
멀리 서구룡 문화지구가 보인다.

중국인, 홍콩인, 대만인

앞에서 언급했듯이 중국어에 '화인(華人)'이라는 단어가 있다. 중국, 홍콩, 대만 그리고 해외에 거주하고 있는 보편적인 '중국인'을 가리키는 말이다. 중국인들은 국적으로 나를 규정하지 말라는 뜻으로 '나는 그냥 화인이야'라고 말한다. 화인들의 두뇌(유전자)에는 '세상 가운데 있는 나라(중국)' 사람이라는 집단의식 즉 '중화사상'이 자리 잡고 있다.

하지만 화인이라는 '명분'은 지역이라는 '실리'와 만나게 되면 다른 모습으로 다시 태어난다. 중국과 홍콩과 대만 사람들은 모두 중화사상을 가지고 있지만, 거주하는 지역에 따라 다시 '중국인', '홍콩인', '대만인'으로 나누어진다. 다른 지역에 거주하는 시간이 길어질수록 지역에 따라 다른 역사에 노출되고, 그 역사는 중국인, 홍콩인, 대만인이라는 각기 다른 두뇌(유전자)를 만들어내고, 그 두뇌(유전자)는 다시 그곳 특유의 역사를 만들어낸다. 바로 문화심리학이나 사회심리학의 핵심이다. 중국인, 홍콩인, 대만인의 정체성은 다르다는 말이다.

친구와 같이 여행을 할 때 공항 대합실에서 하는 놀이가 있다. 중국인, 홍콩인, 대만인을 나누어보는 게임이다. 우리는 옷차림과 행동과 말투로 그들의 국적을 추측해보곤 했다. 한반도에 사는 우리는 보편적으로 '한국인'이라고 할 수 있다. 하지만 지역적으로 '남한인'과 '북한인'으로 나누어지는데, 지금 이 시각에도 각기 다른 두뇌(유전자)로 재탄생되고 있는 중이다. 내가 홍콩에서 공부할 때 홍콩 친구들로부터 상습적으로 받는 질문 중 하나는 바로 '남한에서 왔느냐, 북한에서 왔느냐'였다. 나는 발끈하면서 '보면 모르느냐'는 말로 쏘아붙였다.

미국에서 영어 회화를 배울 때, 담당 선생님은 자신을 포함한 '미국인'들은 '영국인'들과 다르다는 말을 자주 했다. 영국으로 단체여행을 가보면 확연히 다른 점을 알 수 있는데, 우선 미국인들은 영국인들에 비해 떠들썩하고 무례하다는 인상을 줄 수 있다고 했다(오해 없기를 바란다). 다시 미국 이야기를 해보면, 한국 사람이 미국으로 이민을 가거나 시민권을 신청할 때, 담당관이 미국과 한국이 축구시합을 하면 어느 편을 응원하겠느냐는 질문을 한다고 한다. 당연히 미국팀을 응원하겠다고 해야 짧게 끝날 수 있다고 한다. 뿐만 아니라 우리는 해외에 거주하는 한국인들에게 농담처럼 이런 질문을 한다. 당신은 '한국팀'과 지금 살고 있는 '국가팀'이 시합을 하면 어느 쪽을 응원하는가?

관련하여 이야기 하나가 더 있다. 미국 정보기관에서 근무하는 한국인이 있었다. 한반도 관련 정보를 다루는 그는 이른바 애국심 때문에 자신이 취급하는 극비정보를 한국 대사관에 넘겼다. 법정에서 그는 애국심으로 자신을 변호했지만 실형을 피할수는 없었다. 그는 한국인일까, 아니면 미국인일까? 그는 영웅일까, 아니면 배신자일까? 한 사람의 정체성은 이렇게 복잡하다.

지연이라는
정체성

중국 대륙은 매우 넓다. 어떤 학자는 중국 대륙이 하나의 국가로 통일된 채 유지되고 있는 사실에 높은 점수를 준다. 넓다는 것은 통치자의 입장에서 보면 다스리기가 어렵다는 뜻도 된다. 통치자의 입장에서도 그렇지만 백성들에게도 별반 좋을 것이 없다. 행정력으로부터 보호받기가 어렵기 때문이다.

동사무소나 파출소에 가는 데 하루 꼬박 걸린다면 문제는 작지 않다. 교통수단이 매우 열악했던 시절에는 목숨과 직결된다. 법은 멀고 주먹은 가깝다. 힘도 돈도 없는 처지가 같다는 사실만으로도 사람들은 뭉칠 수밖에 없었다. 중국 사회 특유의 '조직(방회, 幫會)'이 생기게 된 배경이다. '혈연'으로 뭉치면 종친회가 되고, '지연'으로 뭉치면 '향우회'가 된다.

우리 동네와 우리 고향 같은 지역성은 가장 보편적인 정체성이다. 어떻게 보면 우리는 지역을 떠나서는 생존할 수 없다. 인류역사를 살펴보면 지역 중심으로 생존해왔고, 세계 어디에서나 지역은 정치경제 중심에 있다. 이렇게 보면 지역적인 정체성은 실리 분야에 속한다. 문제는 지역주의에 기생하는 전근대성과 배타성인데, 그 속에는 언제나 비합리는 물론 우리끼리라는 유치함이 가득하다. 정체성의 부정적인 측면이다. '끼리' 문화의 위험성이 여기에 있다.

하지만 낯설고 물선 지역(외국)에서 믿을 수 있는 것은 우선 가족이고, 그다음에는 생사를 같이하기로 한 조직이고, 그다음에는 같은 사투리(언어)를 사용하는 고향 사람들이다. 그들은 같은 성씨, 같은 조직, 같은 고향으로 뭉쳤던 것이다. 머나먼 이국땅에서 중국인들은 텃세에 대항하며 서로 돕고 의지하면서 뿌리를 내리고 자리를 잡았다. 세 가지 모두 명분처럼 보이는 정체성이지만 사실은 매우 실리적인 정체성이다. 정체성을 제대로 인식하는 것은 생사존망과 직결된다.

결과적으로 동남아 중국인들은 그 나라 경제권을 장악하게 되었고, 그 힘을 바탕으로 정치적 영향력을 발휘하고 있다. 미주에 살고 있는 중국인들 역시 종친회나 향우회를 통하여 자신들의 이익을 지키고 있다. 중국인들의 단결력은 이제 이탈리아계 마피아조차도 함부로 건드리지 못하는 정도라는 것은 누구나 다 알고 있는 비밀이다.

홍콩에서도 중국인 향우회 단결력은 막강해서 어느 향우회는 삼합회(三合會) 같은 '조직'으로 치부되기도 한다. 홍콩에서는 자신이 어느 향우회 소속이라는 점만 밝혀도 자신과 사업이 보호받을 수 있다. 지연이라는 실리를 다른 지역인 홍콩까지 연장시킨 결과이다. 더불어 거대 재벌의 출현은 시간 문제였는데, 홍콩의 재벌치고 조직이나 향우회의 지원을 받지 않은 사람이 없다는 말도 있다.

홍콩인과
민족의식

해외에서 '집단기억'을 유지하고 확산하는 데 가장 큰 역할을 하는 것은 (모국어로 된) 언론이다. 홍콩의 첫 번째 중국어 간행물은 1853년에 창간한 『하이관진(遐邇貫珍)』이었다. '멀고 가까운 보물 꼬치'라는 뜻의 이 신문은 홍콩(중국)인들의 계몽에 큰 공헌을 했다. 1857년에는 『홍콩 세계 뉴스(香港中外新聞)』, 1872년에는 『중국어일보(華字日報)』, 1874년에는 『순환일보(循環日報)』 등이 속속 창간되었는데, 중국(청나라) 정부의 개혁을 요구하는 논평을 많이 실었다.

특히 홍콩(중국)인 차별을 비판하고, 식민 통치를 감시하는 역할에도 충실하여 홍콩(중국)인들의 '민족의식' 고양에 앞장섰다. 그들은 민족 자주, 중국문화 수호, 홍콩(중국)인들의 이익 보호를 목적으로 했다. 즉 명분과 실리 모두를 추구했다. 그렇게 언론, 홍콩(중국)인 경제력, 홍콩(중국)인 차별, 국내 혁명의 영향 등으로 홍콩의 중국인 사회에서 민족적 정체성이 성장하고 있었다.

1911년 10월 10일 공화제를 추구하는 '신해혁명' 발발 소식이 홍콩에 전해졌다. 당시 총독은 순식간에 도시가 끓어오르는 것이 '불가사의'했다고, 홍콩(중국)인들이 미친 듯이 기뻐했다는 기록을 남기고 있다. 시위대가 중국은행과 청나라를 지지하는 신문사로 몰려가서 청나라 황룡기를 내리라고 요구하기도 했다. 홍콩인 정체성 또한 진보적인 흐름에서 자유로울 수 없었다.

아니 '중국인'이라는 민족 정체성이 더 강했다고 해야 할 것이다. 동화의원을 비롯한 홍콩(중국)인 사회가 나서서 피난민을 구휼하고, 학생들과 상인들은 혁명군을 위한 모금을 하고, 이발사들은 무료로 변발을 잘라주고, 기녀들은 수입 절반을 혁명 사업에 기부하는 움직임은 새로운 정체성의 체현이다.

언제나 그러하듯 변화는 더 큰 변화를 요구하는데, '한족'이 중심이 된 신해혁명에 고무된 홍콩(중국)인들의 '민족 정체성'은 '만주족' 다음으로 이제 '영국인'을 몰아내야 한다는 데까지 내달렸다. 상황은 심각해지기 시작해서 군중들이 상점을 약탈하기도, 경찰을 향해 돌을 던지기도, 폭탄을 제조하는 공장이 발각되기도 했다. 심지어 감옥을 공격하기도, 홍콩 총독 암살을 기도하기도 했다.

민족 정체성으로 무장한 혁명파의 과격한 행동은 역효과를 불러일으키기도 했다. 혁명파가 주장하는 공화제에 반대하고, 영국과 같은 입헌군주제를 도입하자는 주장이 힘을 얻기도 했다. 이런 분위기 때문에 1913년 6월 홍콩을 방문한 손문이 홍콩인들로부터 냉대를 받았고, 홍콩 정부와 홍콩의 중국인 엘리트들은 중화제국을 선포하고 황제에 오른 원세개를 지지했다. 중국 국내와 마찬가지로 정치적 정체성의 복잡다단한 일면을 보여주고 있었다.

중국에서 신해혁명이 성공하자 홍콩 정부는 혁명파의 활동에 대하여 온 신경을 곤두세우기 시작했다. 날로 증폭되는 혁명 분위기에 대응하기 위해 1913년에는 모든 학교를 관리할 수 있는 '교육조례'를 제정하고, 1914년에는 언론 질서를 위한 '간행물조례'를 제정했다.

대파업과
집단기억

　　　　　1914년 제1차 세계대전 발발 이후 홍콩 물가가 폭등했고, 홍콩 노동자의 생활은 더욱 어려워졌다. 중국 노동운동 영향과 좌파 활동으로 노동조합이 속속 결성되기 시작했다. 1920년 3월 홍콩의 '중국인 기계 노동조합'이 임금 인상을 요구하는 파업에서 승리하자 몇 개월 만에 80개의 노동조합이 태어나기도 했다. 홍콩 정부도 이런 흐름에 대응하여 주둔군을 증원하고, 정보기관의 정보 수집 능력을 개선하는 동시에 시민들의 복지를 위해 연료공급을 개선하는 등 생활의 불편을 해소하기 위한 노력을 기울였다.

　하지만 중국 상하이에서 큰 사건이 터지고 말았다. 1925년 상하이의 일본계 공장에서 분규가 발생했고 노동자가 피살되었다. 5월 30일 상하이에서 대규모의 항의 시위가 열렸고, 시위대와 영국 경찰이 충돌하여 수십 명의 사상자가 발생했다. 중국현대사를 뒤흔든 '530 참안(慘案)'이었다. 6월 19일 홍콩도 총파업에 들어갔다. 아래 파업지도부 요구사항을 보면 당시 홍콩 사회에서 무슨 일이 일어나고 있었는지 알 수 있다.

1. 여덟 시간 노동, 연소자 노동 폐지
2. 언론, 출판, 결사의 자유
3. 홍콩(중국)인 입법국 의원에 대한 노동조합의 투표권

4. 홍콩(중국)인과 유럽인의 동등한 대우

5. 홍콩(중국)인이 빅토리아 산정에 거주할 권리

노동 조건 개선에 민족 차별 금지 즉 정치경제적 평등을 요구한 것이다. 당시 홍콩 사회의 가장 큰 갈등이 '계급'과 '민족'이었다는 점을 알 수 있다. 계급과 민족 문제가 식민지 홍콩 사회의 현안으로 등장한 것이다. 식민정부라는 체제가 넘을 수 없는 한계인지도 모른다. 그때나 이후 적어도 1997년 주권 반환까지이 두 가지는 홍콩의 약점이기 때문이다.

1925년 6월 21일 홍콩 정부는 계엄령을 선포했다. 홍콩 정부는 의용군을 동원했고, 식량, 자본의 유출과 거주민의 홍콩 이탈을 금지했다. 파업 반대 여론을 조성하기 위해 홍콩(중국)인 재벌과 홍콩(중국)인 의원을 중심으로 『공상일보(工商日報)』를 창간했다. 또한 파업 지도부가 노동자들 이탈을 감시하기 위해 만든 '노동자 규찰대'를 견제하기 위해, 깡패와 해적을 고용하여 '공업 유지회'라는 비밀조직을 만들기도 했다.

홍콩의 선원, 전차 노동자, 인쇄 노동자 등이 대규모로 광저우로 들어가서 6월 23일 대륙 노동자들과 연대 시위를 했다. 곧이어 영국과 프랑스 해병대 발포로 50여 명이 사망했다는 소식이 홍콩으로 전해졌다. 정부와 파업지도부는 치열한 선전전을 전개했다. 파업지도부는 영국인과 그들의 '주구(走狗)'를 몰아내기 위해 싸우자는 전단지를 뿌렸고 대자보를 붙였다. 주구(走狗)는 '달리는 개' 즉 영국인 주인을 위해 달리는 중국인 개(앞잡이)를 말한다. 한국에서와 마찬가지로 중국에서도 가장 나쁜 욕에 해당한다.

홍콩(중국)인인 입법국 의원 두 명이 (목숨을 내놓으라는) 협박 편지를 받기도 했고, 그들 머리에 현상금이 걸리기도 했다. 홍콩 사회를 위해 일하는 홍콩(중국)인들은 이제 민족과 계급의 적이 되어 버린 것이다. 이제 민족 정체성은 다시 계급으로 분리되고 있었다. 알다시피 민족주의는 시시각각 다양한 형태로 변신한다. 파업지도부는 영국제품에 대한 불매 운동을 벌인 것은 물론, 홍콩 정부가 수원지에 독을 풀 것이라는 소문을 퍼뜨려서 노동자들의 홍콩 이탈을 유도하기도 했다. 교통 편의(기차와 선박)를 제공하였고, 그 결과 두 달 만에 25만 명이 홍콩을 떠나 중국 광저우로 갔다.

1년 이상 지속된 대파업 때문에 무역량이 50%가 감소되는 등 홍콩경제는 심각한 타격을 입었다. 1926년 7월 광저우 국민정부가 북벌을 시작하면서 대파업은 서서히 끝났다. 광저우-홍콩 대파업은 홍콩 역사에서 중요한 분기점, 즉 거대한 '집단기억'으로 남는다. 이 글을 읽는 독자들에게 아래 세 가지 흐름을 기억해달라고 부탁하고 싶다. 언제 어디서나 모든 이슈에는 찬성과 반대 그리고 중도라는 의견이 나온다. 평소 여러분은 어느 쪽인지를 묻고 싶다.

1. 파업 찬성파: 중국 광저우 국민정부를 지지하며 파업에 찬성하는 노동자와 학생

2. 파업 반대파: 홍콩 정부를 지지하며 파업에 반대하는 상인들과 우파 노동자
3. 파업 중도파: 자신들 생계를 우선 고려하는 상인과 노동자. 광저우까지 가서 파업에 가담한 노동자들은 생계 곤란으로 다시 복귀하고 싶었으나 '노동자 규찰대'에 의해 저지당했다.

사건사고를 바라보는 사람들의 시선이나 입장 즉 두뇌 구조도 대체로 이 세 가지와 궤를 같이한다. 나는 앞에서 어떤 두뇌(유전자)는 조금 더 낭만(명분)적이고, 어떤 두뇌(유전자)는 조금 더 현실(실리)적이라고 했다. 사고가 발생하면 그 사고를 생각하면서 누구는 하루 종일 눈물을 흘리고, 누구는 통제할 수 없을 만큼 분노하고, 누구는 그냥 잊어버리고 싶어 하고, 누구는 사고 원인을 분석 또 분석한다. 모두 두뇌 구조가 다르기 때문이다.

또 이런 예도 가능할 것이다. 가족이 원하거나 고향 친구가 도와달라고 할 경우 바로 나서는 사람이 있는 반면에, 나한테 돌아올 실제적인 이익을 꼼꼼하게 따져보는 사람도 있다. 그런 것들이 그 사람의 입장을 결정하고, 그것들이 모여서 그 사람의 정체성이 된다. 그런 정체성의 사람이 많아지면 그 지역(국가)의 정체성이 된다.

누구는 같은 민족이라는 말만 들어도 눈물을 흘리고, 누구는 내 목구멍이 포도청인데 민족이 무슨 소용이냐고 한다. 누구는 '그때 그곳' 즉 중국에 연연하고, 누구는 '지금 여기' 즉 홍콩에 충실하고자 한다. 또 누구는 '그때 그곳'인 중국도 중요하고, '지

금 여기'인 홍콩도 중요해서 엉거주춤한 상태에서 이러지도 저러지도 못한다.

'오늘'을 살고 있는 우리 모두가 1925년 홍콩 대파업으로 돌아간다면, 우리는 파업을 지지할까, 반대할까, 아니면 적당한 거리를 두고 있을까? 나아가서 독자 여러분이 대파업의 역사를 서술한다면 어떤 입장에 서겠는가?

지역 공동체
홍콩의 등장

나는 장기간의 파업에 반대하는 흐름에 주목하고 싶다. 식민 주체인 홍콩 정부와 일체가 되는 '홍콩'이라는 지역주의가 만들어지고 있었다. 강고한 '중화민족 정체성'에서 이탈한 '홍콩인 정체성'이 점점 확대되고 있었다. 대파업은 지역 공동체로서 '홍콩'이라는 존재(정체성)를 확인시켜주었다.

홍콩(중국)인과 영국 혼혈아 등이 정부 의용군에 가입하는 붐이 일기도 했는데, 그들은 우체국, 소방대, 병원에서 자원봉사를 하거나 전차 운전 등 파업 노동자 빈자리를 채우는 등 사회질서 수호에 적극적으로 나섰다. 동화의원에서는 식량을 염가로 판매하고, 홍콩(중국)인 상인 지도자들은 베트남, 싱가포르, 말레이시아 등지에서 식량을 구해 오기도 했다.

대파업이 끝나고 홍콩 정부가 추진한 조치들을 보면 대파업 성격을 알 수 있다. 홍콩 정부는 우선 대파업을 중국공산당 선동에 의한 공산주의 운동이라고 보고 대응했다. 홍콩으로 도피

해 온 공산당 지도자들을 체포하여 국민당 정부에 인계하기도
했고, 공산주의 관련이나 제국주의 반대 서적을 들여오면 몰수
하고 벌금을 부과했다.

　더불어 홍콩 정부는 '홍콩(중국)인으로 홍콩(중국)인을 통치한
다'는 '이화제화' 원칙에 더욱 충실하고자 했다. 그것이 중화민
족 정체성으로부터 홍콩(중국)인 정체성을 분리시키는 방법이라
고 생각했다. 홍콩(중국)인 엘리트의 지지를 이끌어내기 위해 공
립 중국어문중고등학교를 설립하는 등 중국어 교육과 중국전통
교육을 중시하고, 처음으로 홍콩(중국)인을 행정국 의원으로 임
명했다.

　'집단기억'은 어떤 사람에게는 영광으로, 어떤 사람에게는 상
처로 남는다. 대파업의 기억은 누구에게는 열악했던 노동환경
이 개선된 기쁨으로, 누구에게는 사업이 낭패를 당한 슬픔으로,
누구에게는 집단 폭력에 대한 분노로 남는다. 이런 기억들이 각
자 두뇌(유전자)에 각인되어 이후 홍콩에서 발생하는 사건사고
의 성격에 따라 (그때그때 다른 비율로) 반응(확대 또는 축소)하는
데, 이런 것들이 모여서 '홍콩'과 '홍콩인' 정체성을 만들어낸다.
또 하나의 독특한 지역적 정체성이 만들어지고 있었다.

7장

일본의 통치

문화대혁명 시기 홍위병을 모티브로 한 작품.
중국-홍콩 일체화를 위한 기획으로 보이는 '중국예술 40년 특별전'
(M+ 박물관 전시물)

일본과
홍콩

사실 나는 이 책에서 일본 통치 편을 쓰지 않고 지나가려고 했다. 일본 관련 이슈는 최근 한국 사회에서 매우 민감한 주제이기 때문이다. 하지만 홍콩에서의 영국과 일본의 통치를 비교해서 소개하는 것도 큰 의미가 있을 것 같아서 조심스럽게 이번 장을 써 내려간다.

홍콩은 155년간 영국의 식민지였다. 하지만 정확하게 말하자면, 3년 8개월을 빼야 한다. 그 기간 동안 일본의 통치를 받았다. 1941년 12월 25일 크리스마스부터 1945년 8월 15일 일본이 무조건 항복할 때까지였다. 홍콩인들은 155년 동안 영국과 일본 두 개 나라의 (특별한) 식민을 경험한 셈이다. 그런데 그 기간에 대한 홍콩인들의 스토리텔링이 '극명하게' 다르다.

1937년 7월 중국에서 일본과의 전쟁이 발발했다. 이른바 중일전쟁이다. 홍콩에서도 10여 개 항일 지원 단체가 구성되었고, 모금 활동을 시작했으며, 과일야채 노점들이 자선 판매를 하기도 하고, 귀향 복무단을 조직하기도 했다. 상하이, 난징, 우한(武漢) 등이 속속 함락되고 중국 신문사들이 홍콩으로 와서 복간하면서, 홍콩은 바로 중국 남부 항일 중심지가 되었다.

영국 치하 홍콩도 태도 표명이 필요해서 1938년 9월 홍콩 정부는 중립을 선포했다. 중국 국민당 정부 지원(병사 파견, 무기 제공 등) 요청을 거절하고, 중국인 입법국 의원 중국 재정 지원 제안도 부결시켰으며, 홍콩적십자회 파견 봉사도 금지시켰다. 홍콩 정부는 홍콩(중국)인들의 민족정서를 고려하여 민간 지원만큼은 계속 허용했다.

하지만 1941년 12월 7일 일본군이 진주만을 공격했고, 8일 광둥성과 홍콩 경계에 있던 일본군이 홍콩으로 진격했다. 일본 공군이 카이탁 공항을 폭격하고, 일본군이 포병과 항공부대 엄호를 받으면서 신제로 들어왔다. 25일 홍콩 총독은 일본군 사령부가 진주한 '반도 호텔(Peninsula Hotel)'로 가서 항복을 했다. 3년 8개월의 일본 통치가 시작된 것이다. 영국군 9천 명, 홍콩 정부 공무원과 영국 미국 교민 등 3천 명이 포로가 되었다.

1943년 카이로 회담에서 중국 국민당 지도자 장제스는 홍콩의 반환을 요구했다. 그즈음 영국 정부 내에서도 전쟁이 끝나면 새로운 세계 질서에 협조하는 이미지 관리 등을 이유로 홍콩을 중국에 반환하자는 움직임이 나타나기도 했다. 하지만 미국은 전후 세계에서 영국 제국주의의 존재가 자신들의 이익에 부합된다는 판단을 했고, 영국 정부도 홍콩을 계속 지키는 것으로 결정했다. 홍콩 주권 반환에 대해 처칠 수상은 내 시체를 밟고 지나가야 가능할 것이라며 강력한 의지를 표명했다.

1945년에는 일본군 항복을 서로 받겠다고 해서 중국과 영국이 갈등하기도 했다. 마침내 8월 24일, 중국은 홍콩에 대한 주권 회복을 최종적으로 포기했다. 국민당과 공산당이 대륙을 두고 마지막 승부를 겨루는 전쟁 중이라 홍콩을 두고 다툴 여력이 없었던 것이다. 일본과의 전쟁은 끝났지만, 국공내전이 시작되었고 그 여파로 많은 노동력과 자금이 홍콩으로 유입되었다.

1948년 말 대륙에서 중국공산당의 승리가 확실시되자, 공산당은 홍콩에서 적극적으로 활동하기 시작했다. 홍콩 정부는 긴장 상태에 돌입했다. 공산당이 파업을 선동해서 홍콩 경제를 마비시키고 혼란을 유도하여 홍콩을 회수할 명분으로 삼을까 봐, 공산당이 운영하는 학교를 폐쇄하는 등 대비를 했다. 1949년 초에는 홍콩으로 엄청난 인구가 유입되었고 그 흐름을 통제하기 위해 철책 국경을 만들었다. 중국-홍콩 국경선이 생긴 것이다. 눈에 보이는 정체성의 경계가 만들어진 것이다. 이즈음 홍콩의 영어 중고등학교가 전체 학교의 50%를 넘어서고 있었다.

폴란드 작가 리샤르드 카푸시친스키(Ryszard Kapuscinski)는 중국과 러시아 국경을 통과하면서 아래와 같은 명문을 남겼다.

국경은 일종의 압박이고, 나아가 공포다. 드물기는 하지만 심오하게는 해방의 의미도 있다. 또 국경의 개념에는 종결이 포함될 수도 있다. … 문은 우리 등 뒤로 영원히 닫히고, 경계는 곧 생과 사의 중간 지점이다.*

그야말로 필사의 대탈출이었다. 죽음으로부터의 탈출이라고 해야 마땅하다. 이후 중국에서 전개된 역사를 보면 그때라도 홍콩으로 탈출에 성공한 사람들은 행운아 중 행운아였다. 홍콩 정부는 쏟아져 들어오는 피난민을 막기 위해 특단의 조치를 취했

---

* 아포 지음, 김새봄 옮김, 『슬픈 경계선』, 청림출판, 2020, 261-262쪽.

다. 홍콩 시민이 아니면 중국 출입경과 홍콩 내 활동을 제한하기 시작했고, 1949년 8월부터 홍콩 거주민임을 증명하는 신분증을 발급했다.

영국과의
비교

홍콩역사박물관의 상설 전시인 '홍콩스토리'는 일본 통치 시기에 시민들은 '공포 속에서 비참하게' 살았다고 기술하고 있다. 물론 실제상황도 매우 열악했다. 쌀, 설탕, 식용유, 소금 등 생필품은 배급제를 실시했다. 식량 사정 때문에 많은 시민들을 대륙으로 강제 이주시킬 정도였다. 3년 8개월 만에 홍콩 인구가 150만 명에서 60만 명으로 감소한 것만 보아도 당시 상황이 얼마나 심각했는지 짐작할 수 있다. 화폐인 군표를 남발하였기에 통화 팽창으로 홍콩 경제는 '반신불수'에 빠졌다.

유학 초기에 나는 이런 분위기를 느끼고 홍콩의 친구들에게 영국이 그렇게 좋으냐고 비아냥거리곤 했다. 친구들은 '너는 어떻게 생각해'라는 질문을 받자마자, 다시 나를 공격해 왔다. '뉴스 보니 한국 대학생들은 시위만 하더라. 너희들은 시위하느라 언제 공부하나? 공권력인 경찰을 향해서 화염병을 던져? 홍콩에서는 바로 총 맞아!'

1945년 8월 15일 일본은 항복했다. 그 기쁜 날을 홍콩역사박물관과 홍콩해방(海防)박물관에서는 '중광(重光)'이라고 표현하고 있다. 우리가 사용하는 '광복(光復)'과 같은 뜻인 '중광(重光)'이라는 두 글자에 나는 고개를 갸우뚱했다. 다시 빛을 찾았다고? 아니 이 사람들이 제정신인가? '조국'인 중국으로 돌아가는 것도 아니고, 영국의 통치로 다시 돌아가는데 '중광'이라고 표현하다니 말이다.

홍콩해방박물관에서는 영국 '통치' 시기와 일본 '점령' 시기로 구분하여 소개하고 있다. 영국은 홍콩을 '통치한' 것이고, 일본은 홍콩을 '점령한' 것이 된다. 과연 타당한 표현일까? 아편전쟁으로 체결된 난징조약은 원래 '불평등조약'이기에 영국이 통치하는 행위 자체가 무효라고 주장하는 논리로 무장한 중국이 받아들일 수 있는 표현인가?

다시 말하면 난징조약을 인정하지 않고 있는 중국 정부는 영국의 '통치'도 인정하면 안 되는 것이다. 일본의 통치를 '점령'으로 표현했듯이 영국의 통치도 '점령'이라는 점을 부각해야만, 난징조약의 부당성을 주장하는 행위가 정당성을 확보하는 것은 아닐까? 내가 하고 싶은 말은 홍콩인들에게 두 개의 식민 경험이 있다는 것이고, 그것은 비교 대상을 가지고 있다는 의미이다. 역사 서술 그리고 정체성 형성에 명분과 실리라는 두 가지 잣대가 크게 영향을 미친다면 영국에 이어 비교할 수 있는 일본이라는 타자가 하나 더 추가된 셈이다.

일본 식민 경험은 홍콩인들이 조금 더 실리적인 측면으로 기울어지게 만들었다. 물론 후식민의 관점에서 보면, 1997년 중국으로의 주권 반환 이후 자신들을 지배하게 된 중국 역시 또 하나의 타자일 뿐이었다. 실리적인 측면에서 비교 대상 하나가 더 늘어난 것이다. 홍콩을 정체성의 역사라는 시각에서 보면 홍콩인들은 명분을 중시하기보다는 실리적일 수밖에 없는 것이다. 홍콩인들의 정체성이 매우 탄력적이라는 말이다. 두뇌과학의 용어로 말하면 홍콩인들의 두뇌는 변화하는 성질, 즉 가소성(plasticity)이 크다.

타자
일본

상하이에는 여러 열강에 의해 세워진 조계지가 많았다. 이 조계지 안에 조성된 공원 입구에는 몇 가지 주의 사항과 함께 '여기는 외국인 커뮤니티로서'라는 말과 '개는 입장할 수 없다'라는 말이 적혀 있었다. 하지만 언제부터인가 악의적으로 '중국인과 개는 입장할 수 없다'라는 말로 왜곡되어 퍼지기 시작했다. 제국주의와 식민주의를 거론하면서 경구처럼 사용되었던 것이다. 마찬가지로 자신의 정체성 강화를 위해 사실을 왜곡하는 경우에 해당된다. 외국을 타자화하고 적대시하도록 선동해야 자신의 정체성 즉 힘이 확대될 수 있는 쪽의 장난일 수 있다.

제국주의 일본을 어떻게 볼 것이냐 하는 문제는 한국뿐만이 아니라 중국이나 대만을 포함한 동아시아 전체(동남아시아까지)의 고민이라고 할 수 있다. 특히 근현대사에 있어 일본과 몇 번의 전쟁을 치른 중국은 일본과의 역사 서술에 소홀할 수 없다.

지금의 통치자인 중국공산당은 일본과의 전쟁으로 세력을 키워온 존재이기에 제국주의 일본을 끌어들일수록 자신의 존재와 당위가 부각된다.

타자로서 일본은 중국공산당의 역사 나아가서 중국인민공화국의 현재와 불가분의 관계가 있다. 당연히 중국 영향권 안에 있는 홍콩역사박물관 '홍콩스토리'는 물론, 홍콩 교과서에서도 일본은 자주 활용되고 있다. 중국의 민족주의와 국가주의를 선양하는 영화를 '주선율(主旋律)' 영화라고 한다. 중국 정부가 막대한 비용을 투자하고 지원하는 주선율 영화나 드라마 대부분은 항일을 주제로 한다. 민족주의에 편승해서 중국공산당의 존재를 한껏 뽐내고 국민의 지지를 쉽게 끌어낼 수 있기 때문이다.

철학자 사르트르는 나의 나됨을 가능케 해주는 존재가 타자임을 발견했다는 점에서 존경받는다. 타자가 나를 나답게 만들어준다는 말은, '적'을 만들어야 '내'가 보인다는 말이다. 내가 '나'인 이유는 '남'을 부정하고 비판하기 때문이다. 내가 비판하는 대상을 보면 '내'가 누구인지 알 수 있고, 우리가 비판하는 대상을 보면 '우리'가 누구인지 알 수 있다. 타자는 우리를 비추어주는 거울인 것이다. 홍콩에서는 영국 통치 시기에는 중국인을 차별했고, 일본 통치 시기에는 영국인을 차별했다.

민주주의라는 나무가 국민의 피를 먹고 자란다면, 민족주의는 적들(타자)의 피를 먹으면서 자란다. 한국 민족주의가 일본을 포함한 서구 제국주의의 결과물이라 하는 이유가 여기에 있다. 홍콩(박물관이나 교과서 등)에서도 일본을 강력하게 '타자화'하는 방식을 볼 수 있다. 영국과 비교해서 그렇다는 말이다.

홍콩의 영국군이 투항하고 2주 뒤인 1942년 1월 10일 일본군 사령관이 홍콩의 중국인 지도자 130명을 식사에 초대하였다. 사령관은 홍콩(중국)인은 일본의 적이 아니라면서, 홍콩(중국)인은 일본인과 힘을 합쳐 '대동아공영' 즉 아시아 모든 민족의 번영을 위해 노력하자고 했다. 이렇듯 일본은 홍콩에서 홍콩(중국)인이라는 정체성을 우호적으로 활용했다. 일본도 영국과 마찬가지로 통치 차원에서 중국(대륙)인 정체성과 홍콩(중국)인 정체성을 분리시키기 위해 노력했던 것이다. 역시 정체성의 정치였다.

말뿐만이 아니고, 행동으로 보여주었다. 일본군은 영국군 포로들에게 인력거를 끄는 홍콩(중국)인을 향한 절하기를 시켰다. 또 인력거를 끄는 사람과 청소부들을 향한 절하기를 시켰다. 일본군이 홍콩에서 민족과 계급을 의식하면서 통치했다는 의미이다. 당시의 관방 간행물은 연일 홍콩은 이미 "동아시아인의 홍콩"이 되었으며, 영국 식민 잔재를 철저하게 청산하자는 구호를 외쳤다. 일본이 동아시아라는 구호로 다른 식민 주체인 영국을 타자화한 것이다.

일본 통치 시기는 영국 통치 시기와 마찬가지로 '홍콩인으로 홍콩인을 통치하는' 이화제화(以華制華)가 기본이었다. 홍콩(중국)인 엘리트들을 전면에 내세운 '화민대표회(華民代表會)'와 '화민각계협의회(華民各界協議會)'를 통해 통치했다. (하지만 실권은 전혀 없는 자문기구에 불과했다고 스토리텔링 된다.) 일본 통치 시기에는 영국 통치 시기보다 훨씬 더 많은 홍콩(중국)인들이 중앙행정기관에서 중요한 역할을 담당하게 된다. 당시 일본 정부는 영국인들과는 달리 훨씬 더 많은 시간을 할애하여 홍콩(중국)인들에게 해명하고 설명했다.

문제는 지금부터이다. 일본 치하에서 어떻게 살 것인가? 어떤 사람들은 언론을 통해 일본이 만든 대동아공영권 개념에 찬동하면서, 영국 통치에 대한 불만을 적극적으로 토로했다. 어떤 사람들은 돈을 벌 수 있는 절호의 기회로 생각해서, 일본어를 배우고 일본인들과 친분을 쌓기 위해 노력했다. 어떤 사람들은 그런 사람들을 '우리'를 배반한 것으로 간주하면서, 내 눈에 흙이 들어가지 않는 한 그들을 용서하지 않겠다고 했다. 어떤 사람들은 가만히 있는 것은 죄악이라고 '중화민족'의 원수를 갚겠다면서 유격대의 일원으로 싸웠다.

조금 더 깊이 들여다보면, 어떤 홍콩(중국)인들 특히 일본 유학을 경험한 지도자들은 일본에 적극적으로 협조를 한 사람도 있었지만, 대부분은 마지못해 협조를 했다. '공포'와 '현실'이 소극적으로나마 협조를 하게 된 배경일 것이다. 홍콩(중국)인들은 두 개의 홍콩(중국)인 대표 단체에 대해 크게 불만이 없었다고 한다. 모두가 할 수 없이 협조하고 있는 상황으로 이해했다는 말이다. 두 단체에서 활동하는 홍콩(중국)인들은 일본군의 패색이 짙어진 1944년부터는 회의에서 발언을 하지 않는 등 거의 직책을 수행하지 않았다는 사실이 그것을 증명한다.

역사학자 차이룽팡(蔡榮芳)은 역사 서술에 주목하고 있는데,

대다수의 역사책들이 1. 일본군이 얼마나 잔혹했는지, 2. 대동아공영권은 정치 선전에 불과하다는 것, 3. 애국적인 홍콩(중국)인들이 일본을 얼마나 증오하는지만을 강조하고 있다고 말한다. 그가 우려하는 것은, 이런 점만이 부각될 경우 역사의 다양한 환경 또한 두루뭉술하게 된다는 것이다. 역사를 배우는 학생들의 두뇌구조 역시 치밀한 분석력으로부터 멀어질 것이다. 그런 점에서 철저하게 있는 그대로의 역사 서술이 무엇보다도 중요하다.

역사와
타임머신

내가 학생들에게 역사 이야기를 시작하면서 늘 하는 질문이 있다. 우리가 타임머신을 타고 일제 강점기(일제시대라고 타이핑했는데, 자동으로 일본 강점기라는 글자로 바뀌었다)로 돌아간다면, 우리는 어떻게 살고 있을까? 무엇을 하고 있을까? 가 그것이다. 독자 여러분도 그 질문에 대답한다는 마음으로 읽어주기를 바란다.

차이룽팡은 일본 통치 당시의 홍콩(중국)인 모두를 일본 '협력자'라는 시각으로 바라본다. 차이룽팡은 일본에 대한 협력자를 세 종류로 나눈다.

1. 당시 달리 선택을 할 수 없는 상황에서 부득이 협조할 수밖에 없었던 부류 = 대다수의 홍콩(중국)인

2. 자신의 이익을 위해서 일본인의 통치에 적극적이면서도 주동적으로 협력한 부류

3. 일본이 제창한 '아시아인의 아시아' 개념에 진심으로 동조하면서, 아시아에서 영국과 미국의 패권을 반대한 부류

차이룽팡은 협력자라는 범위만을 분석하였기에 저항 세력의 존재는 언급하지 않았다. 당시 대부분의 사람들이 위 세 가지 부류에 해당되겠지만, 적극적으로 투쟁한 부류가 분명히 있었다. 우리 독립군에 해당하는 '둥강종대(東江縱隊)'였다.

사람은 다르다. 사람의 생각이 다르기 때문이다, 사람의 생각이 다른 이유는 두뇌 구조가 다르기 때문이다. 두뇌의 작용에 따라 누구는 상황을 있는 그대로 받아들이고, 누구는 그 상황을 절대 수용할 수 없고, 누구는 이도 저도 아닌 유체 이탈 상태로 살아간다. 영국 식민지 홍콩에서도 마찬가지였고, 일본 통치 시기에도 마찬가지이다. 누구는 주인이 누구로 바뀌든지 평소 살던 그대로 살고, 누구는 구관이 명관이라고 하면서 신관에 대한 저항의 길을 걷고, 누구는 모든 것을 '강 건너 불 보듯' 하고 산다.

역사는 상상을 허락하지 않지만 이렇게 상상해보면 어떨까? 일본 통치기간 동안 홍콩(중국)인들이 잘 먹고 잘 살았다면, 영국 통치기간보다 더 좋았다면, 특히 홍콩 서민들이 편안했다면, 역사는 어떻게 서술되었을까?

일본 통치와
집단기억

식민주의는 '그것이 사라지는 순간에 다시 돌아온다'라는 말이 있다. 한국은 오래전에 일본 제국주의로부터 해방되었지만, 과연 우리는 모든 나라, 모든 힘으로부터 해방되었을까라는 질문을 던져보면, 그 의미는 좀 더 분명하게 다가온다. 홍콩은 일본의 통치를 받았지만, 전쟁 직후 중국 대륙처럼 그런 반일 감정은 없었고, 일본 상인들도 1940년대 말에 홍콩으로 다시 돌아올 정도로 분위기는 좋았다. 원래 식민지라는 입장이었기에 다른 식민 경험에 대해 가혹한 평가를 하기 어려웠을 것이라는 측면이 있다. 물론 전쟁 시기였다는 점도 충분히 고려되었을 것이다.

일본으로부터 통치받은 경험은 도리어 영국에 대해 더욱 우호적인 마음을 만들었다. 1944년 홍콩의 저명한 중국인 의사가 런던에 가서 중국인 사회 상층부는 모두 영국 통치를 희망한다고 유세하기도 했다. 일본 항복 이후 되돌아온 홍콩영국 정부는 일본에 협조했던 홍콩인과 외국인에 대해서 비교적 관대하게 처리했다. 인도인 경찰과 간수들은 인도로 송환했지만, 일반 경찰들은 대부분 계속 임용했다. 홍콩(중국)인 엘리트는 구분해서 처리했는데, 적극적으로 협조한 인사들은 정계와 사교계에서 퇴출시켰고, 소극적으로 일한 사람들은 다시 기용했다.

일본이 제창했던 아시아 민족주의로 홍콩인들은 중국인으로의 민족 정체성이 강화되었다. 때문에 다시 돌아온 홍콩영국 정부로서는 통치 스타일을 바꾸어야 했다.

1945년 일본 제국주의가 패망하고 나서 영국의 홍콩 통치에
도 큰 변화가 생겼다. 1946년에는 홍콩 재건 건설 프로젝트를
모두 홍콩(중국)인 상인들이 수주했다. 1948년에는 홍콩(중국)인
을 처음으로 수석 정무관으로 임명했다. 1951년에는 입법국 의
석 중 홍콩(중국)인 수가 영국인을 초월했다. 또 '인종차별법' 즉
외국인만 빅토리아산 정상과 창저우도(長洲島)에 거주할 수 있
는 법률을 폐지했다.

차이룽팡은 일본 식민 "환경의 변화에 따라" 홍콩(중국)인들
정서가 유예, 동요, 의혹, 기대를 보여주었는데, "홍콩(중국)인
이 자신의 이익을 어떻게 지켰는지를 알 수 있다"라고 했다. 일
본의 통치를 경험하고 난 이후, 홍콩인들의 정체성은 더욱 복잡
해졌다. 영국의 통치하에서 '잘 먹고 잘살던' 사람들이 일본 통
치하에서는 갑자기 하층민으로 전락하고, 영국 통치 시기에 고
생하던 사람이 일본 통치 시기에는 '떵떵거리면서' 사는 장면에
홍콩인들의 두뇌는 혼란스러워졌다. 실리적인 측면이 강화되고
있는 순간이었다.

이런 역사 경험이 각자의 두뇌(유전자)에 각인되는데, 누구는
명분(낭만적)적인 입장이, 누구는 실리(현실적)적인 입장이 강화
된다. 특히 '이중' 식민지 경험 때문에 '명분'보다는 이놈 저놈
겪어보니 그래도 믿을 것은 '실리'밖에 없더라는 신념이 사회적
권위를 얻게 된다. 홍콩인들 두뇌(유전자)는 이렇게 '실리'를 향
해 뚜벅뚜벅 걸어가고 있었다.

8장

문화대혁명과
홍콩

현재 리모델링이 진행되고 있는 홍콩역사박물관은
축약된 '홍콩 스토리'를 선보이고 있다.

'장기 타산,
충분 이용'

　　　　　누구는 변화를 기대하고, 누구는 더 강한 개혁을 원하고, 누구는 모든 것을 뒤엎는 혁명을 갈구한다. 그때그때 상황에 대한 인식과 판단 체계, 의지 그것이 그 사람의 정체성이다. 따라서 사람이 다른 것이 아니고, 인식 체계와 판단 체계로 상징되는 정체성이 다른 것이다. 언제나 서로 다른 정체성이 만나는 지점에 갈등이 기다리고 있고, 갈등의 끝에는 폭력과 전쟁이 대기하고 있다.

　우리가 '중국'이라고 부르는 나라의 정식 명칭은 중화인민공화국이다. 민족 자존심과 프롤레타리아 계급이라는 명분을 매우 중요시하는, 중국공산당이 집권하고 있는, 사회주의 국가이다. 원래 공산당은 정체성이 매우 강한 집단이다. 한꺼번에 모든 것을 뒤엎는 혁명이라는 대의를 위해 모인 사람들의 정당이다. 그것이 공산당의 정체성이다. 그들은 중국 공산화를 목표로 투쟁했다.

　중국공산당이 대륙의 주인이 될 경우, 사회는 어떻게 변할까 하는 것은 중국인들은 물론 세계인 모두의 관심사였다. 그들이 입버릇처럼 주장하는, 중화민족의 완전한 독립을 쟁취하고, 평등하고 공평한 사회를 만들 수 있을까? 서구 제국주의에 점령당한 조차지와 조계지를 단칼에 회수할까? 영국에게 영원히 할양한 홍콩도 회수할까? 전쟁도 불사할까? (그즈음 홍콩의 우파 신문들은 홍콩을 중화인민공화국이 아닌 중화민국(대만)으로 반환해야 한다는 운동을 벌이기도 했다.)

1949년 중국공산당은 마침내 중화인민공화국을 수립했다. 사회주의의 교두보를 마련한 것이었다. 이제 혁명을 수출해야 하는 새로운 임무가 주어졌다. 우선 가장 가까운 홍콩이 그 대상이 될 것임이 분명했다. 대비 차원에서 1949년 홍콩 정부는 38개 좌파 단체를 해산했다. 그럼에도 불구하고 홍콩 좌파 조직들은 중국공산당 홍콩마카오업무위원회 지휘를 받고 있었다.

중국공산당은 홍콩 문제는 시기가 성숙할 때까지 기다려서 협상을 통해서 해결한다는 방침을 세워두고 있었다. (국공내전이 한창이던 1946년에 마오쩌둥은 영국 기자에게 영국인이 홍콩인들을 학대하지만 않는다면, 홍콩 회수에 관심 없다고 말한 적이 있다.) 중국인들은 한마디로 요약하는 것을 좋아한다. 홍콩에 대한 중국공산당의 방침은 '장기 타산, 충분 이용'이었다. 홍콩을 영국 식민지로 그대로 두고 장기적인 계획하에 충분히 이용하자는 말이다.

중국공산당은 국영 통신사인 신화사 홍콩지사를 통해 해외 화교들에게 지속적으로 공산당을 선양하고 홍보했다. 화교들로부터 받는 지지와 외화를 생각하면 홍콩의 현재 위상을 흔들 이유가 없었다. 민족 자존심이라는 명분에 비해서 경제적인 측면 등의 실리가 대단히 크게 보였다. 비단 중국-홍콩 관계뿐만이 아니라 언제 어디서나 대체로 명분을 포기하면 실리는 무한해진다.

중화인민공화국이 수립되고 중국 정부는 서구 제국주의와의 불평등조약을 모두 폐기한다고 선언했다. 시종일관 '불평등조약' 결과물로 우선 지목되던 홍콩(영국) 정부는 긴장할 수밖에 없었다. 당연히 사회주의 정권의 일거수일투족을 두 눈 부릅뜨고 지켜보고 있었다. 홍콩 반환을 요구할 경우를 대비하여 여러 가지 시나리오를 준비하고 있었다. 최종적으로는 반환까지도 고려했다고 한다.

영국의 예상과는 달리 홍콩 상황은 현상을 유지하는 쪽으로 결정되었다. 중국이 홍콩을 회수할 여력이 없었다는 표현이 정확하겠다. 중국공산당이 사면초가 고립무원의 처지였기 때문이다. 중국공산당은 그동안 국민당과 내전을 치르느라 기진맥진한 데다가 중국공산당이 수립한 중화인민공화국은 세계로부터 '국가'로 인정받지 못하고 있었다. 역시 홍콩을 지배하고 있던 영국의 움직임은 남달랐다. 1950년 영국은 대만의 중화민국(국민당) 정부를 지지하고 있던 미국의 반대를 무릅쓰고, 서구 최초로 중화인민공화국을 국가로 인정했다. 중국과 주고받은 셈이었다. 명분과 명분이 아닌 실리와 실리의 만남이었다. 가장 이상적인 만남이라고 할 수 있다.

1957년 저우언라이(周恩來) 총리는 "홍콩을 외국과 경제 연계를 할 수 있는 포스트로 삼을 수 있는데, 홍콩을 통해서 외국 투자를 흡수할 수도 있고, 외화를 벌 수도 있다"라고 했다. 실제로 한국전쟁 기간 동안 홍콩을 통해서 해외 물자를 구입했다. 중국 정부는 한국전쟁 기간 금수조치를 뚫고, 홍콩을 통해서 석유, 천연가스, 페니실린 등을 밀수입했다. 홍콩의 이익도 컸다. 홍콩 신제(新界) 거주민들은 트럭과 배를 이용하여 중국으로 팔 수 있는 모든 것들을 중국으로 실어다 팔았다. 신제의 남다른 정체성에 대해 주목해주기 바란다. 중국과의 경계에 위치하고 있는 신제의 정체성은 홍콩섬이나 주룽반도에 거주하고 있는 홍콩인들과는 완전히 다른데, 이 점은 중국 정부에게는 두고두고 백만 대군의 역할을 담당한다.

1957년 홍콩을 상징하는 또 하나의 기호인 쇼브라더스(Shaw Brothers) 영화사가 출범했다. 1958년에는 홍콩 정부가 영국으로부터 재정 독립을 했고, 1959년에는 홍콩 수출액이 중계 수출액을 초과하여 홍콩 경제의 기틀을 마련했다.

1958년에는 홍콩 정체성 역사의 중요한 이정표가 되는 선언이 나왔다. 머우쫑산(牟宗三), 쉬푸관(徐復觀), 장쥔리(張君勱), 탕쥔이(唐君毅) 등 중국 최고의 신유학자들이 홍콩에서『중국문화를 위해 세계인들에게 알리는 선언: 중국학술연구 및 중국문화와 세계문화 앞날에 대한 우리의 일치된 인식』을 발표했다. 세계를 향한 중국 학자들의 선언으로, 중국 사상이 마르크스주의에 패배한 것이 아니라는 것을 선언했다는 점에서 중요하다.

중국 정체성의 분화를 세계만방에 알린 것인데, 대만이 아니고 홍콩에서 발표한 것을 통해 당시 학자들의 고민을 엿볼 수 있다. 제3지대라고 할 수 있는 홍콩을 선택함으로써 그들의 선언이 정치적으로 해석되는 것을 경계한 것이다. 중국공산당이 대륙을 차지했지만, 모든 중국인들이 그것을 인정하는 것도 아니고, 그것이 사회주의 사상의 승리를 의미하는 것은 아니라는 점을 중국은 물론 서방 세계에 널리 전하고 싶었던 것이다.

홍콩의 1960년대를 집중적으로 그린 소설이 있다. 홍콩의 작가 천후이(陳慧)가 쓴 「햇빛 아래(日光之下)」라는 단편이다. 홍콩 하층민의 삶을 다루고 있는데, 이 소설의 주인공은 홍콩에 계속 거주할지, 중국의 고향으로 돌아갈지, 미국으로 이민이나 유학을 갈지 고민한다. 당시 홍콩의 위치나 홍콩인의 고민을 여실히 보여주는 장면이라 할 것이다.

류이창(劉以鬯)은 장편 소설 『술꾼(酒徒)』을 통해 처절했던 홍콩의 1960년대를 그려내고 있다. 각자 욕망대로 살아가는 인간 군상을 보여주면서 홍콩 사회를 비판했다. 작가는 고향 상하이를 떠나 싱가포르, 말레이시아를 거쳐 다시 홍콩에 정착했다. 여덟 명의 가족이 침대 하나로 사는 주거환경 등 황금만능주의 사회를 살아가는 홍콩 소시민의 삶을 그려내고 있다. 작가는 주인공의 입을 통하여 '홍콩은 정말 이상한 곳이야'라는 말을 반복한다. 『술꾼』에 그려진 홍콩 사회가 이후에도 큰 변화가 없었음에 나는 주목하고 싶다.

정체성 갈등-영국과 중국과 미국의 홍콩

중국은 초기에는 국가로 인정받지 못해서, 나중에는 스스로 대문 빗장을 닫아걸었기에 '죽(竹)의 장막'이라고 불렀다. 경계를 마주하고 있는 홍콩은 중국이 아니면서 중국을 가장 잘 알 수 있는 곳이 되었다. 중국 안에서 보는 중국보다 홍콩에서 바라보는 중국이 더 정확하다 할 정도였다.

홍콩은 중국 변경, 서구 변경으로서 서로가 대치하는 경계였다. 중국에게는 세계로 통하는 문이었고, 서구에게는 중국을 감시하는 틈이었다. 역사학자 저우쯔펑(周子峰)은 영국과 중국 그리고 미국의 입장에서 바라보는 (1949년 중화인민공화국 수립 이후의) 홍콩을 아래와 같이 정리했다. 이 관점은 지금까지도 유효하다고 할 정도로 홍콩을 둘러싸고 전개되는 세 개 국가의 입장을 잘 대변해주고 있다.

1. 영국: 홍콩에서 자신의 이익을 생각해야 하고, 미국을 도와 중국을 견제하고 싶었다. 동시에 미국의 세력 확장을 경계했다.
2. 중국: 홍콩을 세계와 통하는 정치경제적 통로로 삼고, 홍콩을 통해 영국과 미국의 동맹 관계를 약화시키고 싶었다. 중국은 언제나 홍콩은 미 제국주의의 포스트이고, 영국은 미국의 주구라고 비판했다.
3. 미국: 중국을 감시하고 견제하고 포위하는 전초 기지로 삼았다. 홍콩 주재 미국 총영사관은 세계에 나가 있는 총영사관 중 최대 규모로 운영되었다. (중국에 대한 미국의 정보 대부분이 홍콩에서 나온다는 말이 있을 정도였다.) 미국의 아시아 정책에 대한 영국의 지지를 끌어내는 카드였다.

중국 국영 통신사인 신화사의 홍콩지사 책임자(실제적으로 중국 정부가 파견한 대표 역할)로 있다가 나중에 미국으로 망명한 쉬자툰(許家屯)은 이렇게 회상했다. "홍콩이 대중국 첩보망 최대 거점이었다. 외국 스파이들이 하도 들끓는 바람에 중국 국가안전부에 요청해서 도청방지 장치를 설치했다. 그럼에도 불구하고 안심하지 못해 베이징으로 보고할 사안이 있으면 홍콩 바로 옆의 중국도시 선전(深圳)으로 건너가서 전화를 했다"라는 것이다.

1950년 전후 국민당 군인과 인사들이 대거 홍콩으로 피난을 왔고, 임시 난민 캠프에서 좌우파는 수시로 충돌했다. 1950년대에는 대만(국민당) '대륙 수복' 방침으로 홍콩에서도 국민당과 공산당은 첨예하게 대치한다. 국민당의 작전은 1955년 인도네시아로 가는 중국대표단이 탄 비행기를 폭파하는 데까지 나아갔다.

1956년 대만(중화민국) 국기인 '청천백일기'가 훼손되자 우파가 폭동을 일으켰다. 좌파 상점을 약탈하고 좌파를 살해했다. 좌우 노동자는 물론 폭력 조직까지 총출동하였고, 스파이들이 배후에서 조종하여 상황은 더욱 악화되었고, 경찰의 발포로 59명이 사망했다. 중국 저우언라이 총리의 항의로 홍콩 정부는 소요 주동자 등 3천 명을 체포했다.

홍콩 정부는 '탈이념' 교육을 서둘렀다. 좌우 정체성을 희석시켜야 했다. 중국이나 대만과 차별화된 정체성 교육으로 홍콩인들을 정치로부터 분리시켜야 했던 것이다. 1952년부터 교육과정에서 중국역사와 중국어문을 검토하기 시작했다. 중국문화교육에 치중하는 것으로 결론이 났다. 중국의 우수한 문화로 중국과 내민이 강조하는 당파적 정체성을 극복하고자 했다. 보편타당한 명분으로 극단적인 명분을 희석시키고자 한 것이다. 홍콩 당국이 중국문화 교육에 치중하기로 했다는 점에 주목할 필요가 있다. 정체성 갈등 해법은 상호 공통분모 찾기에서 시작해야 하는데, 문화 이해와 교육 교류가 우선 필요하다.

변화와 개혁과 혁명에 대한 정체성이 극단적으로 충돌한다면, 우선 양쪽이 인정할 수밖에 없는 공통분모부터 찾는 것이 좋다. 홍콩(중국)인들이 배우고 익힌 중국 문화는 보편타당한 인류애 차원이었다. 앞서 말한 바와 같이 홍콩 정부는 중국어 소통 능력을 배양하면서도 중국 전통사상과 고전문학을 중시하고 교과서 심사를 강화했다.

하지만 중화인민공화국의 국민들과 마찬가지로 새롭게 출발한 사회주의 조국에 대한 홍콩인들의 기대는 나날이 커졌고, 대륙 통일은 중국인으로서 홍콩인들 애국심을 지속적으로 소환했다. 나아가서 식민주의와 자본주의로 상징되는 홍콩 사회는 언제나 인종차별과 부정부패라는 유전자를 보유하고 있었다. 게다가 물가 상승과 노동자 생활 악화 등으로 좌파 노동조합 영향력도 갈수록 커지고 있었다. 바야흐로 좌파 정체성의 확산이 준비되고 있었다.

중국공산당 선전선동도 집요하게 전개되었는데, 1950년대에는 홍콩에서 『문회보(文匯報)』, 『대공보(大公報)』, 『신만보(新晚報)』등 친중국계 좌파 신문이 발행되기 시작했다. 국민당도 이에 질세라 홍콩에서 『홍콩시보(香港時報)』, 『공상일보(工商日報)』, 『성도일보(星島日報)』등 친대만계 우파 신문들을 창간하고 선전전에 총력을 기울였다.

1960년 중국 정부는 홍콩으로 월극(越劇)*단을 파견했다. 반우파 투쟁과 3년 재해를 겪고 난 시점이었다. 국제적으로 중국의 이미지는 더 이상 나빠질 수 없는 정도에 이르렀다. 그들의 목적은 국제적으로 '유언비어를 섬멸하는 것'이었다. 공연은 대성공을 거두었는데, 당시 국가주석 류사오치(劉少奇)는 '공연은 통일전선 사업으로 아주 뛰어나고 성공적이었다'라는 어록을 남기고 있다.

　미국 역시 홍콩을 세계 반공 선전 기지로 삼았기에 우련출판사(友聯出版社) 등의 기관을 통해 『중국학생주보(中國學生週報)』, 『아동낙원(兒童樂園)』, 『대학생활(大學生活)』 등의 우파 신문 잡지를 만들었다. 뿐만 아니라, 홍콩 주재 미국 공보처는 작가들의 반공 작품 창작을 지원하였고, 선전 잡지 『금일 세계(今日世界)』 등을 발행했다. 1957년에 이미 홍콩에서는 중국어와 영어 등을 합쳐서 42개 신문이 발행되고 있었다.

폭동인가,
혁명인가

　　　　　　1965년 홍콩에서는 홍콩섬과 주룽반도를 잇는 스타 페리 요금 인상에 항의하는 대규모 폭동이 발생하였고 1,465명이 체포되었다. 그동안 쌓여온 빈부격차와 부정부패에 대한 불만이 터져 나오기 시작한 것이다. 그즈음 중화인민공

---

*　　저장(浙江), 상하이, 장수(江蘇) 지역의 전통 연극.

화국에서도 인민공사 실패와 자연재해로 수백만 명이 굶어 죽었다.

1966년이 되자 홍콩에서 출생한 인구가 전체 인구의 53.8%가 되었고, 텔레비전 방송을 시작했다. 1966년 중국에서 문화대혁명이 시작되었다. 마오쩌둥은 집권 이후 최대 위기를 사회주의 정체성을 극단화하는 운동으로 돌파하고자 했다. 모든 비판을 사회주의 정체성을 흔들려는 위협으로 간주했다. 사회주의 정체성이라는 명분은 나날이 증폭되어 다시 혁명을 소환했다. 마오쩌둥을 '미신의 정도까지 믿어라', '맹종의 정도까지 복종해라'라는 말을 한 커칭스(柯慶施)가 하루아침에 정치국 위원으로 출세하는 세상이었다.

사르트르 등 좌파 사상가들로부터 인류 역사상 한 번도 시도되지 않았던 쾌거라고 칭송 받는 문화대혁명의 시작이었고, 그 파장에 중국도, 홍콩도, 대만도, 세계도 긴장하고 있었다. 홍콩에서도 마오쩌둥 사상으로 무장한 좌파 노동자들이 시위를 이끌었다.

1967년 5월 1일 노동절, 홍콩에서 노사 분규로 노동자들과 경찰이 충돌했다. 이른바 '67폭동'으로 홍콩에서도 문화대혁명이 시작되었던 것이다. 좌파 단체들은 공장 담징에 내자보를 붙이고, 마오쩌둥 어록을 들고 항의 시위에 나섰다. 5월 17일 베이징에서 1백만 명이 베이징 주재 영국대표처로 몰려가서 영국은 홍콩에서 떠날 것을 요구했다. 5월 18일 베이징 운동장에서는 총리와 외교부 장관 등을 포함하여 10만 명의 군중이 모였다. 그들은 홍콩 정부가 국민당과 결탁하여 중국 안정을 파괴하고 있다고 비판했다.

홍콩의 좌파는 '홍콩 각계 동포 반영(反英) 항폭 투쟁 위원회'를 결성했다. 위원회 이름을 보면 그들이 '영국 제국주의 반대'라는 명분을 전면에 내세웠음을 알 수 있다. 중국의 인민일보와 신화사가 홍콩 시위를 선동하고 나섰다. 영국이야말로 미 제국주의와 결탁하여 중국을 방해하는 음모 세력이라고 비난했다. 제국주의와 자본주의가 이중으로 홍콩(중국인) 동포들을 착취하고 있으니 빨리 '해방'시켜야 한다는 명분은 언제나 큰 힘을 발휘했다.

홍콩 좌파 노동자 수천 명은 홍콩총독부를 포위했다. 홍콩 정부는 계엄령을 선포하여 선동하는 방송과 전단지의 살포를 금지했다. 정부 발표에 의하면 6개월 만에 51명(경찰 10명)이 사망했고, 300명이 넘는 사람들이 폭탄에 부상을 입었고 5천 명이 체포되었다.

중국 저우언라이 총리는 뒤늦게 '이치에 맞게(有理), 이익을 챙기고(有利), 절차를 중시하라(有節)'는 원칙을 하달했다. 하지만 홍콩 좌파의 정서는 고양될 대로 고양되어 있었다. 폭탄으로 영화관, 공원, 시장 등 공중 시설을 공격하기 시작했다. 버스와 택시에도 불을 질렀다.

시위는 어떻게 끝나는 것이 좋을까? 이 정도면 되었다고 하는 선은 어디일까? 정부는 어느 선까지 용인할 수 있을까? 변화와 개혁과 혁명을 원하는 서로 다른 정체성은 어떻게 조율되어야 할까? 시위 주체라는 정체성과 그것을 막아야 하는 정체성 등 새로운 정체성 갈등이 나타나는 것은 당연하다.

1967년 7월, 혁명을 원하는 홍콩의 급진 좌파는 돌, 염산, 어포 등으로 경찰을 공격하기 시작했다. 언제나 그렇듯이 한번 시작된 폭력은 업그레이드되기 마련이다. 8월에는 좌파의 폭력을 비판한 유명한 아나운서의 몸에 기름을 붙고 불을 질러 그를 포함한 2명이 불에 타 죽는 사건이 발생했다. 홍콩 정부는 혁명을 선동하는 신문 『홍콩야보(香港夜報)』, 『신오보(新午報)』, 『전풍일보(田豊日報)』 등 3개 신문을 폐간했다. 대륙의 중국인들은 베이징 영국 대표처에도 불을 질렀다. 9월부터 홍콩 좌파는 중국 정부의 지지를 잃기 시작했다.

기다렸다는 듯이 홍콩 정부는 강온 양면 정책을 발표했다. 홍콩 좌파의 정체성 분화에 노력을 기울였다. 파업을 하지 않겠다는 약속만 하면 관대하게 처리한다는 방침이었다. 홍콩대학 학생회도 정부를 지지한다는 성명을 발표했고, 홍콩대학생연합회는 폭력 중지를 호소하고 나섰다. 지역(커뮤니티) 조직, 각종 협회, 학교 등이 속속 정부를 지지하고 나섰다. 중립지 『명보(明報)』가 정부를 지지하고 나서자 발행인 겸 무협소설 대가인 진융(金庸)이 좌파의 암살 명단에 올라 싱가포르로 도피한 깃도 그즈음이었다.

수용 불가능한 지점에서, 명분도 실리도 모두 납득할 수 없는 지점에서, 홍콩인들은 혁명으로부터 완전하게 등을 돌려버렸다. 역사는 이성적이지도 않은 데다가, 참을성까지 없기에, 단

하나의 장면에도 방향을 틀어버린다. '67폭동'뿐만 아니라 세계 역사가 그래왔다. 칸트가 말한 대로 혁명이 진정한 사고방식의 개혁으로 이어지는 것은 아니다. 카프카도 화염이 사라지면 그저 새로운 관료주의의 화분이 남아 있을 뿐이라고 했다. 홍콩 사회의 정체성은 이제 혁명이라는 명분을 버리고 현실 안정이라는 실리로 방향 전환을 하게 된다.

문화대혁명과
집단기억

문화대혁명의 영향으로 발생한 홍콩 '67폭동'은 홍콩인들 두뇌(유전자)에 뚜렷하게 각인된 집단기억이다. 대다수 학자들은 '67폭동'이 중국과 분리된 홍콩 정체성을 탄생시킨 또 하나의 대사건임에 동의한다. 하지만 과격한 시위는 역사의 수레바퀴를 뒤로 돌리는 전환점이 되어버리기도 한다. 폭력은 이렇게 이쪽이나 저쪽에 극단적인 빌미가 된다.

초기에는 홍콩 서민들 대다수가 시위를 지지하고 동정했지만, 좌파 시위가 점차 과격해지면서 홍콩 정체성은 반대 방향으로 달려갔다. 그렇게 해서 홍콩인이라는 정체성이 새롭고, 분명한 모습으로 형성되고 있었다. 이제 시위의 당위는 시민들과 유리되기 시작했다. '나는 공산당이 싫어요' 하고 중국에서 탈출한 홍콩인들 마음속 깊은 곳에 숨어 있던 공포감을 불러냈던 것이다. 홍콩인들에게 혁명은 폭력과 동의어가 되어버린 것이다. 홍콩인들의 보수화 즉 두뇌(유전자)가 안정을 중시하는 쪽으로 크게 기우는 계기가 되었다. 홍콩(중국)인 정치인 장여우싱(張有興)은 1966년 가을 시정국 회의에서 이런 발언 기록을 남겼다.

홍콩중국인 사회는 중국문화에 대한 믿음이 있다. 우리는 공자 전통의 자손이다. 그 정신으로부터 성실한 중국인 성격이 발전되어 나왔다. 우리는 우리의 문화 전승을 잃어버리지 않기를 원한다. 우리는 더욱이 그것을 현대화 시켜서 현재 세계에 적응시켜야 한다.

문화대혁명은 홍콩인의 중국 정체성을 송두리째 바꾸어버린 일대 사건이다. 중국과의 '끈'을 완전히 놓아버릴 정도로 충격이 컸다. 나아가서 홍콩의 탈중국화 정체성이 견고하게 강화되기 시작한 이정표라고 할 수 있다. 동시에 홍콩영국 정부로서는 '중국인다움'이라는 홍콩인의 정체성을 획기적으로 차단하는 계기로 삼았다. 홍콩 또는 홍콩인의 정체성을 찾고 강화한 전환점이 된 것이다. 이 점은 말레이 사회와 화인(華人) 사회가 물리적으로 충돌한 '513사건'을 겪은 이후 각자의 정체성이 획기적으로 강화되었다는 점에서도 확인할 수 있다. 이후 말레이시아에서는 3대 족군이 평화롭게 공존하고 있는데, 국민 모두 '애매한 긴장 상태'가 그 비결임을 잘 알고 있다.

폭력 시위는 홍콩인들의 좌파 트라우마를 자극하여 홍콩 노동운동을 얼어붙게 했다. 무고한 생명을 앗아간 유혈사태는 너무나 가슴 아픈 일이지만 그것이 사회적으로 왜곡되어 사회의 건전한 발전을 가로막는 일이 실제로 일어난 것이다. 이후 홍콩 정부는 좌파를 사회로부터 영원히 격리시키는 시도 즉 그들을 꾸준하게 '타자화', '악마화'했다. 안타깝게도 노동자 권익 개선에 관련된 모든 논의가 정지되어 버렸다.

나는 이 사건 때문에 홍콩 노동운동이 궤멸되었고, 그것은 홍콩 사회의 건강한 발전에 두고두고 부담으로 작용했다고 생각한다. 홍콩 정체성을 고착화시킨 중요한 기억인데, 유연한 정체성이라는 방향성을 상실하게 만든다는 점에서는 비극이다.

사회심리학자 쿠르트 레빈은 분노와 적의를 불러일으키지 않고, 협동을 부추길 환경을 가꾸는 것이 필요하다고 했다. 분노와 적의는 다른 분노와 적의를 생산하기 때문일 것이다. 아픈 역사에 반복해서 노출되면 유대감이 강화되고 정의에 중독된다. 확증 편향은 심해지고, 더불어 타자화는 강화된다. 홍콩인들은 중국에서 온 사람들을 타자화했다. 뿐만 아니라 자신들을 위해 일하는 외국인 노동자들을 타자화했다.

홍콩 사회는 전면적으로 우경화되었고, 이후 좌파에 대한 편견은 홍콩 사회 최고진리로 자리 잡게 되었다. 그것이 사회적 편견으로 정착되어 왔다. 홍콩 사회 내 이성의 건강한 발전을 가로막았고, 그 대가는 깊고 컸다. 홍콩에서의 문화대혁명은 홍콩인들을 다시 태어나게 만든 중대한 분기점이었다. 무엇보다도 '우리는 누구인지' 그리고 '누가 우리 편인지'에 대한 진지한 의문이 시작된 것이다. 적어도 중국공산당이 지배하고 있는 중국은 더 이상 '우리' 조국이 될 수 없다는 점은 분명해졌다. 반대로 홍콩인들과 영국 식민지 정부와의 일체감은 깊어졌고, 더불어 홍콩인으로서의 정체성은 더욱 강해지고 있었다. 정치적인 성향과 마찬가지로 정체성의 전환은 큰 사건과 직접적인 관계가 있다.

9장

'홍콩은 우리 집'

홍콩의 가판대에서 판매하는
신문과 잡지의 종류가 많이 줄었고,
특히 중국 정치를 분석하는 정론지들은 모두 사라졌다.

혁명의
이유

　　　　　사람들은 늘 변화를 꿈꾼다. 내일은 오늘보다 나아지겠지 하면서 말이다. 점진적인 개혁이 좋을까, 세상을 완전히 뒤집는 혁명이 좋을까? 대학생 시절 나는 40대 이상의 어른들은 다 죽어야 한다는 생각을 한 적이 있다(그때 목숨이 경각에 달했던 어른들께 죄송한 마음이다). 세상이 이렇게 불공평하고 불공정한 이유는 어른들 때문이라고 생각했다. 우리 같이 깨끗한 젊은이들만 살면 세상은 금방 맑아질 것이었다. 내 머리 속에서 그 방법은 혁명밖에 없었다.

　역사에는 인격이 없다. 역사에게 이래야 한다거나 저래야 한다고 요구할 수도 없다. 다만 특정한 사건이나 운동이 극단적으로 해석되고 소비되는 것을 나는 우려한다. 이성과 합리는 없고, 극우나 극좌만 난무하는 광풍은, 두고두고 역사의 부담으로 남는다. 문제는 해석이고 수용이다.

　우리는 역사로부터 무엇을 어떻게 배워야 할까? 시종일관 내 관심사이기도 하고, 이 책의 목표이기도 하다. 홍콩의 문화대혁명(67폭동)이라는 역사적 트라우마가 (낭만적으로) 과도한 영향력을 행사할 경우 개인도 집단도 불행해진다. 역사만큼은 낭만적이 아닌 현실적인 시야가 필요하다. 매우 냉정하게 사건의 배경이나 운동의 참뜻이 무엇일까를 살피는 일이 무엇보다도 중요하다. '67폭동'은 기존 홍콩 사회에 대한 경고였다. 더 이상 이렇게 살 수 없다는 서민들의 절규였다.

장기적으로 홍콩 사회는 무너지고 있었다. 많은 학자는 자본주의와 식민주의가 각기 다른 형식으로 홍콩인을 착취했다고 주장한다. 그것의 결과가 세계적으로 가장 큰 빈부격차였다. 무엇이라도 얻을 수 있는 사회였지만, 그것은 소수 상류층에게만 해당되는 일이었다.

미국을 가리켜 모든 정체성을 녹이는 용광로라고 하고, 반대로 모든 정체성이 살아 있는 사회라고 말하기도 한다. 하지만 미국에서 한국인이나 중국인이나 각기 자신들 커뮤니티 즉 '우리끼리' 살고 있다는 지적이 많다. 나는 홍콩 사회 역시 각기 따로 살고 있는 사회라고 본다. 홍콩 사회는 영국과 홍콩(중국)인의 '인종끼리' 사회였지만 무엇보다도 부유층과 빈곤층의 '계급끼리' 사회였다.

홍콩 정부는 홍콩인들에 대한 복지에 무관심했다는 평가를 받고 있다. 처음부터 홍콩 정부는 큰 딜레마를 안고 있었다. 홍콩의 사회복지가 너무 좋아질 경우 중국으로부터의 인구 유입은 더욱 많아질 것을 늘 우려했다. 1937년에는 장례비조차 없어 1천3백 구의 시신이 가두에 버려졌다는 기록이 남아 있다. 나는 홍콩의 노동 조건과 주거 환경이 예전이나 지금이나 크게 달라진 점이 없다고 생각한다. 2021년 조사에 의하면 홍콩 인구 7백만 명 중 26만 명이 여전히 극빈층의 주거 공간인 닭장집(cage house), 관짝집(coffin house)에 살고 있다.

홍콩인들은 홍콩에 살고 있었지만, 홍콩에 살고 있지 않기도 했다. 이러한 상태를 '내적 망명' 또는 '내부 망명'이라고 한다.

재미없는 강의를 듣거나, 신도들만 내내 꾸짖는 설교를 들을 때, 끝없는 잔소리를 듣는 곳에서 우리는 '유체이탈'을 경험한다. 몸은 그곳에 있되 마음은 없는 것이다. 우리는 자주 '내 마음은 이미 떠났어'라고 말한다. 그 말을 들으면서 부정부패는 보폭을 넓힌다.

1960~70년대 홍콩 사회는 상하를 막론하고 모두 부정부패가 만연했다. 심지어 환자를 병원으로 이송할 때나, 화재 진압을 하기 전이나 모두 수고비를 주어야 했다. 1970년대 초까지만 해도 경찰을 위시한 홍콩 공무원들의 부패도 심각했다. 경찰이 매춘, 도박, 마약 등 거래에 개입하여 해마다 벌어들이는 돈이 10억 홍콩달러에 달했다.

영국인 경찰 간부는 437만 홍콩달러(당시 아파트 한 채가 2만 5천 홍콩달러 정도)를 착복하고 영국으로 도주하였는데, 여론의 압력으로 체포 송환된 적도 있다. 지금까지 홍콩이 자랑하는 공직자 수사기관인 '염정공서(廉政公署, ICAC)'가 출범하게 된 계기이다. 1974년이었다.

포스트
문화대혁명

문화대혁명이 홍콩을 강타한 이후, 홍콩 정부는 서민들을 위한 정책 개발에 박차를 가했다. 모두 홍콩인들 마음을 홍콩이라는 공간에 붙잡아두기 위한 조치들이었다. 경제 정책도 '자유방임'에서 정부가 어느 정도 개입하는 '적극 불간섭주의'로 전환되었다.

이즈음 홍콩의 자부심, 즉 정체성이 크게 신장된다. 1971년에 이미 광둥어 상용 사용자가 88.1%에 달했다. 이소룡(李小龍)의 〈당산대형(唐山大兄)〉이 상영되었으며, 1972년에는 광둥어 노래가 유행하기 시작했고, 1974년 영화에서는 처음으로 광둥어를 사용했다. 홍콩 정체성에 자신감이 생긴 것이다. 홍콩에 살고 광둥어를 사용한다는 정체성의 발로였다. 홍콩 정부가 시민들의 복지를 위하여 적극적인 정책을 펼친 시기와 일치한다. 중요한 변화를 정리하면 아래와 같다.

1. 노동 시간을 단축하고(1968년)
2. 정부 정책을 설명하고, 청년활동을 지원하는 민정사무실을 설치하고(1968년)
3. 노동자들을 위한 배상금액을 인상하고(1970년)
4. 여성노동자에게 출산휴가권리를 부여하고(1971년)
5. 초등학교 무상교육을 실시하고(1971년)
6. 입법국 의석을 확대하고(1972년)
7. 10년 주택 건설 계획을 발표하고(1972년)
8. 홍콩 청결 운동(클린 홍콩)을 추진하고(1972년)
9. '파트너' 개념 사회복지 정책을 발표하고(1973년)
10. 반부패 전담 기구인 염정공서(廉政公署)와 소비자위원회를 설치하고(1974년)
11. 중국어를 법정언어로 인정하고(1974년)

12. 9년 무상교육을 실시하고(1978년)

13. 3개 대학을 승인했다.(1978년)

공원, 운동 시설, 도서관, 박물관, 영화관 등 편의시설을 대폭 확충하였다. 이런 시민복지 사업이 홍콩인들의 소속감과 자부심을 끌어올리는 데 큰 영향을 주었다. 식민 종주국인 영국에서도 긍정적인 변화가 나타나고 있었다. 1964년 노동당이 집권하여 인종이나 여성 차별에 대한 인식 등 탈식민화에서 진전이 있었고, 당연히 홍콩 정부에도 영향을 미치기 시작했다. 1966년 이후 홍콩에서는 사형이 집행되지 않았다.

1968년에는 영국 정부 식민지부가 외교부로 편입되었기에 홍콩 정부 자주권이 상대적으로 커졌다. 중국과 영국의 관계도 해빙 모드로 전환되어 1972년에는 대사급 외교 관계가 수립되었고, 1974년에는 영국 수상이 중국을 방문하였고, 1978년 중국 정부는 '개혁개방'을 선포했다. 1979년에는 홍콩 총독이 처음으로 중국을 공식 방문했다. 1945년 일본 패망 이후에도 영국은 홍콩 지배를 계속했다. 중국은 (일관되게) 표리부동했다. 앞에서 살펴본 바와 같이 공식적으로는 홍콩을 영국 제국주의가 불법 점거한 식민지라고 비난하면서도—당장 반환하라는 요구보다는—장기적으로 충분히 이용하고 있었다.

세계 식민지들이 속속 독립하면서 홍콩의 국제적인 지위도 검토되어야 했다. 1972년 유엔이 세계 식민지의 현황을 조사한 것은 특히 주목할 만하다. 중국 정부는 홍콩에 대한 입장을 다시 정리해야만 했다. 중국 입장은 아래와 같았다. 물론 홍콩과 마카오 주권 반환을 염두에 둔 포석이었다. 동년 11월 열린 유엔 27차 회의에서 유엔은 홍콩과 마카오 문제에 대한 중국 정부 입장과 요구를 인정했다.

1. 홍콩과 마카오는 영국과 포르투갈에 의해서 점령당한 중국 영토 일부이다.
2. 홍콩과 마카오 문제 해결은 전적으로 중국 주권 범위 내 문제이다.
3. 근본적으로 이른바 '식민지' 범주에 들지 않는다.
4. 따라서 반식민지 선언 중에 적용될 식민지 명단에 포함되어서는 안 된다.
5. 유엔은 이 문제를 토론할 권한이 없다.

1971년 중국이 유엔에 가입되고, 마침 전 세계 식민지 청산 문제가 대두되자, 홍콩도 자연스럽게 식민지 명단에 들어가게 되었다. 이를 당연히 기뻐해야 할 중국 정부가 식민지 명단에서 홍콩을 제외시켜 달라고 요구하고 나선 것이다. 2차 대전 이후 대부분 식민지가 독립되고 있는 현실이 발목을 잡을까 우려해서다. 이때도 중국공산당은 명분보다는 실리를 선택했다. 역사 공부를 하면서 놓쳐서는 안 되는 지점이다. 중국 정부가 숨기고 싶어 하는 부분이다. 그들의 실체를 알 수 있고, 향후 방향성을 알 수 있는데, 언제나 실리를 위해서 명분을 포기할 수 있었다.

이 점을 당시 언론이나 학계는 그렇게 주목하지 못했다. 학자들은 중국 정부의 결정에 대해 홍콩 미래는 영국이 아니라 중국이 결정한다는 의지를 보여준 것이고, 홍콩인들도 배제될 것임을 암시했다고 해석한다. 하지만 당시 홍콩인들은 홍콩 미래를 낙관하고 있었기에 주권 회복에 대한 중국 의지를 제대로 읽지 못했다.

홍콩인들은 1970년대 홍콩 경제가 비약적인 발전을 하고 있었기 때문에, 중국 정부가 그때까지 그래왔던 것처럼 현상을 유지하면서 실리를 취할 것이라고 판단했다. 게다가 1974년 포르투갈이 마카오 반환 의사를 중국에 전달했으나 거절당한 적도 있었다. 이것도 홍콩을 회수하지 않을 것이라는 좋은 징조로 받아들여졌다. 미래를 부정적으로 해석하면 늘 그렇듯이 너무 큰 고민을 해야 한다.

'홍콩은 우리 집'

선거철마다 한국에서 '지역 구도 타파'라는 구호가 등장한다. '지역'은 악마인 것처럼 비난 대상이 되기도 한다. 나는 지역 구도 타파라는 말 자체가 매우 정치적이라고 생각한다. '타파'라는 말 속에 숨어 있는 '당위'를 통해서 그 반대 이익을 보고자 하는 의도가 숨어 있기 때문이다. 지역 타파를 외치는 사람이 오히려 지역 정체성을 이용해서 이득을 보려는 사람일 수 있다. 세계 어느 나라에서나 지역과 지역 사이에는 어느 정도의 긴장감이 조성되어 있다. 각자 다른 정체성을 품은

채로 살고 있다.

　지역 구도 즉 지역의 정체성이 다른 것은 당연하다. 그것을 죄악시 하는 것 자체가 매우 정치적인 행위인 것이다. 지역은 '집단기억'을 공유한다. 나를 만드는 것이 내 기억일 수 있듯이, 집단을 생성하는 기억도 있다. '집단기억'은 지역 정체성의 중요한 구성 요소가 된다. 홍콩의 문화대혁명(67폭동)은 홍콩이라는 지역성을 매우 분명하게 만드는 데 큰 역할을 했다. '집단의식'이라는 것도 있다. 사회 구성원이 공통적으로 가지고 있는 의식을 말한다. 홍콩의 문화대혁명(67폭동)에서 좌파들이 보여준 폭력은 홍콩인들의 '반중 의식'과 '반공 의식'을 더욱 강하게 만들었다. 게다가 앞에서 살펴본 봐와 같이 1970년대에는 홍콩 지하철 운행 등 공공서비스와 복지 수준이 크게 제고되었다. '가난한 중국'과 강력하게 대비되는 '잘사는 홍콩'이라는 '우월의식'이 더해졌다.

　문화적인 유전자 즉 밈(Meme)도 홍콩 정체성 형성에 박차를 가했다. 이소룡(李小龍)과 성룡(成龍)으로 대표되는 홍콩영화 전성기는, 1980년대 오우삼(吳宇森), 왕가위(王家衛) 감독의 영화까지 이어졌다. 1974년은 광둥어 팝송(Canton Pop) 원년이라고 할 수 있는데, 이후 광둥어 노래는 대륙과 대만을 강타했다. 1970년대 홍콩 대중문화의 발전은 문화적으로도 홍콩인들에게 자신들이 우월하다는 정체성을 부여하기 시작했다.

　홍콩 청결 운동은 1948년부터 시작되었다. '홍콩은 우리 집'이라는 정체성을 심어주기 위한 범정부 운동이었다. 1965~1969년에는 정부가 커뮤니티 청결 운동을 추진했다. 시민들에게 가정의 청결과 모기 방제 그리고 손 씻기 등을 호소했다. 1970년에는 홍콩 청결 운동 위원회가 출범했다. 1974년부터는 초중등학교에 공익 소년단을 만들어 청결한 환경 만들기에 학생들의 동참을 유도했다. 모두 홍콩에 대한 자부심, 즉 홍콩 정체성의 강화를 위한 정부 차원의 노력이었다.

한편 1970년대 문화대혁명이 끝나고 느슨해진 중국 분위기를 틈타 중국으로부터 사람들이 홍콩으로 들어오고 있었다. 통제가 불가능한 상황으로 보일 정도였다. 몇 년간 이어진 이런 흐름은 홍콩인들을 불안하게 만들었다. 타자 또는 타자 정체성은 우리 정체성을 자극한다. 불안감은 '우리'라는 배타성을 더욱 증폭시킨다. 상대를 차별할수록 내 정체성은 뚜렷해지는 법이다.

1972년까지는 홍콩에서 출생하는 사람에게만 영주권이 주어졌다. 1972년부터는 연속 7년 이상을 거주하면 영구 거주민 자격을 신청할 수 있게 되었다. 1980년부터는 홍콩에 일단 '도착하면 거주할 수 있는 정책(Touch Base Policy)'을 폐지하고, 불법 입국자는 체포해서 중국으로 강제 송환했다.

1980년대 중후반 내가 홍콩에 도착해 보니 경찰이 행인들에게 수시로 신분증을 요구했다. 행색이 초라하거나 수상한 행동을 할 경우 경찰은 어김없이 신분증을 요구했다. 나 역시 씻지 않고 슬리퍼를 신고 집 밖으로 나가면 어김없이 신분을 확인받았다. 홍콩이라는 꿈을 좇아 대륙에서 숨어 들어온 '타자'들을 골라내기 위한 홍콩의 노력이었다.

식당에서 음식을 주문할 때마다 나는 종업원과 손님들의 '애매한' 눈길을 받아야 했다. 그들이 볼 때 광둥어를 하지 못하고 보통화를 사용하는 나는 '폭력적'이고도 '가난한' 중국에서 막 도착한 이방인이었다. 그들에게 나는 중국에서 홍콩으로 막 들어온 '아찬(阿燦)' 같은 타자였다.

아찬은 1979~1980년 방영된 텔레비전 드라마에 나오는 주인공이다. 중국에서 막 넘어온 촌뜨기 캐릭터로 한꺼번에 햄버거 30개를 먹기도 했다. 이후 아찬은 대륙에서 건너온 '신이민자'를 폄하해서 부르는 호칭으로 자리 잡았다. 그렇게 중국인들은 홍콩인들에게 타자가 되고 있었다. 아니 홍콩인은 아찬을 통해서 우월감을 즐기고 있었다. 1981년 홍콩 정부는 지역 의회 구성을 선포하여 홍콩 시민들에게 한걸음 더 다가섰다.

제3공간

앞에서도 말했듯이 많은 학자가 홍콩을 '애매한' 공간이라고 표현한다. 여러 가지 측면에서 생긴 말인데, 1949년 중화인민공화국 수립 이후에는 더욱더 애매한 위치가 되었다. 경계선 너머에는 사회주의 정권이 들어섰다. 더불어 1949년에는 중국-홍콩 사이에 국경선이 생겼다. 게다가 1950년대와 60년대 중국에서는 살벌한 정치 운동이 끊임없이 이어졌다. '영구 혁명'*이 진행되고 있는 '조국'을 바라보고 있는 홍콩

---

* '부단 혁명'이라고도 한다. 트로츠키의 혁명 개념으로 일단 프롤레타리아가 권력을 장악하면 국내외에 사회주의가 건설될 때까지 권력을 유지하고 혁명을 영구히 지

인들에게 정치적인 안정과 자유를 누리는 홍콩의 소중함은 더욱 크게 다가왔다.

홍콩 정부는 '제3의 길'로 나아갔다. 중화인민공화국의 구호 즉 그들의 정체성인 민족과 계급이라는 명분에서 하루빨리 벗어나야만 했다. 홍콩인들에게 새로운 정체성을 부여하는 것이야말로 통치 안정을 확보하는 길이었다. 결국 중국 전통문화를 존중하면서 서구의 대표적인 가치인 자유와 법치를 추구하는 방향이었다. 홍콩의 정체성은 1970년대에 집중적으로 만들어졌다고 해도 과언이 아니다. 중국이 그동안 타자로서 제대로 부정적인 역할을 해주었기 때문이기도 하고, 반대로 홍콩 정부가 '홍콩은 우리 집'이라는 개념의 공익광고 등으로 추진한 정체성 운동의 결과라고 볼 수도 있다.

인문학자 류짜이푸(劉再復)는 대륙에는 내 편이 아니면 바로 적이 되는 공간만 있고, 홍콩의 '제3공간'이 매우 광활했음을 누누이 강조한다. '제3공간'은 홍콩의 정체성을 설명할 때 빠지지 않는 개념이다. 홍콩이 동양과 서양의 문화가 만나는 공간인 데다, 정치적으로 중국이나 대만 편향도 아니면서, 이념으로부터도 자유로운 공간이었다. 나아가서 홍콩 내에도 광범위한 '제3지대'가 존재했다. 좌도 아니고 우도 아닌 철저한 중립 말이다. '제3지대'는 당신의 사상이나 이념을 묻지도 따지지도 않는다. 선택하라고 강요하지도 않는다.

속한다는 것이다. 마오쩌둥의 방법론이었기에 중화인민공화국 건국 이후 문화대혁명 등 각종 형태의 혁명이 계속되었다.

‘혼종’과 ‘변경’이라는 기호로 대표되는 후식민 담론이 유행할 때, 홍콩은 그 실제 보기로서 빠지지 않았다. 중국과 영국 즉 동양과 서양 변방으로써 동서양 문화가 공존한다는 것이다. 독특한 홍콩 문화가 만들어진 이론적 배경이다. 학자들은 영국 통치 방식이 홍콩이라는 ‘동양의 진주’를 만들어냈다고 본다. 중국인이 통치하는 양안(대륙, 대만)보다 선진적이고 근대화된 공간이라는 말이다. 서구적인 합리성으로 따져볼 때, 홍콩은 아시아에서 가장 합리적으로 작동하는 곳이(었)다. 많은 학자들이 흔히 중국인이 통치하는 그 어떤 지역보다 선진적인 공간이라는 점에 주목하고 연구해왔다.

10장

일국양제
(一國兩制)

홍콩의 서점 서언서실로 올라가는 엘리베이터 내부.
여전히 시위 관련 구호 즉 '나는 더욱 크게 외칠 것이다',
'우리는 홍콩을 정말 사랑한다' 등의 스티커가 붙어 있다.

중국과 영국의
힘겨루기

　　　　　홍콩의 정체성 변화를 연구하면서 나는 자주 한국의 상황에 대입하여 상상한다. 경상 특별행정구는 어떨까? 전라 특별행정구는 어떨까? 충청 특별행정구는? 경기 특별행정구는? 물론 대한민국은 존재하고, 중앙정부는 외교와 국방만 책임진다. 나는 심지어 좌파 특별행정구와 우파 특별행정구도 만들면 좋겠다는 생각을 해본다. 대한민국이 일국양제, 아니 '일국다제(一國多制)'의 국가로 변신되는 것을 의미한다. 사람은 생각이 비슷한 사람들과 같이 살 때 행복한 법이다. 같은 사투리를 쓰고, 같은 생각을 하는 사람들이 함께 사는 것이야말로 행복의 전제 조건이다.

　예를 들어 자본주의가 좋은 사람은 우파 특별행정구에서, 사회주의가 좋은 사람은 좌파 특별행정구에서, 노인이 되면 특별히 우대해주는 충청 특별행정구에서, 청년들은 창업을 무한 지원하는 경기 특별행정구에 모여서 상상의 나래를 마음껏 펼치며 사는 것은 어떨까? 우리나라는 네가 원하는 대로 해줄 수 있어. 너에게는 자본주의를, 너에게는 사회주의를 줄게! 이렇게 해줄 수 있다면 국민 한 사람 한 사람이 행복하지 않을까?

　나는 '중국-홍콩 체제'를 공부하면서 한반도 체제도 늘 같이 생각해본다. 남한과 북한은 반드시 통일(통합)되어야 하는가? 무엇을 어디까지 통일(통합)할 것인가? 분리된 채 통일(통합)되는 것은 나쁜 것인가? 남한과 북한의 정체성은 어디까지 어떻게 보호되는 것이 좋을까? 통일된 지 30년이 지난 동서독의 경우를 보면, 특히 여전히 소수로 취급받고 있는 동독의 입장에서 보면 통일을 마냥 찬양할 수만은 없다.

지역은 집단기억을 공유하지만, 더불어 공통 화제를 가지고 있다. 그렇게 문화적 유전자가 전해진다. 1997년이라는 홍콩의 운명적 시간이 다가오고 있었다. 홍콩과 홍콩인 정체성은 유지되고 존중될 수 있을까에 세계인의 관심이 집중되었다.

1997년이 다가오면서 홍콩인들은 만나기만 하면 주권 반환에 대해서 토론하기 시작했다. 중국이 홍콩을 어떻게 할까, 주권 반환을 요구할까, 그대로 둘까, 홍콩의 주권을 영국은 순순히 중국에게 돌려줄까? 개인뿐만이 아니라 모든 기관들은 얻을 수 있는 정보를 총동원하여 분석에 분석을 거듭하고 있었다.

개인이나 기관이나 사유 방법의 관성을 벗어나기 어렵다. 그것 역시 개인이나 사회적 유전자의 하나일 것이다. 무엇이든 바뀐다고 하기보다는 안 바뀐다고 하는 쪽으로 결론을 내리는 것이 쉽다. 그만큼 일거리가 줄어들기 때문이다. 게다가 안 바뀌면 좋겠다는 심리가 지배적일 때, 우리의 두뇌가 내리는 결론은 분명하다. 중국에게 홍콩은 황금알을 낳는 거위인데, 왜 거위를 죽이겠냐는 논리가 지배적이었다.

하지만 중국 정부는 홍콩 조야의 기대와는 반대쪽으로 달려가고 있었다. 1970년 말, 신제의 조차 기한이 20년 앞으로 다가오자 홍콩 경제계가 먼저 걱정하기 시작했다. 홍콩섬과 주룽반도는 원래 영구적으로 영국에게 할양한 것이고, 가장 넓은 신제 지역은 1898년부터 99년간 빌려준 것이었다. 신제 지역은 1997년이 되면 중국에게 돌려주어야 하는 것이다. 1979년 홍콩 총독이 중국을 방문했을 때 덩샤오핑은 홍콩 회수에 대한 결심을 밝혔다. 하지만 총독은 홍콩으로 돌아와서 시민들에게 그 사실을 제대로 전달하지 않았다. 긁어 부스럼을 만들지 않겠다는 의도였겠지만, 홍콩으로서는 그만큼 대비할 기회를 놓친 것이다.

영국 정부는 내부적으로 홍콩에 대한 주권을 연장하기 위해 여러 가지 시나리오를 구상했다. 중국 정부의 홍콩 반환 방침이 분명하게 공개된 시점은 1982년이었다. 덩샤오핑은 에드워드 히스 영국 수상을 만나 대만에 대한 기본정책인 '9개 조항' 조건으로 홍콩을 반드시 회수할 것이라고 했다. 주가가 반 토막이 났고, 주택 가격이 폭락했다.

다시 1982년 영국의 마거릿 대처 수상은 포클랜드 전쟁에서 승리한 기세로 덩샤오핑과 담판을 시작했다. 대처 수상은 (난징조약과 베이징조약 등) 국제법상의 효력을 들어 1997년 이후에도 홍콩을 계속 통치할 것이라고 했다. 덩샤오핑은 난징조약이 불평등조약이며 조약 책임자인 청나라가 이미 존재하지 않는다는 이유로 홍콩을 회수하기로 했음을 밝혔다. 중국과 영국은 정식 담판에 돌입했다.

영국은 주권과 통치권을 나누어서 협상했다. 홍콩 주권은 중국으로 돌려주되 통치는 계속하겠다는 것이었다. 반면에 중국은 1997년이 되면 주권과 통치권 모두 회수할 것임을 견지했다. 다만 '홍콩인이 홍콩을 통치'한다는 조건을 제시했다. 물론 영국은 여러 가지 측면에서 득실을 충분하게 따져보았다. 영국 정부가 볼 때 홍콩을 통해서 경제적으로 얻을 수 있는 큰 이익은 이미 1960년대에 끝났다는 점, 군사적으로 중국이 공격할 경우 홍콩을 지켜낼 수 없다는 점, 홍콩 주권을 돌려줄 경우 외교적으로 더 큰 이익을 추구할 수 있다는 점, 영국 정부 내 탈식민 분위기가 주류를 형성하고 있었기에, 영국은 홍콩을 더 이상 고집하지 않았다.

수많은 난관을 통과하여 마침내 1984년 9월 양국은 〈중영공동성명〉을 체결하고, 홍콩의 주권을 중국에 반환하기로 합의했다. 주요 내용은 아래와 같다.

1. 홍콩특별행정구는 외교와 국방을 제외하고 고도의 자치를 누린다.
2. 홍콩특별행정구는 행정권, 입법권, 사법권과 최종심판권을 지니며, 현행 법률은 기본적으로 바뀌지 않는다.
3. 홍콩특별행정구는 현지인 스스로 통치한다.
4. 홍콩에서의 영국 이익을 보호한다.
5. 홍콩특별행정구 기본법을 제정한다.

다시 요약하면 핵심은 '일국양제', '50년 불변', '홍콩인이 홍콩을 통치한다'는 것이다. 중국에는 사회주의, 홍콩에는 자본주의를 시행한다는 '일국양제'에 대해 대처 수상은 '천재적인 발상'이라고 했고, 덩샤오핑은 '마르크스주의의 변증 유물주의와 역사 유물주의 공로'라고 했다. 하지만 지금의 상황으로 보면 약속이 지켜지지 않았다는 것이 지배적인 의견이다. 물론 중국 정부는 그런 약속들이 잘 지켜지고 있다고 수시로 강조한다.

사회심리학자 조너선 하이트는 50년이라는 시간에 주목했다. 50년이라는 시간을 추적해보니까 서구 사람들은 동물들이 갖가지 고통을 당할 때 동정심을 느끼는 경우가 점점 많아졌다. 반면에 성적 행위에 대해서 구토감을 느끼는 경향은 줄어들었다. 공통적 동인이 그 기간이면 변화할 수 있다는 것이다. 중국 정부는 50년이면 홍콩인들의 동인이 바뀔 수 있을 것이라고 믿었다. 적어도 그렇게 기대했다.

최근 연구에 따르면 사람도 변화될 수 있다. 사람이 변화한다는 것은 그의 두뇌 구조가 변화한다는 것이다. 두뇌는 바뀐다는 즉 두뇌의 가소성을 인정하는 학자들은 그 시간을 30년으로 보고 있다. 물론 두뇌 구조 즉 생각의 변화를 위해서는 지속적으로 합리적인 환경이 제공되어야 한다는 조건이 붙는다. 개인의 정체성 변화에 30년이 걸린다면 사회라는 정체성의 변화도 같은 연장선상에 있다고 보는 것이 사회심리학이다.

영국으로서는 두 가지가 아쉬웠다. 하나는 모든 약속에 대해 일일이 자세하게 토를 달지 않았다는 점이었다. 다른 하나는 '중국-영국' 2자 회담이 아닌 '중국-영국-홍콩' 3자 회담으로 만들지 못했다는 점이었다. 영국 측은 대영백과사전같이 매우 자세한 합의서를 원했지만, 중국 측은 큰 맥락만을 기록한 두세 장 정도의 서류만을 원했다. 합의 내용을 자세하게 규정하지 못한 점은 홍콩 민주화에 두고두고 부담으로 작용했다.

중국과 영국 사이에 주권 반환 협상이 시작되면서 홍콩인들 머릿속은 복잡해지기 시작했다. 회담장에 들어가지 못함으로써 자신에 대한 변호조차 할 수 없는 존재로 전락해버린 것이었다. 홍콩 측이 회담 주체 중 하나로 인정받지 못했다는 점은 큰 불행을 예고하고 있었다. 당시 어느 신문 정치 만화는, 부모(덩샤오핑과 대처 수상) 앞에서, '종이(중영공동성명)'를 손에 들고 있는 사람에게 팔려 가는 '소녀'를 그렸다. 자신의 운명을 자신이 결정할 수 없었던 홍콩사람들의 처지를 전통 결혼을 앞둔 신부의 모습에 빗댄 것이다.

홍콩인들의 열패감과 분노는 그만큼 컸다. 대부분 사회 변화 즉 정체성의 급격한 변화를 어쩔 수 없이 수용하지만, 수용하지도 수용하고 싶지도 않은 두뇌(마음)도 많다. 그 마음은 이민으로 표현되었는데, 1980년부터 1986년까지 매년 2만 명 정도가, 1987년부터 1989년까지 매년 3~4만 명 정도가 해외로 떠났다. 하지만 그것은 시작에 불과했다.

'일국양제'
의의

1950년대로 거슬러 올라가야 한다. 1949년 대륙에서 중국공산당이 승리하여 중화인민공화국이 수립되었고, 국민당은 대만(台灣)으로 후퇴하였지만, 양자는 여전히 진먼도(金門島)를 비롯한 곳곳에서 전쟁을 수행하고 있었다. 1955년 저우언라이 총리는 전국인민대표대회에서 중국은 가능한 조건하에서 평화적인 방식으로 대만 문제를 해결하기를 원한다고 했다.

1979년 1~2월 덩샤오핑은 방미 기간 중에 대만이 '조국'으로 돌아오기만 한다면, 대만 현실과 제도를 존중할 것이라고 했다. 1981년 8월 그는 대만이 중화인민공화국의 일개 성, 일개 지역으로서 원래 제도와 생활방식을 유지하게 될 것이라고 했다. 대만 사회의 정체성을 충분하게 인정해주겠다는 말이었다. 1982년 1월 덩샤오핑은 대만 문제를 다시 언급하면서 처음으로 '일국양제(1개 국가, 2개 제도)' 개념을 공개했다.

1982년 9월 덩샤오핑은 영국 대처 수상과 회담하면서, 현행 홍콩 정치, 경제, 제도 심지어 대부분의 법률도 유지할 수 있다고 했다. 1984년 6월 덩샤오핑은 홍콩 경제계 대표단과의 면담에서, '일국양제'로 대만과 홍콩 문제를 해결할 것이라고 거듭 강조했다. 사실 완전히 다른 두 개의 정체성 문제를 해결하기 위한 유일한 대안이다. 하지만 문제는 '일국양제'에서 '일국'과 '양제' 무게 중심과 순위였다. '일국'이 중요한가, '양제'가 중요한가에 대한 지루한 다툼이 시작되었다. 어떻게 보면 영원히 끝나지 않을 명제인지도 모른다. 중국 정부는 당연히 중국이라는 국가가 우선이고, 홍콩으로서는 자본주의 제도를 50년 동안 그대로 인정해준다는 양제를 보장받아야 했다. 자본주의 제도가 '자유'로 상징된다면, 결과적으로 홍콩은 양제 즉 50년을 완전하게 보장받지 못한 셈이었다. 그것은 조목조목 명분화되어야만 하는 것이었다. 그렇게 하지 못했다.

이후 전개된 역사를 보면, '홍콩인에 의한 통치' 그것은 구호에 불과했다. 홍콩인들에게 무엇보다도 중요한 것은 홍콩인이 통치하는 것이 아니었고, 어떤 정체성을 가진 지도자가 홍콩을 통치하느냐가 중요했다. 주권 반환 이후 중국 정부는 친중국 성향의 지도자를 선발하는 데 온 힘을 기울였다. 홍콩인의 입장에서 볼 때 중국 정체성 또는 홍콩 정체성 중에서 어느 것을 우선하느냐에 대한 원칙을 소홀히 한 것이었다. 홍콩의 정체성을 지닌 지도자를 보장받아야 했는데, 그것을 보장받지 못했다. 중국 정부에 의해서 선발된 홍콩 지도자(행정장관)들은 홍콩에서 태어나고 성장한 '홍콩인'이었지만, 그들의 두뇌 구조는 국가 의식으로 무장된 전형적인 '중국인'이었던 것이다. 홍콩의 정체성을 중시하고 존중하는 홍콩인이 아니었다.

중국 특색의
사회주의

일국양제를 이해하기 위해서는 중요한 것이 하나 더 있다. 사회주의라는 제도와 그것의 특징이다. 중화인민공화국은 사회주의 국가이다. 정확하게 말하면 공산주의라는 이상향을 향해 가는 사회주의 단계에 있는 국가이다. 더 정확하게 말하면, 중국이라는 국가 특수성을 간직한 (중국 정부 스스로 규정한) '중국 특색의 사회주의' 국가이다. 홍콩을 알기 위해서는 일국양제가 관건이고, 일국양제를 알기 위해서는 사회주의와 덩샤오핑에 대한 이해는 필수이기에 짧게 언급하기로 한다.

마르크스 이론 중 핵심은 '역사 발전 5단계론'이다. 인류 역사는 원시 공산주의에서 출발하여 노예제 사회, 봉건제 사회, 자본주의 사회를 거치는데, 자본주의가 발전하면 심각한 빈부격차가 발생할 수밖에 없고, 곧 노동자가 주축이 된 혁명이 일어나서 프롤레타리아가 독재를 하는 사회주의 국가가 수립된다는 것이다. 나아가서 사회주의가 더욱 발전하면 유토피아인 공산주의로 진입한다는 것이 그 주요 내용이다. 물론 마르크스 자신의 염원을 체계화한 것이다.

문제는 사회주의라는 과도기인데, 마르크스는 그 기간과 형태에 대해 말한 적이 없다. 이 부분에서 좌파 이론가들이 할 일이 많아졌다. 중국 정부도 문화대혁명이 끝나고 개혁개방을 결정하면서 고민에 빠졌다. 사회주의 포기를 선언할 수도 없었고, 자본주의로의 회귀를 인정할 수도 없었다.

그때 개발된 것이 '사회주의 초급 단계 이론'이고, 그것을 특정하여 '중국 특색의 사회주의(中國特色的社會主義)'라고 했다. '중국 특색의'라는 다섯 글자로 이론적인 딜레마를 극복한 것이다. 이후 너희는 사회주의냐? 자본주의냐? 하고 따져 묻는 모든 질문에 '중국 특색의'라는 수식어는 도깨비방망이처럼 유용했다.

1949년 중화인민공화국 수립부터 사회주의 단계에 진입한 것이니까, 향후 1백 년을 초급 단계로 설정했다. 2050년쯤이면 전국이 '살 만한 상태(소강, 小康)'가 될 것이라고 보았다. 1997년 홍콩 주권을 반환받고, 사회주의 초급 단계가 끝나는 2050년 정도가 되면, 중국은 선진사회인 홍콩을 접수할 만큼 부강해져 있을 것이었다, 홍콩 자본주의 제도를 50년 동안 보장하겠다는 약속을 한 이유이다. 중국이라는 '일국'에서 사회주의와 자본주의라는 '양제'를 같이 시행해 보자는 의지를 표명한 것이다. 일국양제는 중국과 홍콩, 완전히 다른 정체성의 만남과 그것에 대한 해법이었다.

이 시점 나는 스티븐 핑커를 인용하고 싶다. 그는 『지금 다시 계몽』에서 구소련, 중국, 쿠바에서 5개년 계획을 추진한 각국의 정부는 모두 하나 같이 5개년 계획을 통하여 국민 건강과 문해력이 향상되었다고 선전했다. 하지만 그 나라 모두 사람이 살기에 암울한 곳이었다는 사실에는 변함이 없다고 했다. 스티븐 핑커는 국민이 건강하고, 금전적으로 여유가 있고, 글을 읽을 줄 안다고 해서 반드시 의미 있는 삶을 누린다고 할 수는 없다고 했다.

현재 홍콩 상황을 볼 때, 과연 수십 년이 더 지난다고 해도 홍콩의 정체성을 인정하는, 일국양제라는 시스템이 정착될 수 있을까 하는 의구심이 드는 것은 나만의 생각이 아닐 것이다.

덩샤오핑과 홍콩

중국 사회주의는 두 명의 위인을 배출했다. 마오쩌둥과 덩샤오핑이다. 이 둘을 생각하면서 나는 측두엽과 전두엽을 떠올린다. 두뇌과학을 공부하면서부터 내게 못된 버릇이 생겼다. 어떤 사람을 생각할 때 그 사람의 두뇌 구조를 분석해보는 것이다. 저 사람은 측두엽이 활성화되어 있을까? 아니면 전두엽일까?

나는 마오가 천부적인 예술가라고 생각한다. 실제로 마오쩌둥이 시, 서예, 미학 등에서 보여준 재능은 탁월했기에, 정치가 아닌 예술 분야로 나갔더라도 크게 성공했을 것이다. 사람은 각기 다르다. 사람이 다른 이유는 두뇌 구조가 다르기 때문이다. 내가 보기에 마오는 감정에 충실한 측두엽적인 인간이고, 덩은 이성의 힘을 믿는 전두엽적인 인간이다.

중국학자들은 '홍(紅)'과 '전(專)'으로 설명한다. 마오는 홍(紅)으로, 덩은 전(專)으로 대표되는데, 각각 사상성과 전문성 즉 명분과 실리를 말한다. 마오는 일평생 사회주의라는 사상성을 강조했고, 덩은 시종일관 실사구시(實事求是) 즉 전문성을 주장했다. 마오는 개인의 사리사욕이 생길 수 있다 하여 텃밭조차도 허용하지 않는 이상주의자였고, 덩은 텃밭을 이용하는 정도의 경제활동은 용인해주자는 실용주의자였다.

이상(명분)주의자냐? 현실(실리)주의자냐? 하는 분류법도 있다. 꿈과 이상을 포기할 수 없는 사람이 많은데, 이상주의자 중 대표는 단연 마오쩌둥이라고 할 수 있다. 그는 처음부터 끝까지 계급투쟁과 균등노동, 균등분배를 주장했다. 반면에 원칙을 존중하되 지금 우리가 처한 현실을 중시하자는 현실주의자 또한 매우 많다. 현실주의자 대표는 덩샤오핑으로, '흰 고양이든 검은 고양이든 쥐를 잘 잡는 고양이가 좋은 고양이'라는 구호는 그를 상징한다.

모든 역사와 마찬가지로 중국 사회주의 역사도 명분과 실리 두 가지 노선의 투쟁이었다. 마오라는 절대 지도자가 끊임없는 혁명을 강조하는 이상주의자였기에, 덩을 비롯한 실용주의자들의 목숨은 늘 경각에 달려 있었다. 덩샤오핑도 저승 문턱에서 살아 돌아온 적이 한두 번이 아니었기에 '오뚝이'라는 별명이 붙었다.

　일찍이 마오쩌둥은 자신이 죽으면 덩샤오핑을 위시한 실용주의자들이 사회주의를 포기할 것이라고 예언했다. 결과적으로 마오는 정확했다. 이후 덩샤오핑은 '누구라도 먼저 부자가 되어라' 하는 '선부론(先富論)'과 '경제발전이 절대 진리'라는 말을 입에 달고 살았다. 최근 중국 빈부격차와 환경파괴 등을 보면서 나는 가끔 마오의 경고를 떠올린다.

　마오쩌둥 사후 덩샤오핑은 평생의 꿈인 실용주의 노선을 강력하게 밀어붙였다. 문화대혁명이 끝나는 시점인 1976년부터 덩샤오핑은 중국 최고 실권자로서 정국을 요리했다. 개혁개방을 결정한 것도, 홍콩 반환을 두고 벌인 영국과의 협상을 지휘한 것도 그였다. 1989년 '64천안문사태'의 강제 진압을 결정한 것도, 1992년 '남순강화(南巡講話)'를 감행하여 중국이 처한 내우외환의 위기를 돌파한 사람도 덩샤오핑이었다. 그는 중국이라는 국가 정체성이 개혁개방 이후 직면한 위기를 정확하게 간파했고, 지향해야 할 정체성의 방향을 제시했다는 점에서 최고 지도자로서의 역할을 충실히 수행했다고 할 수 있다.

'일국양제'
운명

중국과 영국은 〈중영공동성명〉에서 홍콩의 '현행' 제도를 주권 반환 이후 50년 동안 유지하겠다고 했다. 문제는 현행의 시점이었다. 현행 정체성에 대한 시점을 적시해두지 않았던 것이다. 공동성명이 체결된 1984년부터 주권을 반환하기로 한 1997년까지 13년이라는 시간이 남아 있었다. 그렇다면 현행의 시점은 언제를 말하는 것일까? 어떤 모습의? 어떤 기준의? 현행이란? 또 그 기준은? 누가 정한다는 말인가? 그만큼 허술했다.

또 하나 큰 문제는 '일국'과 '양제'의 무게중심과 우선순위였다. 앞에서도 잠깐 말했듯이 중국-홍콩 체제에서 영국(홍콩)이 가장 크게 실수한 점은 일국과 양제의 순위와 관계에 대해 자세하게 규정하지 않았다는 점이다. 이후 그것에 대한 해석을 두고 중국과 영국(홍콩) 양측은 지루한 다툼을 이어갈 수밖에 없는 운명이었다. 결국 그 해석권도 힘센 자의 몫이었다. 역사에 대한 서술처럼 말이다.

중국 정부는 당연히 일국 즉 '한 나라'가 중요하다고 하고, 영국(홍콩)은 또 당연히 양제 즉 '두 가지 제도'가 중요하다고 한다. 중앙정부는 국가가 중요하다고 하고, 홍콩은 지역 정체성(로컬리티)을 존중해달라고 한다. 우리에게 국가가 중요한가? 아니면 지역의 정체성이 중요한가에 대한 공부거리를 던지는 지점이다. (관련하여 졸저 『방법으로서의 중국-홍콩 체제』를 참고하기 바람.)

홍콩으로부터 암울한 뉴스들이 이어지고 있다. 2021년 6월 말 홍콩 경찰은 국가보안법 시행 이후 동법 위반 혐의로 1년 동안 117명을 체포했다고 밝혔다. 내가 '중국-홍콩 체제'를 연구하고 있다는 것을 아는 친구들은 하나같이 '이제 일국양제는 끝났다며?', '홍콩은 이제 망했다며?'라고 묻는다.

'50년 불변', 50년 동안 홍콩의 정체성을 있는 그대로 보장해주겠다고 한 중국의 약속은 깨진 것인가? '일국양제', 대륙에는 사회주의, 홍콩에는 자본주의를 시행하겠다는 약속은 이제 역사의 기록으로만 남게 되는가? 홍콩을 대표하는 정체성 즉 자유와 법치는 사라졌는가?

인간만사 모든 것이 보는 사람의 눈과 입장에 달려 있다. 그것이 관점이고 세계관이다. 일국양제를 바라보는 세 가지 시선이 있다. 일국양제는 완전히 끝났다고 보는 것이 그 하나고, 일국양제는 여전히 유효하다는 것이 다른 하나이고, 큰 틀은 유지되고 있지만 (지금까지 그래왔던 것처럼) 일국과 양제의 우선순위가 시시각각 변화하고 있을 뿐이라고 보는 시각도 있다.

수많은 민주인사가 체포되고 있는 것을 지켜보는 홍콩 사회는 당연히 일국양제는 완전히 끝났다고 본다. 반대로 중국 정부는 일국양제는 여전히 유효하다고 반복해서 선전하는 것을 잊지 않고 있다. 최근의 흐름에 대해 누구보다도 대만 사회가 충격적으로 받아들이고 있다. 당초 자신들을 겨냥해서 만들어진 일국양제가 홍콩에서 어떻게 구현되고 정착될 것인가를 초미 관심사로 지켜보고 있던 중이었다.

‘일국양제’ 현실이 심각해지고 있는 것과 더불어 대만을 중국과는 완전히 별개 국가로 독립하자는 독립파의 입지가 빠른 속도로 커지고 있었다. 중국은 또 그들 나름대로 모든 신경을 곤두세워 대만 정체성의 변화를 감시하고 있다. 향후 대만의 정체성 변화에 따라 중국 정부의 전쟁 위협의 정도는 증폭될 것이다. 정체성은 타자의 자극으로 생성되지만, 그 정체성은 다시 타자를 자극하는 괴물이기 때문이다. 즉 앞으로 대만 사회가 독립 등 자신의 정체성을 강화하는 행동을 취하지 않는 한 중국 정부가 선제공격을 할 명분은 없다.

홍콩특별행정구
기본법

1984년 〈중영공동성명〉에서 홍콩의 주권을 1997년 중국에 반환한다고 발표된 이후에 영국의 〈황실훈령〉 등의 법을 대신할 홍콩 헌법이 필요해졌다. 홍콩의 기준을 정해야 했다. 1985년 중국 국회격인 전국인민대표회의(전인대)는 홍콩 헌법인 기본법을 만들 ‘기본법 기초 위원회’를 조직했다. 1990년 4월 4일 기본법이 정식으로 반포되었다.

〈중화인민공화국 홍콩특별행정구 기본법〉은 홍콩이 살아오던 대로 자본주의 제도와 생활방식을 유지하고, 그것이 50년간 변하지 않는다는 것 그리고 고도의 자치를 누린다는 내용을 골자로 한다. 홍콩 나름의 정체성을 인정하고 그것을 보상한나는 의미이다. 사람들은 자신의 정체성을 박탈당하는 것에 가장 큰 두려움을 느낀다. 홍콩 사회의 정체성을 인정해주고 보장해줌으로써 홍콩인들의 마음을 붙잡았던 것이다.

중국과 홍콩특별행정구의 관계도 규정하고 있다. 중앙정부가 외교와 국방을 책임지며, 중국 군대가 홍콩에 주둔하며, 중앙정부가 홍콩 행정수반을 임명한다. 특히 중요한 것은 〈기본법〉에 대한 해석과 개정에 관한 권한인데, 이는 중국 국회격인 전인대가 가진다. 이 권한이 얼마나 크고 중요한 것인가는, 이후 전개되는 중국-홍콩 정체성 갈등에서 여실히 볼 수 있다.

나는 '일국양제' 또는 '일국다제(一國多制)'라는 모델에 대해 매우 긍정적이다. 정체성을 공부하는 사람으로서 모든 국가의 궁극적인 지향점이 되어야 한다고 생각한다. 한 나라에도 여러 가지 제도의 시행이 가능할 수 있다. 아니 가능할 수 있어야 한다. 국가의 효율성에 새로운 길을 제시하는 제도라는 생각이다. '일국일제'라는 틀을 유지하기 위해 모든 국가는 너무 큰 비용을 지불하고 있다. '일국양제' 그것이 결국 다양한 지방자치라는 형태로 구현될 터인데, 앞으로 더욱 크게 주목받게 될 것이다. 나날이 증폭되고 있는 사회 갈등의 해결책으로 이것보다 더 현명한 수단은 없을 것이다.

물론 외교와 국방을 책임지는 중앙정부는 필요하다. 당연히 그것을 확고하게 지지해주는 지방정부가 필요하다. 반대로 중앙정부는 지방정부의 정체성을 확고하게 보장해주어야 한다. 나는 남북한 통일은 물론 남한 내 권력 시스템도 궁극적으로는 일국양제 또는 일국다제로 나아가야 한다고 생각한다. 국가는 단일하지 않은 다양한 정체성의 집합체이기 때문이다. 주마다 조금씩 다른 법률 체계의 미국이나 지방자치 제도를 시행하고 있는 한국의 현재보다 조금 더 발전된 형태라고 상상해본다.

홍콩 사람들은 '일국양제', '50년 불변', '홍콩인이 홍콩을 통치한다'는 슬로건에 매료되었다. 홍콩과 홍콩인들 정체성을 인정해주고 보호해준다는 약속으로 받아들였다. 홍콩에서 계속 살아도 될 것 같았다. 지금 생각해보면 '일국양제', '50년 불변' 등 약속은 모두 공산당 통일전선전술이었다. 중국 정부는 선전전에 총력을 기울였다. 모든 매체를 통해서 '일국양제', '50년 불변', '홍콩인 자신이 홍콩을 통치한다'라는 구호를 반복 선전했다.

11장

64 천안문
민주화
운동

홍콩의 서점에서 발견한 민주화 시위 사진집.
주로 시위의 부정적인 측면을 부각하고 있었다.

개혁개방
10년

　　　　　　1984년 중국과 영국은 홍콩의 주권을 중국에 반환한다는 약속을 한 〈중영공동성명〉을 발표하고, 홍콩의 헌법인 〈기본법〉 만들기에 들어갔다. 이제 곧 1997년이 될 것이고, 그냥 홍콩 주권을 주고받으면 되는 것으로 보였다. 하지만 역사나 개인사가 그렇게 밋밋하게 진행될 리는 절대 없다. 역사 공부를 해보면 우리 인생과 마찬가지로 영원한 평화도 없고, 영원한 전쟁도 없다. 정치가나 각종 조직 지도자가 연설할 때, 꼭 세계 평화를 기원한다는 말을 빠뜨리지 않는데, 나는 마음속으로 '세계 평화? 절대 그럴 일은 없을 거야'라고 중얼거린다. 1985년 입법국 부분 의석이 홍콩 역사상 처음으로 홍콩 총독의 지명이 아닌 간접선거로 탄생되었다.

　1989년 중국의 수도 베이징 천안문광장에서 일이 터졌다. 천안문(天安門)은 명청대 황제가 거주하던 공간인 자금성 정문이다. 반대쪽에는 지안문(地安門)이 있기에 각각 천지의 평안을 기원하는 의미의 문이다. 사실 지금의 천안문광장도 황성의 일부였는데, 1949년 중화인민공화국이 수립되면서 황성의 많은 부분을 헐어버렸다. 아니 베이징 전체를 헐어버렸다고 해야 정확한 표현일 것이다.

　베이징 옆에 신도시를 건설하는 대신 황성을 포함한 베이징 전체 전통가옥과 골복(후통)을 보존하사는 혜안은 묵살딩했다. 예전이나 지금이나 개발 논리는 필승하나 보다. 베이징은 그렇게 파괴되었다. 그렇게 전통은 건물 파괴와 함께 사라져갔다. 현재 베이징에 남아 있는 전통가옥인 사합원 수는 원래의 10분의 1인 1만 채 정도라고 한다.

천안문광장은 멀리는 1919년의 54운동, 가깝게는 1976년의 45천안문민주화운동과 1989년의 64천안문민주화운동(학자들은 이렇게 부르지만 중국 정부는 정치풍파라고 표현한다)이 일어난 중국 민주화의 성지 같은 곳이다. 54로부터 1백 년이 지난 요즘 천안문광장을 바라보노라면, 민주와 과학이라는 54의 아이콘이 최근 중국의 정치적인 현실과 오버랩되어 떠오른다.

54운동을 비롯한 역사로부터 배우겠다는 말은 많이 하지만, 정말 그런 의지가 있을까? 전개되는 역사를 보면 그저 배우자는 구호만 남발할 뿐 실제 배우는 건 아닌 듯하다. 54도 그저 도그마로 즉 민주와 과학이라는 절대화된 구호로만 존재한다.

1976년 1월 8일 병석에서도 국가업무를 놓지 못했던 저우언라이 총리가 사망했다. 완인(完人)으로 평가받는 인자한 모습과는 반대로 그는 '회자수(劊子手, 망나니)'라는 별명이 붙을 만큼 보복 살인을 자행한 냉혈한 공산주의자였다. 3월 말부터 군중이 '영원한 총리'로 존경받는 그를 추모하기 위해 천안문광장에 모였다. 인민영웅기념비에 화환을 바치고 헌사를 낭송하고 문화대혁명을 비판하고 4인방(四人幫)*을 비난하는 대자보를 붙였다. 역사라는 그물코는 빈틈이 없고 허점도 없다. 기울어진 역

* 문화대혁명 당시 무소불위의 권력을 행사했던 마오쩌둥의 부인 장칭(江靑)을 비롯한 네 명의 지도자를 지칭한다.

사, 즉 비합리적인 전근대의 수정 시점이 도래한 것이다.

나는 이때의 시위를 사회주의 30년과 문화대혁명에 대한 국민의 누적된 불만의 표출이라 본다. 4월 5일 당국은 새벽에 시위대를 체포하면서 광장 청소를 했고, 이에 반발하는 시위는 폭동 수준으로 변했다. 당시 당권파인 4인방은 군대를 투입하여 시위를 유혈 진압했다. 사상자가 3천 명에 달했다는 비공식 통계가 있다. 당시 부주석이자 부총리였던 덩샤오핑은 시위 배후로 지목되어 실각했다.

천안문광장이 다시 국내외의 주목을 받게 된 것은 1989년 봄이었다. 1989년 4월 15일 중국공산당 전임 총서기 후야오방(胡耀邦)이 사망했다. 그는 중국공산당 최고 책임자로서 문화대혁명의 잔재를 전광석화처럼 청산하고 당내 민주화를 추진했지만, 학생 시위에 미온적으로 대처했다는 이유로 숙청된 지 2년 만에 사망한 것이다.

바야흐로 중국의 개혁개방 10년이 넘어가고 있었다. 균등노동과 분배라는 이상은 사라진 지 오래되었고, 온 나라가 '돈맛'에 미쳐 빈익빈 부익부의 늪으로 빠져들고 있었다. 새로운 정체성 갈등 전선이 형성되고 있었다. 후야오방의 민주화 노력을 기억하는 지식인과 학생들은 사회정의와 민주화를 요구하며 천안문광장을 점거하는 시위에 들어갔다. 5월 13일부터는 단식 연좌시위를 이어갔다.

5월 15일 소련의 고르바초프가 중국 공식 방문 일정에 들어갔으나, 17일 1백만 명이 참가한 천안문의 시위 때문에 일정을 변경하기도 했다. 정부는 학생들 시위를 난동으로 규정하고 베이징에 계엄을 선포했다. 중국공산당은 총력으로 대응했다. 보수파 리더로 꼽히는 리펑(李鵬) 총리가 학생 대표들을 만나 꾸짖는 장면이 방송된 것도 그즈음이었다. 중국을 대표하는 사상가 리쩌우허우(李澤厚)도 역사를 되돌리는 빌미를 줄 수 있다는 이유로 학생들의 해산을 직접 요구했다.

언제나 그러하듯 신중론과 현실론은 수용되지 못한다. 이후 역사는 그 대가를 지불해야만 했다. 중국공산당 최고 지도자 자오쯔양(趙紫陽) 총서기도 천안문광장으로 달려가서 메가폰을 들고 눈물을 흘리면서 호소했다. '자네들의 생각은 충분히 전달되었다, 이제 모든 일을 당과 정부에 맡기고 학교로 돌아가다오!'

우리가 자주 하는 논쟁이 있다. 국민의 의사표시는 어디까지가 정당할까, 시위는 어디까지 해야 하고, 어디에서 끝내야 할까, 어느 정도가 역사 발전의 동력이 될까, 정부는 어디까지 수용해야 하고 인내해야 할까. 언제 어디서나 정부와 시위 지도부는 명분과 실리, 이상과 현실의 논쟁에 휩싸이게 마련이다. 중국공산당과 최고 권력자인 덩샤오핑의 고민은 깊어만 가고 있었다. 역사를 살펴보면 명분과 실리가 다툴 때 실리가 이기는 경우는 드물다. 정부와 시위 지도부 내 각각 명분이 득세를 했고, 이제 피할 수 없는 것은 두 명분의 충돌이었다. 마침내 덩샤오핑은 학생들 요구에 유연한 대응을 보이던 자오쯔양 총서기를 숙청했다.

자오쯔양 총서기는 바로 베이징 후퉁 깊숙한 곳에 있는 자신의 자택 사합원에 구금되었다. 그는 2005년 죽어서야 그 집을 나올 수 있었다. 인품과 실력을 겸비한 지도자의 종말이었다. 돌이켜보면 자오쯔양은 시대를 너무 앞서간 지도자였다. 덩샤오핑은 자신이 선택한 두 명의 지도자 즉 후야오방과 자오쯔양에 대한 잘못을 공개적으로 인정했다.

6월 4일 '인민의 군대'가 인민을 해쳐서는 안 된다는 온건파의 만류를 무릅쓰고 시위대를 향한 발포를 명령했다. 정부 발표만으로 3백여 명(비공식 통계로는 2만 명)이 희생되었다. 덩샤오핑 만년 오점으로 기록되는 대사건이었다.

중국에서 1976년 '45천안문민주화운동'은 공식적으로 복권되었지만, 1989년 '64천안문민주화운동'은 여전히 금기의 영역으로 남아 있다. 매년 6월 4일이 다가오면 천안문광장에는 관광객보다 더 많은 사복 경찰이 구석구석을 지키고 있다. 그 모습을 보노라면, 천안문에서의 시위가 항상 예비되어 있음을 알 수 있다.

'64'와
홍콩인 정체성

천안문광장에서 시위가 시작되면서, 홍콩에서도 베이징 학생들을 지원하는 활동이 전개되기 시작했다. 5월 20일 베이징에 계엄이 선포되자 5월 21일에는 홍콩 시민 1백만 명이 빅토리아 공원에서 천안문 시위를 지지하는 모임을 열고, '애국민주운동 지원 홍콩시민 연합회(지련회)'를 결성했다. 이듬

해인 1990년에는 민주당 전신인 '홍콩민주동맹'이 결성되어 홍콩 민주화 동력이 마련되는 흐름으로 이어졌다. 홍콩민주동맹은 이후 민주당으로 개편되었다.

홍콩인들은 텔레비전 화면을 통해 본 (탱크가 줄줄이 몰려오고, 총소리가 난무하고, 사상자가 들려 가는) 장면들이 꿈이기를 간절하게 바랐다. 이제 7~8년 후면 홍콩 주권이 중국으로 반환되어 저 극악무도한 중국공산당 치하에 살게 되는 것이었다. 베이징에서 일어난 극악무도한 일이 홍콩에서도 언제든지 일어날 수 있겠다는 생각에 몸서리쳤다.

홍콩인들은 베이징 시위대를 위하여 모금을 하고 헌혈을 했다. 중국 자본 은행들에서는 현금 인출사태가 벌어졌고, 입법국과 행정국의 의원들이 런던으로 달려가서 홍콩 시민들에 대한 영국 영주권을 요구했다. 결과적으로 전문직과 공무원 등 중산층 5만 5천 명에게 영주권이 부여되었다.

문화대혁명에 이어서 홍콩인들의 마음은 다시 중국으로부터 완전히 이탈되었다. 홍콩이라는 정체성이 다시 힘을 얻었다. 홍콩에서 중국공산당이라는 어휘는 금기시되었다. 홍콩인들의 두뇌에 '너희 중국'은 독재, 잔혹, 야만으로, '우리 홍콩'은 민주, 인도, 문명이라는 이분법이 자리 잡는 또 하나의 계기가 되었다. 앞에서도 말했듯이 '집단기억'에는 반드시 타자가 등장한다. 타자화는 '미워하기'와 '구분 짓기', '편 가르기'라고 할 수 있다. 타자는 나와 '더불어 같이할 수 없는' 존재가 된다. 어떤 청년은 '애국 오리 사랑이야기'라는 제목의 글에서 이렇게 말했다.

오리는 자기 자신과 새끼들이 가질 수 있는 인생의 의미가 결국 오리 구이가 되는 데 있음을 알고 있을지라도 짝짓기를 포기하지 않는다. 우리도 마찬가지다. 살아 있는 동안 반드시 64를 바로잡지 못할 수도 있지만, 그 신념을 계승해나갈 책무를 잊어서는 안 된다.*

어디 오리뿐이겠는가? 우리 인간도 죽는다는 운명 앞에서도 번식을 이어 나간다. 역사를 잊지 말자, 정신을 계승하자는 말은 명분일까? 실리일까? 실리로 전환될 수 있을까? 그 힘은 동력일까? 부담일까? 천안문광장에서의 유혈진압에 대한 집단기억은 홍콩인 정체성을 구성하는 첫 번째 요인인지도 모른다. 시기적으로나 규모 면에서 홍콩인들에게는 그만큼 큰 충격으로 와닿았다. 홍콩인들 유전자에 큰 비율을 차지하고 있는, 공산당에 대한 원초적인 공포를 확인하고 다시 각인시킨 사건이었다.

홍콩인들은 공황에 빠졌다. 주가지수와 부동산 가격이 폭락했다. '너는 어떻게 할래?'라는 말이 서로의 인사가 되었다. '64 천안문민주화운동'이 일어난 1989년에만 4만 명이, 다음 해인 1990년에는 6만 5천 명(홍콩 인구의 1%)이 홍콩을 떠났다. 홍콩의 정체성이 다시 전환되고 재편되고 있었다.

* 아포 지음, 김새봄 옮김, 『슬픈 경계선』, 청림출판, 2020, 277쪽.

덩샤오핑과
남순강화(南巡講話)

1989년 '64천안문민주화운동'을 무력으로 제압한 중국은 이후 국제적으로 완전한 수세에 몰렸다. 공산당 안에서는 개혁개방 자체를 의심하고 전복시키려는 보수파가 힘을 얻고 있었다. 덩샤오핑은 불안하고 초조한 상태였다. 마침내 1992년 춘절을 전후하여 그는 아흔 노구를 끌고 '남쪽으로 여행(남순)'을 단행했다.

1992년 1월 당시 나는 홍콩의 주요 신문과 잡지를 번역하고 요약하는 아르바이트를 하고 있었다. 어느 날 갑자기 덩샤오핑 동정이 사진과 함께 좌파는 물론 우파, 중립지 등 모든 신문에 도배되기 시작했다. 처음에는 '요인(要人)'이라는 익명으로 짧게 나오더니 이삼 일 지나자 실명으로 모든 신문의 모든 지면을 장식했다. 그는 20세기 마지막 위인이었다. 살아 있는 신화였다. 그의 일거수일투족이 모두 기사화되고 있었다.

그는 2주 동안 광둥성의 수도인 광저우를 비롯하여 개혁개방의 상징인 선전(深圳)과 주하이(珠海)를 잇달아 방문했다. 그는 '흰 고양이든 검은 고양이든 쥐를 잘 잡는 고양이가 좋은 고양이다'와 '지금 이대로의 걸음으로 100년을 가자'라고 외쳤다. 덩샤오핑의 남순강화 이후 중국에서 개혁개방 기세는 그 누구도 꺾을 수 없었다.

나는 덩샤오핑에게서 국가 방향을 제시하는 지도자의 모습을 보았다. 중국공산당에 대한 홍콩인들의 분노와 의심을 크게 희석시키는 행동이었다. 어차피 홍콩에서 살아가야 하는 사람들은 덩샤오핑을 믿고 싶었다.

마지막 총독의
민주화 의지

이런 흐름 속에 1992년 7월, 홍콩의 마지막 총독으로 영국 정단의 거물 정치인 크리스 패튼이 부임했다. 그는 중국과 사전 협의 없이 홍콩의 민주화 방안을 발표하였고, 중국 정부는 강력하게 반발하였다. 이제 영국은 마지막 승부수로 홍콩인들에게 '민주'라는 정체성을 심어주는 수밖에 없었다.

원래 '자유는 있지만 민주는 없는 곳'이라고 일컬어지던 홍콩에 '민주'라는 선물이 날벼락처럼 떨어지고 있었다. 하지만 민주주의라는 나무는 피를 먹고 성장하는바, 그것도 하루아침에 뿌리를 내릴 수 있는 것이 아님을 이후 홍콩의 역사가 또다시 증명해주었다.

1992년 10월 패튼 총독은 〈시정보고〉를 통해 아래와 같은 민주화 방안을 발표했다.

1. 선거권자 연령을 21세에서 18세로 인하한다.
2. 민주파에 유리하도록 직접 선거구제 투표 방식을 2석 2표제에서 1석 1표제로 변경한다.
3. 직능단체 선거 방법을 변경하였는바, 21개 이외에 9개 직능 대표 선거구를 신설하여 직능단체에 재직하고 있는 종업원 270만 명

전원에게 선거권을 부여한다.

4. 지역 의원 전원을 직선으로 선출한다.

5. 행정 주도의 겸임제도(입법의원이 행정의원을 겸하는)를 철폐하여 입법국이 주도하는 대의 정치를 강화한다.

선거권자 연령은 보수와 진보의 득표 계산에 반드시 등장한다. 직접 선거 도입, 선거권자 확대, 직선 확대 등 민주화를 위해서 할 수 있는 모든 조치를 다 한 듯 보였다. 이후 중국은 영국을 '천고의 죄인'으로, 영국은 중국을 '야만'과 '악'으로 비난하는 성명전을 전개하였다. 명분과 명분이 충돌하는 또 하나의 장면이었다.

'64' 집단기억
지우기

인문학자 리어우판(李歐梵)은 '기억이 없는 도시는 문화도 있을 수 없다'라는 말을 했다. 홍콩대학 내에는 1997년 설치된 '국상지주(國殤之柱)'라는 이름의 조소 작품이 있었다. '치욕의 기둥'이라고도 하는데, 천안문 희생자 50명이 고통스러워하는 모습을 형상화한 8미터짜리 기둥이다. 덴마크 조각가가 64천안문민주화운동 당시 죽어간 사람들을 잊지 말자는 의미에서 만든 작품이다.

2021년 10월 대학 측이 보안법 위반을 우려하여 작품을 철거하라는 요구를 학생회에 보냈다. 나중에 대학 측은 이 작품을 강제 철거했다. 홍콩에서도, 홍콩의 학원에서도 철저한 집단기억 지우기가 진행되고 있는 것이다.

가족이나 고향 사람들만이 공유하는 집단기억도 있고, 그 국민과 그 민족만이 공유하는 집단기억도 있다. 어떻게 보면 기억을 공유하는 단위에 따라 가족, 고향 사람, 국민, 민족이라고 부른다. 한국인이라면 일본 통치, 6·25전쟁, 4·19혁명, 광주민주화운동, 세월호 사고 그리고 최근의 이태원 사고 등의 기억을 공유한다. 물론 그것을 정의하고 해석하는 시각은 매우 다양하다.

2020년 6월 홍콩의 국가보안법이 발효된 이후 당국에 의해 홍콩인들의 집단기억 지우기 작업이 진행되고 있다. 2021년 6월, 홍콩에서 국가보안법이 발효된 지 1년이 되었다. 국가와 국회를 모독하면 처벌하는 법안도 만들었다. 중국 국기와 홍콩 구기(區旗)를 고의로 모독하거나 훼손하면 3년의 징역과 5만 달러의 벌금에 처해진다. 1년 동안 보안법 위반에 대한 홍콩인들의 밀고가 10만 건 이상이었다는 것은 그간 당국이 추진해온 정체성 전환 조치들이 '성공적으로' 작동하고 있다는 뜻이리라. '우산운동' 등 1백만 명이 길거리로 나와 민주화를 요구했던 기억과는 매우 다른 방향이다.

하지만 지역이나 국가의 정체성 구성이 단순하지 않다는 사실을 증명해주는 것이기도 하다. 즉 표면적으로는 민주화 시위에 모두 동의하는 것처럼 보였지만, 수면 아래 또 다른 정체성이 잠복하고 있었다. 2021년 6월 26일, 홍콩의 범민주파 야당인 신민주동맹(ND)이 자진 해산했다. 지난 2년여 사이 홍콩의 정치

환경이 크게 악화되었다는 이유이다. 당을 대표하는 정치인들이 구속되거나 탈당했다. 나날이 더해지고 있는 압박을 견딜 수 없었던 것이다.

2021년은 '64천안문민주화운동'의 32주년이었다. 2020년에 이어 2021년에도 빅토리아 공원에서 해오던 64 기념활동을 더이상 하지 못했다. 32년 동안 집단기억을 나눠왔던 활동은 이제 접을 수밖에 없었다. 정부에 대한 유감 표명조차도 불법이 되었다. 인터넷에는 검은색 옷을 입자는 호소가 많았고, 홍콩 친구들은 페이스북 프로필을 검은색으로 해두고 있었다.

2021년 8월 11일, 홍콩 최대 규모 노조인 교사노조가 자진 해산했다. 소속원이 9만 5천 명으로 단일 노조로는 최대였다. 교사노조 역시 당국에 의해 정치단체로 규정되고, 중국 매체로부터 '악성 종양'이라고 비난당하고 있었다.

2021년 8월 24일 영화 심의와 관련하여 영화 검사 조례가 발표되었다. 국가안보를 위협하는 영화는 상영을 금지할 수 있다는 내용이다. 2021년 9월 25일, 30년 이상 '64천안문민주화운동'에 대한 기념활동을 주최하면서, 정당한 평가를 요구해온 '애국민주운동 지원 홍콩시민 연합회(지련회)'가 스스로 해산을 결의했다. 감옥에 있는 전(前) 주석은 편지를 통해 이렇게 말했다.

1. 홍콩 시민들이 개인적으로 또는 다른 형식으로 이전처럼 '64'를 기릴 것을 믿는다.
2. 어떤 정치권력도 인민 기억과 의식을 빼앗아 갈 수 없다.

3. 지련회의 이념은 모든 홍콩인들 가슴 속에 남을 것이다.

한마디로 명분이다. 과연 '홍콩인' 가슴 속에 남을까? 지련회 뿐만이 아니라 2021년 1월부터 9월까지만 계산하더라도 노동자연맹, 교협 등의 민간조직 49개가 해산했다. 2003년 기본법 23조에 반대하는 시위가 발생하면서 겨우 형성되기 시작한 홍콩의 시민사회가 한꺼번에 무너지고 있다. 집단기억을 계승할 주체가 사라지고 있다. 홍콩의 정체성이 다시 크게 재편되고 있다.

12장

정체성이란?

홍콩(중국)인들은 아침에 신문을 사들고
딤섬 식당에 가서 각종 딤섬을 느긋하게 즐긴다.
홍콩의 정체성을 상징하는 중요한 장면이다.

나는
누구인가?

사춘기가 괴로운 이유는 내가 나를 모르기 때문이다. 도대체 내가 누구인지 알고 싶어서, 나를 찾아가는 과정에서 고민하고 방황한다. 홍콩은 사춘기 청소년이라는 말을 많이 한다. 홍콩인 스스로 자신의 정체성을 몰라서 힘들었다. 대만의 사상가 천광싱(陳光興)은, 피식민자는 강자의 언어, 억양, 표현 방법 등을 습득한다는 점에서 통치자보다 훨씬 혼종적이라고 했다. 나는 누구일까, 나는 중국 쪽일까, 아니면 영국 쪽일까라는 물음이 홍콩(중국)인들을 줄곧 힘들게 했다.

사춘기가 또 힘든 이유는 나의 나다움을 인정받지 못하기 때문이다. 나는 남들과 다른데 똑같이 취급받기에 답답하다. 어쩌면 홍콩(중국)인들은 자신을 잘 모른다기보다는 인정을 못 받았다고 해야 할 것이다. 나는 남들과 다른데 다르다고 인정을 받지 못하는 것만큼 억울한 것도 없다. 중국도 영국도 나를 몰라주는 것은 똑같았다. 홍콩이 그들과 다르다는 것을 인정해주지 않는다.

사람들은 처음 만나면 상대의 정체성을 파악하고 싶어 한다. 사는 곳은 어디인지, 고향이 어디인지, 학교는 어디를 나왔는지, 어떤 직업에 종사하는지 등등을 알고 싶어 한다. 나와의 공통점을 찾기 위한 노력이다. 같은 정체성을 지녔다는 것은 서로 그만큼 이해하기 쉽고 그만큼 편리하기 때문이다.

우리는 가끔 '고향이 어디세요'라는 질문을 주고받는다. 고향은 태어난 곳과 성장한 곳과 역대 조상들이 살던 곳 모두를 가리킨다. 그 서너 곳이 내 정체성을 크게 결정한다. 그중에서도 제일 중요한 곳은 조상들이 대대로 살아오던 곳이다. 유전자는 환경의 지배를 받는데, 나를 만든 것은 조상들의 유전자이다. 조상들이 대대로 살던 환경이 중요하고, 그다음 내가 성장한 환경이 중요하다.

중국인은 중국에 살고, 홍콩인은 홍콩에 산다. 중국인은 중국인 정체성을 가지고 있고, 홍콩인은 홍콩인 정체성을 가지고 있다. 서로 다르다. 홍콩인과 중국인이 다른 이유는 다른 환경에서 성장했기 때문이다. 양자 모두 문화적으로나 혈통적으로나 보편적인 중국인이지만, 이미 몇 세대에 걸쳐 홍콩인은 홍콩에서 중국인은 중국에서 성장했다. 완전히 다른 환경에서 성장했던 것이다.

주권 반환 이후 중국 정부는 홍콩을 향해 식민과 탈식민 구도로 접근했다. 근대와 전근대가 아니었다. 식민에 물든 대상으로 홍콩을 타자화했다. 홍콩인을 영국 식민지의 노예라고 비판했다. 그것을 잣대로 홍콩 정체성 분화를 지속적으로 유도했다. 물론 그 선두에는 언제나 국가와 민족 이데올로기를 앞세웠다. 국가와 민족은 중국 정부와 중국공산당이 홍콩 정체성 약화를 위해 기용하는 가장 대표적인 수단이다.

정치학자 새뮤얼 헌팅턴(Samuel Huntington)은 천안문 사태 이후 중국 정부가 새로운 합법성의 원천으로 중국 민족주의를 적극적으로 포용했음을 지적하고 있다. 어쩌면 민족주의는

1949년 건국 이후 최대 위기에 직면한 중국 정부가 국내외적으로 선택할 수 있는 단 하나의 출구였는지도 모른다. 민족주의는 가장 대표적인, 가장 기본적인, 가장 효과적인 정체성이기 때문이다. 특히 두려움에 떨고 있는 홍콩 사회를 향해서 호소할 수 있는 것은 '피는 물보다 진하다'라는 민족적 정체성이었다.

조너선 하이트는 서양인의 자아는 동아시아인에 비해 더 독립적이고 자율적이라는 전제하에, '나는 무엇이다'라는 형식으로 문장을 작성하라고 할 경우, 미국인은 '행복하다, 외향적이다' 등 자신의 내적인 심리상태를 열거할 가능성이 높다고 했다. 반면에 동아시아인은 '아들이다, 남편이다' 등 자신 역할 관계를 열거할 가능성이 높다고 했다.

중국인과 홍콩인에게 같은 질문을 한다면 어떤 대답이 나올까? 같은 질문에 중국인은 '국민이다'라거나 '한족이다' 등의 이데올로기적 신분을 앞세우는 경향이 강하다. 실제로 이런 조사 결과는 매우 많다. 홍콩인은 '시민이다' 또는 '개인이다' 등 독립적인 신분을 강조하는 경향이 강하게 나왔다.

사람은 비슷한 사람과 어울릴 때 편안함을 느끼는 법이다. 나와 다른 사람은 불편하다. 문제는 그 다름을 서로 인정해주느냐에 달려있다. 특히 소수(약자) 정체성은 다수(강자)의 인정 여부에 달려 있다. 우선 소수 홍콩인과 다수 중국인이 어떻게 다른지 말해볼까 한다. 이해하기 쉽게 내가 눈여겨 보아온 실례를 들어 설명하기로 한다.

홍콩인의 성장 환경
-자유

　　　　　　홍콩에 6개월 이상 살아보면 반드시 홍콩을 다시 찾게 된다는 말이 있다. 유무형의 자유 때문이다. 나는 그것을 '익명성' 또는 '내 마음대로', '누구의 눈치도 볼 필요 없는', '말하고 싶은 대로 말하고', '보고 싶은 것을 보고', '먹고 싶은 것을 먹는' 등의 말로 표현하고 싶다. 인간의 기본적인 자유를 보장해주는 사회였다.

　지금은 세계 밑바닥 수준이지만, 한때 홍콩의 언론 자유도는 세계 최고를 자랑했다. 언론 자유가 바로 홍콩의 자유를 대표하는 것이었다. 발언을 하기 전에 이 말을 해도 될까 안 될까 하는 자기검열은 아예 필요가 없는 곳이었다.

　홍콩에는 정치적인 자유도 있었다. 홍콩에 처음 도착해서 내 눈에 들어온 것 중 하나가 바로 주룽반도 도로변 아파트에 걸려 있는 국기였다. 샌프란시스코 단독주택 이곳저곳에 무지개 깃발이 걸려 있듯이, 홍콩의 아파트에는 대만을 상징하는 '청천백일기'도 중국을 상징하는 '오성홍기'도 여기저기 걸려 있었다.

　알고 보니 일반 가정집인 경우도 있고, 향우회도 있고, 친대만이나 친중국 관련 협회의 사무실인 경우도 있었다. 상대의 정치적 경향에 대해 간섭하거나 강요하지 않았다. 너는 너대로 나는 나대로 제 갈 길을 가면 되었다. 네가 반드시 내 쪽으로 와야 한다는 강요도 없었다. 세계 각지에서 활동하는 화인(華人) 학자들이 많다. 그들이 은퇴하고 오는 곳이 홍콩이었다. 중국 문화가 주류인 데다가, 서구사회만큼 자유롭고 합리적인 사회라는 반증이었다. 중국인들에게, 특히 서구적인 교육을 받은 사람들에게 홍콩보다 더 편한 공간은 없었다.

그 예를 들어보라면, 나는 우선 횡단보도 건너기를 들겠다. 법률과 제도를 자랑하는 홍콩이지만, 보행자는 빨간 신호등에 길을 건널 수 있다. 양쪽으로 차가 오지 않을 때 요령껏 길을 건넌다. 물론 자동차는 신호를 반드시 준수해야 한다. 나는 홍콩에서 자동차가 신호를 위반하는 경우를 보지 못했다. 보행자는 가능하다. 홍콩에서는 이쪽저쪽으로 차가 다니지 않을 때는 파란불이 켜지길 하염없이 기다릴 필요가 없다. 그냥 건너면 된다. 아무도 눈치를 주지 않는다.

홍콩에는 그런 자유가 있'었'다. 학위를 받고 귀국한 지 얼마 안 되었을 때 이야기다. 도로를 무단 횡단하다가 벌금 딱지를 받은 적이 있다. 경찰이 보고 있다는 것을 의식했지만, 양쪽에서 차가 오지 않았기에 씩씩하게 도로를 횡단했다. 바로 앞에서 권위를 훼손당한 경찰은 어이없다는 표정으로 나에게 딱지를 끊었다. 양쪽으로 차가 없었기에 도로를 건넜다는 내 말은 허공을 가르는 메아리에 불과했다.

홍콩에서는 에스컬레이터를 걸어서 오르내리는 것이 정상이다. 보행자 미덕으로 장려되던 시절도 있었다. 한국도 그런 추세에 있지만, 홍콩에서는 아예 에스컬레이터의 왼쪽이나 오른쪽 중 한쪽은 비워둔다. 운행 중에 가만히 서 있고 싶은 사람들은 다른 쪽을 선택하면 된다. 홍콩의 시각으로 볼 때는 에스컬레이터에서 움직이면 안 된다는 것도 억압이었다.

홍콩인의 성장 환경
-법률과 제도

　　　　　홍콩의 가장 큰 장점으로 원칙 준수를 꼽고
싶다. 홍콩은 원칙이 있고, 원칙이 지켜지는 곳이다. 아니 그런
곳이었다, 라고 해야 할 것이다. 나이가 들면서 나는 원칙이라는
것의 소중함을 자꾸 생각하게 된다. 한국에는 원칙이 있고, 원칙
이 잘 지켜지고 있을까? 코로나에 대응하는 모습이나 이태원 사
고를 바라보면서 내 관심사는 줄곧 원칙과 그것의 준수였다.

　그런 잣대를 가지고 한국 사회를 지켜보고 있었다. 지키지 못
할 원칙은 만들지 말고, 일단 만들어진 원칙은 사회 전체가 절
대적으로 지켜야 한다는 것이 내가 하고 싶은 말이다. 홍콩 이
야기를 풀면서 친구들에게도 강의실에서도 자주 꺼내는 화제가
있다. 하나는 택시 타기이며, 다른 하나는 자동차의 선팅 문제
이다.

　홍콩의 원칙은 어떻게 지켜지고 있는가. 우선 택시 타기를 보
자. 한국도 그렇지만 홍콩에서는 택시를 탈 수 있는 곳이 따로
있다. 노란 선이나 이중의 선이 그려진 곳은 모든 차량이 주정
차를 할 수 없다. 교통의 흐름을 위해 그런 규정을 만들어둔 것
이다. 홍콩에서 사는 동안 나는 그 선을 위반하면서 주정차를
하는 택시를 보지 못했다.

　자동차 선팅도 마찬가지다. 안전 운행과 범죄 예방 차원에서

차 유리창의 가시광선 투과율을 각국이 엄격하게 규정하고 있다. 운전을 방해할 수 있고, 자동차 내부를 볼 수 없기에 범죄에 취약하다는 것이다. 뒤에 따라오는 차가 앞차 유리창을 통해 미리 교통 흐름을 파악할 수 있게 하자는 취지도 있다.

법률을 위반할 경우 일본에서는 선팅 업자를 구속하고, 네덜란드에서는 차량을 압수하기도 한다. 영국에서는 선팅 차량이 사고가 나면 보험금을 지급하지 않는다. 물론 홍콩에서도 영국과 같은 법률이 적용되는데, 나는 홍콩에서 선팅한 자동차를 한 대도 보지 못했다. 한국에도 규정은 있다. 가시광선 투과율이 전면 유리 70% 이상, 앞좌석 측면 유리 40% 이상으로 규정되어 있다고 한다. 하지만 대부분 차 안이 보이지 않을 만큼 짙은 선팅을 하고 다닌다.

학자들은 이런 '원칙의 홍콩'이라는 테마를 자주 다룬다. 중국인이 통치하는 나라(중국, 대만 등)에서는 원칙 즉 법제가 홍콩처럼 이렇게 철저하게 적용되는 경우가 없다는 것이다. 홍콩은 영국인들이 통치했기에 이런 사회가 되었다는 것이다. 도로교통 관련 법률과 적용은 작은 것처럼 보이지만, 어떤 사회를 분석하는 데 매우 중요한 기준이 된다.

홍콩에는 원칙과 자유가 있었다. 합리적이고 자유로운 환경에서 유전자가 만들어진 것이다. 무엇보다도 개인의 생각, 선택, 취향이 존중되는 사회였다. 학자들은 그것의 바탕에 영국의 합리성이 있다고 본다. 영국식이라는 것이다. 인도 식민지 당국의 교육 책임자였던 맬컴 머거리지(Malcolm Muggeridge)는 '인도인들은 최후의 살아 있는 영국인들이다'라고 한 적이 있다. 나는 '홍콩인들은 최후의 살아있는 영국인들이다'라고 말하고 싶다. 중국인이라기보다는 영국인에 가까웠다는 말이다.

중국인의 성장 환경
-국가와 공산당

중국(대륙)인들과 대화를 하려면 상당한 인내심이 필요하다. 우리와 다른 사회주의적 환경에서 성장한 사람들이기 때문이다. 중화인민공화국은 비록 개혁개방을 해서 자본주의 요소를 많이 받아들였지만, 여전히 '중국 특색 사회주의'를 추구하고 있고, 중국공산당이 일당독재로 국가를 이끌고 있다.

중국인들 중에 입만 열면 조국, 애국, 인민, 시진핑이라는 단어를 꺼내는 사람들이 많다. 특히 '21세기 홍위병'으로 불리는 중국 청소년들의 반응은 주목할 만하다. 그들 중에는 중국을 일방적으로 찬양하고, 외국을 무차별적으로 비난하는 경우가 많다.

2018년 미국 정부는 중국 최대의 통신장비 업체인 화웨이에 대한 공세를 시작했다. 2019년 5월에는 무역 제재 대상 기업명단에 올렸다. 미국 기업들은 화웨이와 거래하기 위해서는 정부 허가를 받아야 했다. 화웨이의 스마트폰 사업이 엄청난 타격을 입은 것은 물론이다. 통신기술 발전은 경제적인 문제뿐만이 아니라 안보적인 차원까지도 연결되는 사안이기 때문이다.

2021년 9월 말 캐나다에서 귀국한 화웨이(華為) 그룹의 멍완

저우(孟晩舟) 부회장도 마찬가지였다. 미국과 중국의 무역 갈등으로 체포되어 가택연금 당한 지 2년 9개월 만에 중국 정부가 보내준 전세기 편으로 돌아왔다. 귀국 과정은 한마디로 애국주의 열풍 그 자체였다. 각종 매체를 통해 1억 명이 '영웅'의 귀환을 지켜보았다고 한다. 그녀의 도착 성명은 현행 중국의 이데올로기를 고스란히 보여준다는 점에서 매우 중요하다.

1. '오성홍기'가 있는 곳에 신념의 등대가 있다.
2. 평범한 중국 국민으로서 3년간 이국에 머물며 매 순간 당과 조국, 인민의 관심과 보살핌을 느꼈다.
3. 시진핑 국가주석이 일개 국민의 안위에 관심을 보여준 것에 깊이 감동했다.
4. 조국은 우리의 가장 강력한 방패다.

중국인들은 이런 환경에서 성장하고 있다. 어려서부터 그들의 두뇌는 국가와 민족이라는 거대 담론에 시시각각 노출된다. 영화는 물론 드라마도 애국심을 끌어내기 위한 주제 이른바 '주선율'이 대부분이다. 당연히 청말의 아편전쟁 등 근대사와 국민당과 공산당의 내전, 항일전쟁 시기를 다루는 내용이 많다.

중화인민공화국 수립 40주년인 1989년에 개봉되었던 〈개국대전(開國大典)〉이 첫 번째 '주선율' 영화였다. 중화인민공화국 60주년인 2009년에 나온 〈건국대업(建國大業)〉은 상업적으로도 큰 성공을 거두었다. 최근 중국 정부가 경제력과 군사력을 바탕

으로 공격적으로 펼치고 있는 외교를 '전랑(戰狼, 늑대전사)외교'
라고 하는데, 마찬가지로 2015년부터 나온 주선율 영화 시리즈
의 제목에서 비롯된 것이다.

당연히 중국공산당 창당 100주년인 2021년에도 주선율 영화
와 드라마가 쏟아졌다. 〈1921〉과 〈혁명자(革命者)〉, 〈중국의사
(中國醫生)〉 등이 그 대표적인 경우이다. 중국 영화 사상 최대 제
작비(2,300억 원)와 최대 인원(12,000명)이 투입된 애국주의 영화
가 2021년 9월 30일 개봉되었다. 한국전쟁이 배경인 <장진호
(長津湖)>인데, 눈물을 흘리면서 본 관객이 많았다고 한다.

이러한 영화들은 일관되게 청나라(만주족)가 무능해서 중국이
외세에 수모를 당했다는 점, 국민당이 부패해서 공산당이 승리
했다는 점, 민족의 존엄을 생각하는 공산당이 흘린 피로 항일전
쟁에서 승리할 수 있었다는 점을 집중적으로 부각한다. 이는 역
사의 도구화로, 근대사와 현대사를 지금의 중화인민공화국이나
중국공산당 영광을 위한 작업에 동원하고 있다. 한마디로 중국
공산당 덕분에 중국이 오늘날 세계 강대국으로 우뚝 서게 되었
다는 것이다.

덩샤오핑은 청말 권력 실세로서 외국과의 협상을 도맡아서 처
리했던 이홍장을 매국노라고 표현한 적이 있다. 홍콩을 돌려받
지 못한다면 우리는 다시 이홍장이 될 수 있다고 경고했다. 역
사 또는 역사 인물을 단순화해서 정치적으로 이용하는 전형적
인 경우라고 할 수 있다. 이홍장은 그렇게 간단한 인물이 아니
다. 그는 구국 영웅일 수도 있다. 외국 열강이 모두 그를 찾았다.

권력의 집중 때문이기도 하지만 문제 해결의 유일한 실마리였다. 역사적 인물 평가의 양면성이다.

사회주의에서 예술은 뚜렷한 목표를 가지고 있다. 예술도 사회주의 혁명을 위한 수단이 되어야 한다. 예술의 정치적 효용성이라고 한다. 사람들 마음을 움직여서 사회주의 사업에 동참시켜야 하는 것이다. 이성보다는 감정에 호소해야 한다. 감정에 호소해야만 조금 더 쉽게 사람들 마음을 움직일 수 있기 때문이다.

사회주의 예술에는 낭만적 요소의 비중이 매우 큰 편이다. 그것을 '혁명+낭만' 스토리텔링이라고 한다. 대부분 혁명 활동을 하다가 적들 총에 숨진 남자친구(아들)의 원수를 갚기 위해 혁명에 투신하는 애인(어머니)의 스토리 같은 것들이다.

대중을 움직일 수 있는 가장 좋은 방법은 대중의 눈물샘을 자극하는 것이다. 이 경우 과장된 감정 표현이 필수적이다. 스토리 구성이 복잡하거나, 사건 전개가 매우 논리적이거나, 주인공이 대단히 이성적일 경우, 효과는 미미할 것이다. 선동이라는 목표를 무리하게 돌출시켜야 하기 때문에 작품이 유치해지는 것을 피할 수 없다. 우리 눈에 '못 봐주는', '닭살 돋는', '오글거리는' 이른바 신파극 같은 드라마나 영화가 매우 많다.

아주 어린 시절부터 이런 스토리에 노출되어 올 경우 문제는 심각하다. 같은 사람 그것도 같은 민족이라고 할 수 있는 북한이지만, 우리는 서로를 이해하지 못하는 경우가 많다. 다른 환경에서 성장하기 때문이다. 어떻게 다른지 독자들의 이해를 높이기 위해 과거 북한 응원단이 보여준 해프닝을 되새겨본다.

2003년 8월 대구에서 개최된 세계유니버시아드대회에 북한의 응원단 303명이 왔다. 한눈에도 고르고 고른 출중한 외모의 대학생들이었다. 사회주의 사회에서는 예술분야에서만큼은 미녀가 중용된다. 사회주의 사업에 예술이 사용되는 것이다. 그들은 입만 열면 통일을 이야기했다. 기자가 어떤 질문을 하더라도 통일에 대한 언급은 빠뜨리지 않았다. 마치 통일을 전도하기 위해 파견된 선교단 같았다. 그렇게 중요한 통일의 중요성을 잘 모르는 남한의 주민들이 그저 불쌍하고 안타깝다는 표정이었다. 그들은 체육대회 응원을 위해서 온 것이 아니라, 남한에서의 통일 정서 확산을 위해 파견된 것처럼 보였다.

응원단은 내게 한 장면을 더 보여주었다. 예천에서 돌아오던 도중에 갑자기 응원단 버스가 멈추었다. 그들이 달려간 곳에는 김정일 위원장과 김대중 대통령이 악수하는 사진이 실린 환영 플래카드가 걸려 있었다. 마침 비가 부슬부슬 오고 있는 중이었다. 장군님 사진을 이런 곳에 걸어둘 수 있냐고 항의하며 플래카드를 떼서 버스 안으로 '모셨다'. 그중에는 눈물을 글썽거리는 사람도 있었다. 북한인들은 이렇게 다르다. 우리와 다른 환경에서 성장하기 때문이다. 그것만큼은 아니지만 중국인들도 북한인들과 비슷한 환경에서 성장하고 있다.

이런 환경에서 성장한 두뇌는 자유민주 세계에서 살아온 사람들은 이해하기 어렵다. 북한인의 두뇌 구조는 북한에서 성장하면서 집중적으로 교육 받았기 때문이라고 할 수 있다. 북한인들 중에서도 선봉에 서거나 보다 극단적으로 활동하는 경우를 볼 수 있다. 측두엽이 활성화되어 있는 두뇌가 좌파 세계에서 성장할 경우 선전선동에 더욱 쉽게 반응한다고 보아야 한다. 아무튼 국가사회주의 중국 시각으로 홍콩을 바라보면 홍콩은 국가도 민족도 모르는 한심한 존재가 된다. 이런 관점을 가진 사람들이 홍콩을 접수할 준비를 하고 있었다.

1997년
주권 반환

1997년 7월 1일 0시 완자이의 컨벤션센터에서 중국과 영국이 주권 반환 의식을 거행하였다. 6월 30일 20시부터 불꽃놀이와 함께 4천여 명이 만찬을 함께했다. 21시에는 중국 인민해방군 5천 명이 중국-홍콩의 경계선을 통과하기 시작했다. 영국대표단은 찰스 왕세자, 토니 블레어 수상, 외상 등이었고, 찰스 왕세자는 먼저 아래와 같은 내용의 연설을 했다.

1. 홍콩은 분투 정신과 안정으로 세계가 부러워하는 경제 성취를 창조했으며, 동방과 서방이 공존 공영할 수 있음을 보여 주었다.
2. 1984년의 〈중영공동성명〉은 세계를 향한 장엄한 약속인바, 홍콩 생활방식 불변을 보증했다. 영국은 조금도 동요하지 않고 공동성명을 지지할 것이다.
3. 우리는 여러분을 잊지 않을 것이다. 우리는 가장 친절한 눈빛으로 당신들이 평범하지 않은 역사 신기원으로 들어가는 모습을 주시할 것이다.

영국은 홍콩의 성취를 강조했고, 그것이 자신들의 공로임을 강조했다. 당연하지만 공동성명의 정신을 다시 꺼내어 중국의 의지를 환기하고자 한 것이다. 중국 대표단은 장쩌민(江澤民) 국가주석, 리펑 총리, 외교부장 등이었고, 장쩌민 주석은 아래와 같은 내용의 연설을 했다. 그 시각 베이징 천안문광장에서는 초대받은 10만 명의 관중이 화면을 통해 지켜보고 있었다.

1. 1997년 7월 1일 오늘은 영원히 기억할 만한 시간으로 역사책에 실릴 것이다.
2. 1백 년 동안 온갖 고난을 겪고 홍콩이 조국으로 반환되는 것은, 홍콩 동포가 조국이라는 땅의 진정한 주인이 되는 것인바, 이로서 홍콩 발전은 새로운 단계로 진입하는 것이다.
3. 중국 정부는 조금도 흔들림 없이 일국양제 방침을 집행할 것이다.

중국 정부는 반환 그것도 '조국으로의 반환'을 강조했다. 홍콩(중국)인의 귀환, 일국양제를 보장한다고 한 것이다. 예상대로 『인민일보』를 비롯한 중국 모든 신문은 '백년 치욕이 끝났음'과 '마침내 돌아왔음'을 대대적으로 선전했다. 중국공산당 논리로는 홍콩을 외세와 내부의 억압으로부터 '해방'시킨 것인데, 티베트도 신장도 내몽골도 같은 논리 속에서 다루어지고 있다. 여전히 내부 억압, 해방 논리, 사회주의가 주체라는 점을 알 수 있다.

나는 차라리 기득권으로부터의 '홍콩 해방'이라는 시각을 기대했다. 그동안 빈부격차를 해소할 명분을 제시하길 바랐다. 그 것이야말로 홍콩 정체성을 획기적으로 유리하게 바꿀 수 있는 방법이었다. 동시에 주권 회복이라는 당위성을 만방에 고하는 첩경이 아니었을까?

7월 1일 자로 중국이 홍콩에 대한 주권을 회복한 것과 동시에 중화인민공화국 홍콩특별행정구가 태어났다. 홍콩특별행정구의 헌법인 〈기본법〉에 따라 홍콩의 수장인 행정장관이 취임했다. 〈기본법〉에 의하면 행정장관 자격 요건은 다음과 같다.

1. 홍콩특별행정구의 영구 거주권을 지닌 중국 국민으로서 외국 거주권이 없어야 한다.
2. 40세 이상이어야 한다.
3. 홍콩에서 연속 거주 20년 이상이라야 한다.
4. 선거위원회 위원 약간 명의 추천을 받아야 한다.

홍콩특구 행정장관은 홍콩 거주민의 선거로 선출된 후, 중국 중앙정부가 임명한다. 기존 총독이 입법 사법 행정 각 분야에 큰 권력을 향유한 데 비하면, 행정장관의 권력은 크게 축소된 것이다. 입법회의가 행정장관에 대한 탄핵권을 가지게 된 것 또한 이전과 크게 다른 점이었다. 결과적으로 '홍콩인'이 홍콩을 통치한다는 것보다 '홍콩인'이 선출되는 방법에 주목했어야 했다. '홍콩인'이라는 어휘는 정체성을 규정하는 것이었다.

홍콩인들은 당연히 그것이 홍콩에서 태어나서 스스로 홍콩인이라고 생각하는 동시에 나아가서 홍콩의 입장에서 홍콩인들을 위해 일하겠다는 생각을 가진 사람으로 여겼다. 반면에 중국 정부는 완전히 달랐다. 중국 정부가 가리키는 홍콩인은 홍콩에서 태어났지만, 조국인 중국과 중국의 이익을 먼저 생각하는 그런 사람이었던 것이다. 각각 생각의 다름이 하늘과 땅 차이였다.

'홍콩인이 홍콩을 통치한다'는 약속은 우선 홍콩인들을 안심시키기 위한 감정적인 구호에 불과했다. 이즈음 홍콩의 앞날을 규정하는 중요한 사건이 발생한다. 1997년 7월 1일, 아버지가 홍콩 시민인 우자링(吳嘉玲)이 홍콩으로 밀입국했다. 하지만 거주권을 받지 못해 정식으로 소송을 제기했다. 1999년 1월 마침내 홍콩의 대법원은 '홍콩인이 중국에서 낳은 자녀는 모두 홍콩 거주권을 가진다'라는 판결을 내렸다. 홍콩 사회는 난리가 났다. 10년 내 167만 명이 대륙에서 홍콩으로 온다는 통계가 나왔기 때문이다. 사회복지, 주택, 교육, 의료 등 홍콩 사회가 짊어질 부담은 엄청난 것이었다.

이에 1999년 5월 홍콩 정부는 어쩔 수 없이 중화인민공화국 전인대에 법 해석을 요청했다. 1999년 6월 전인대 상무위는 단정증(單程證, 중국 정부가 발행하는 홍콩/마카오 통행증) 소지자만이 홍콩 거주권을 가진다는 해석을 했고, 따라서 홍콩으로 올 수 있는 중국 태생은 27만 명으로 감소되었다. 홍콩 사회를 위한 적절한 판단이었지만, 모든 결정이 그러하듯 새로운 문제를 낳았다.

바로 홍콩 기본법과 홍콩의 독립성을 인정하는 일국양제의 권위에 치명적인 결과를 초래한 것이다. 법률에 관한 최종 해석권은 이후 홍콩의 운명과 관련된 사안의 결정권은 중국 정부에 있음을 공인한 것이다. 이것이 무엇을 의미하는지 당시만 해도 잘 몰랐다.

세상의 변화와 정체성

나는 '망했다'라는 표현을 좋아하지 않는다. 흔히 서태후가 잘못해서, 이홍장이 잘못해서, 광서제가 잘못해서 청나라가 망했다고 한다. 사실 역사를 자세하게 살펴보면 서태후도 이홍장도 광서제도 나름대로 최선을 다했다. 마찬가지로 대원군이 잘못해서, 민비가 잘못해서, 고종이 잘못해서 조선이 망했다고 한다. 나는 되묻고 싶다. 그들이 '잘'했다면 나라가 망하지 않았을까? 그저 세상의 거대한 변화가 닥쳐오고 있었다. 청나라와 조선이 막을 내린 것은 그저 변화의 한 장면이었을 뿐이라고 생각한다. 인문학자 류짜이푸(劉再復)는 역사나 역사적인 인물을 이해하고 동정하는 마음으로 보아야 역사가 제대로 보인다고 했다. 나라의 역사도 개인사도 마찬가지이다.

많은 사람이 홍콩이 망했다고 한다. 홍콩의 주권이 중국으로 반환되면서도, 최근 국가보안법이 발효되면서도 홍콩이 망했다는 말을 많이 한다. 이 경우에도 과연 그럴까라는 질문은 유효하다. 무릇 영원한 것은 없다. 영원히 변화할 뿐이다. 그 변화에 대응해야 하는 것이 우리의 삶인데, 자신의 정체성에 따라 누구는 순응하고, 누구는 저항한다. 또 누구는 이도 저도 아닌 상황을 수용할 수 없어 신체를 버리는 방법을 선택하기도 한다. 내부망명으로도 버틸 수 없을 때 그곳을 떠나는 수밖에 없다. 최인훈 소설 『광장』의 주인공은 남도 북도 아닌 제3국 인도를 선택하고 기어코 바다로 몸을 던진다.

1997년 초 홍콩인 대부분은 매우 낙관적인 태도로 주권 반환을 기다리고 있었다. 2월 설문조사에 의하면 60% 이상이 홍콩의 앞날을 낙관하고 있었다. 단지 6%만이 비관적이었다. 당시 각종 조사 결과 홍콩 정부와 중국 정부에 대한 기대가 매우 높았다. 이는 1989년 '천안문 민주화 운동' 이전 수준이었다.

반면에 여전히 많은 사람들이 주권 반환 이후 개인의 자유가 상실될 것을 우려하고 있었다. 원래 홍콩인들 대다수가 중화인민공화국 수립 이후 홍콩으로 들어온 피난민이다. 대륙에서 이미 공산당의 거짓말에 여러 번 당했던 사람들이었다. 공산당을 절대 못 믿겠다고 하면서 홍콩을 떠나는 이민 행렬이 이어졌다. 그만큼 홍콩인들은 복잡한 심정이었다.

1996년에 개봉된 영화 <첨밀밀>은 대륙에서 '홍콩 드림'을 좇아 건너온 남녀의 사랑을 그렸다. 홍콩이라는 살벌한 자본주의 사회에 적응하기 위해 필사적으로 노력하는 남녀 주인공은 보편적인 홍콩인들 자화상이었다. 결국 홍콩에 적응하지 못하고 미국(뉴욕)으로 떠난 두 인생은 주권 반환을 앞두고 있는 홍콩인들에게 강렬하게 각인되었다.

심리적으로 비관적인 전망보다는 낙관적인 전망을 하게 되어 있다. 떠나는 사람보다는 떠날 수 없어 남아야 하는 사람들이 더 많은 법이다. 오늘을 살아가는 사람들은 언제나 경제적인 혜택을 기대하기 마련이고, 모든 새로운 권력은 당근을 손에 쥐고 다가오는 법이다. 홍콩이라는 강한 정체성을 약화시키기 위한 온갖 장밋빛 청사진이 제시되고 있었다.

다시 식민?

후식민 담론이라는 것이 유행한 적이 있다. 한마디로 우리는 여전히 힘센 누군가에 의해서 조종되고 식민되고 있는 시대를 살아가고 있다는 말이다. 가야트리 스피박(Gayatri Chakravorty Spivak)은 우리는 탈식민적인 '신-식민화된 세계'에 살고 있다고 했다. 보이는 또는 보이지 않는 식민주체가 여전히 우리를 지배하고 있다는 말이다. 우리의 주인만 바뀌었다는 뜻이다. 홍콩의 주인만 영국에서 중국으로 바뀌었다는 말인가?

1997년 전후해서 홍콩학을 연구하는 학계에서는 홍콩의 경우를 티베트와 신장과 내몽골과 비교하는 연구가 성행했다. 대부분 다수와 소수, 국가와 지역의 관계 등 탈식민의 관점이었다. 비교는 이성적 판단의 기회를 제공한다. 그때와 지금, 그곳과 이곳을 병렬 비교하는 습관은 전두엽 발달에 큰 도움을 준다. 홍콩인들은 청나라와 영국 통치를 비교하고, 영국과 일본의 통치를 비교하고, 다시 영국과 중국 통치를 비교하는 중이다.

대만인들이 수많은 식민 통치를 경험한 것과 마찬가지이다. 대만인들은 네덜란드와 정성공(鄭成功) 통치를 비교하고, 정성공 통치와 청정부 통치를 비교하고, 청정부와 일본 통치를 비교하고, 일본 통치는 다시 국민당 통치와 비교한다. 그렇게 해서 대만인들은 낭만보다는 현실을 추구하는 지혜를 얻었다. 하지만 홍콩인들은 그때까지 대만인들의 그것 즉 실리를 추구하는 정신의 정도를 따라잡지 못했다.

홍콩인들이 처한 상황은 주권 반환 직후인 1997년 10월에 개봉된 영화 〈차이니즈 박스(中國匣, Chinese Box)〉에서 잘 그려지고 있다. 등장하는 인물 중 홍콩에 대한 애증으로 갈등하는 영국기자 존은 영국을 상징했다. 중국에서 홍콩으로 건너와 사창가를 전전했지만 그 과거를 망각하고 싶은 비비안은 홍콩을 통렬하게 상징했다. 영국인과의 사랑에 실패하고 생존 이외에는 관심이 없는 진은 또 다른 홍콩의 정체성을 상징했다고 할 수 있다.

웨인 왕 감독은 주인공들의 대화를 통해 "홍콩은 정직한 창녀다. 이제 포주만 바뀐 셈", "홍콩에 대한 영국의 영향력은 중국이란 거대한 바다에 던져진 한 알의 소금에 불과"하다고 했다. 다가올 거대한 후식민 서사를 정확하게 예견하고 있다. 이제 홍콩에 새로운 형태의 식민시대가 다가오고 있었다.

당시 홍콩인들은 비애와 분노가 중첩된 상태가 아니었을까? 부모님이나 선생님 또는 친구가 나를 몰라주고 인정해주지 않을 때, 가장 외롭고 슬픈 순간 중의 하나일 것이다. 정체성을 인정받지 못할 때 중국과 홍콩은 모두 서로에게 '이방인'일 뿐이다. 카뮈의 '이방인'에서 주인공은 누구에게도 인정받지 못했다.

그의 정신세계는 왜곡되었고 부정되었다. 그렇게 그는 영원히 배척되었던 것이다. 중국과 홍콩은 서로 인정해주지도 인정받지도 못했다. 처음부터 서로에게 서로의 정체성은 중요하지 않았다.

주권 반환 이후 아니 이전부터 변화가 일어나기 시작했다. 중국에서 취재를 하던 홍콩, 싱가포르 등 기자들이 체포되고 조사받는다는 뉴스가 등장하기 시작했다. 1995년 막바지 박사논문 작업에 매달리고 있던 시기 내 귀에도 홍콩 언론계와 학계에 중국의 '보이지 않는 손'이 작동하고 있다는 말이 들려오기 시작했다. 2014년에는 중립지 『명보』의 편집국장이 백주 대낮에 습격을 받아 중상을 입었는데 언론인에 대한 유무형 테러가 시작된 것도 그즈음이었다. 중국에 비판적인 기자와 교수들이 자기검열에 들어가고 있었다.

주권 반환 직전인 1997년 4월에는 새로운 법률 두 가지가 공포되었다. 하나는 앞으로 시위를 하기 전에 경찰의 허가를 받아야 한다는 것이었고, 다른 하나는 홍콩의 단체가 외국의 조직과 연계할 때는 비준을 받아야 한다는 것이었다. 중국에 비판적인 신문에 중국계 회사들이 광고를 주지 않고, 영향력 있는 언론인들이 해고되기 시작했다. 아예 중국 자본들이 홍콩의 언론사들을 사들였다.

중립지 『명보』는 말레이시아 화교 자본이, 대표적인 영자지 『사우스 차이나 모닝포스트』는 중국의 알리바바 그룹이, 가장 큰 방송사인 티브이비(TVB)는 중국 자본이 소유하게 되었다.

2021년에는 중국관방 기업으로 보이는 회사가 홍콩 최대의 위성방송인 봉황(鳳凰)TV의 지배구조를 장악했다.

세계에서 가장 우수하다고 평가받고 있던 공무원 대열이 흔들리기 시작했다. 원래 사회가 공정하고 공평하게 돌아가고 있다는 믿음은 홍콩 사회의 동력이었다. 모든 과정이 법률과 규정이 정한 대로 투명하고 타당하게 집행되고 있다는 믿음이 사회 전반에 깔려 있었다. 공무원에 대한 공정한 평가 덕분이었는데, 이제 그 기준이 국가에 대한 충성도로 바뀌고 있었다.

2021년 6월 홍콩의 대표적인 '반중국' 신문인 『사과일보(蘋果日報)』가 마침내 폐간되었다. 회사 자산 동결, 편집인 체포 등의 탄압을 견디지 못했다. 몇 년 전부터 이미 기업광고가 끊기고 있었다. 사주는 2020년 6월 보안법 발효 이후 두 달 만에 외세 결탁 혐의로 체포되었다. 동 신문의 폐간 이후 홍콩의 언론계가 급속하게 얼어붙었다. 그 신문의 기자들은 영국이나 대만으로 떠났거나 떠날 것을 고려 중이다.

홍콩기자협회는 성명을 발표하여 백색공포가 언론계를 뒤덮고 있다고 항의했다. 또 당국이 생각하는 언론 자유의 '기준[界線]'을 밝혀 달라고 요구했다. 국경 없는 기자회(RSF)가 발표한 2021년 세계 언론자유지수에서 홍콩은 80위로, 2013년(58위)보다 20계단 이상 하락했다. 원래 홍콩에는 좌도 우도 아닌 사람들이 많았다. 너도 옳고 나도 옳고 그 사람도 옳았다. 적어도 그때는 그랬다. 사회 내 이도 저도 아닌 '제3지대'는 매우 중요한 완충지대인데, 그것의 넓이가 사회의 자유도를 나타낸다. 그것이 시민사회 자유를 보장해주기도 한다.

언제부터인가 영화배우나 가수 등 유명인사에게 너는 누구 편이냐를 묻는다. 너는 시위대 편이냐 경찰 편이냐, 너는 중국 편이냐 홍콩 편이냐를 밝히라고 요구한다. 이쪽이 아니면 저쪽을 선택하라고 강요한다. 자기가 원하는 쪽이 아니면, (내 편이 아니면) 비난하고 협박하고 퇴출운동을 전개한다. 이제 홍콩에서 자기 생각을 밝히면 생명까지 위협 받을 수 있다.

그렇다면 이런 변화는 역사의 후퇴로 보인다. 인지과학자 위고 메르시에(Hugo Mercier)와 당 스페르베(Dan Sperber)는 실험을 통해 이런 결론을 얻었다. 논쟁 기술을 갈고 닦은 사람들은 진실을 찾기 위함이 아니다. 자신의 견해를 뒷받침할 논거를 찾고 있다는 것이다. 조너선 하이트는 우리 안의 확증편향이 그토록 강하고 뿌리 깊은 이유가 여기에 있다고 강조한다. 자기 의견과 반대되는 증거를 살피라고 하는 요구는 사실상 실현불가능하다는 것이다. 확증편향은 버그처럼 간단히 제거되는 것이 아니라는 것이다.

철학자 리 매킨타이어(Lee McIntyre)는 조금 더 구체적으로 접근하고 있다. 그는 『포스트 트루스』와 『지구가 평평하다고 믿는 사람과 즐겁고 생산적인 대화를 나누는 법』등 두 권의 책에서 음모론을 좋아하고, 과학적인 설명을 거부하고, 전문가의 의견을 무시하는 특징을 가진 사람들을 분석하고 있다. 리는 콕 찍어서 좌파를 겨냥한 것은 아니지만, 실제로 지구가 평평하다고 믿는 사람들이 매우 많다는 사실을 지적하고 있다. '지구가 평평하다고 믿는 사람들'의 경우는 원래 측두엽이 활성화되어 있기에 이성적인 판단보다는 감성적인 느낌에 기대는 경우도 많다고 봐야 한다.

실제로 '평평한 지구 국제학회'라는 모임이 있고, 그들은 2018년에 6백여 명이 참석하는 세미나도 개최했다. 그들은 자기의 주장을 뒷받침하는 증거만을 수집하는, 다른 증거는 절대 수용하지 않는 두뇌의 소유자들이다. 그들을 케이크에서 체리만 골라 먹는 행위에 빗대어 체리피커(cherry picker)라고 부르는데, 확증편향의 다른 표현일 것이다.

'중국-홍콩 체제'를 바라보는 내 마음도 언제나 의구심으로 가득했다. 양자 즉 중국인과 홍콩인은 확증편향이라는 중병에 걸린 상태가 아닐까? 자기 의견과 반대되는 증거를 찾기는커녕 그들 양자 생각은 요지부동 조금도 변화하지 않았다.

2022년 11월, 대만의 지방선거에도 집권당인 민진당과 야당인 국민당은 무당파 중간지대 40%를 자기편으로 만들기 위해 총력을 기울였다. 어디 대만뿐일까? 한국에서도 미국에서도 언제나 승부를 결정짓는 것은 중간지대인 '제3공간'이었다. 어쩌면 선거도 정치도 연구도 중간지대 또는 접경을 두고 벌이는 한 편의 전쟁이다. '제3공간'이 줄어들면 어떤 현상이 벌어질까?

2021년 중국과 대만의 관계가 악화되면서 이런 일도 생기고 있다. 중국 재벌과 결혼한 대만 여배우가 이혼을 요구했다. 남편이 중국 대표적인 SNS인 위챗에 대만에 있는 가족이 코로나 백신을 접종하지 못하고 있다며 정말 수치스럽고 저속하다고 했다. 이것이 중국과 대만의 차이라고 했다. 부부는 그동안 정치적인 견해 때문에 다툼이 잦았다고 한다. 이것이 정체성 충돌이고, 바로 '제3공간'이 축소되고 있음을 의미한다. 홍콩 사회는 양분되고 있었다. 이쪽이냐, 저쪽이냐 의사표현이 강요되고 있었다. 그 압박 강도는 날로 더해졌다.

13장

정체성
충돌

홍콩이 아시아 또는 세계 문화를 다시 선도하겠다는 의지로
추진하고 있는 서구룡 문화프로젝트
(오른쪽 멀리 홍콩고궁문화박물관이 보인다)

당신은 어느 나라 사람인가?

이 글을 읽는 여러분에게 당신은 어느 나라 사람인가라고 물으면, 대부분 망설임 없이 '한국인'이라고 대답할 것이다. '홍콩인'에게 묻는다면, 어떤 대답이 돌아올까? 대부분 머뭇거리면서 쉽게 대답하지 못한다.

홍콩대학 민의연구소(이제는 독립기관)가 1990년대부터 매년 홍콩인들의 정체성 관련 설문조사를 해오고 있다. 대답은 정치경제적인 상황에 따라 달랐다. 대체로 홍콩인 30%, 홍콩중국인(중국홍콩인) 40%, 중국인 30% 정도의 비율로 나타났다. 사실 이 숫자가 의미하는 바는 매우 큰데, 대부분 국가의 국민 (정치) 정체성 비율이기도 하다.

사실 두뇌 구조의 다름 때문인데, 보수와 진보 그리고 중간(회색)지대를 나타낸다. 그 구성비가 외부의 정치경제적 변화에 따라 그때그때 등락을 거듭하게 되어 있다. 보수나 진보적인 정체성이 변할 가능성은 거의 없고, 중간지대 정체성은 외부 충격에 민감하게 반응한다. 따라서 모든 정당이 중간지대를 내 편으로 만들기 위한 전략 짜내기에 골몰하는 것이다. 지금 이 순간에도 지역이나 국가의 정체성은 시시각각 변화하는 중이라는 말이다

일찍이 반환을 1년 앞둔 시점인 1996년 1월과 5월의 설문조사는 홍콩인들의 위기감을 대변하고 있었다. 5분의 1이 중국인은 믿을 수 없다고, 4분의 3이 자신은 중국인이 아니고 홍콩인이라고 답변했다. 시위가 한창이던 2019년 12월에는 자신이 홍

콩인이라는 답변이 제일 많았고, 그다음으로 아시아인, 중화민족의 일분자, 세계 시민, 중국인의 순서였다. 중국 정부가 그토록 원하는 중화인민공화국 국민이라는 답변은 불행하게도 꼴찌였다.

특정한 정체성은 외부에서 공격하거나 자극하지 않을 경우 강화되지 않는다. 홍콩이라는 정체성은 주권 반환 이후 중국의 자극으로 강화되어왔다. 특히 시진핑 취임 이후 홍콩 정체성을 극단적으로 자극했고, 반작용이 심해지자 보안법이라는 초강수 정책으로 대응할 수밖에 없었다.

시위는 자신의 정체성을 나타내는 강력한 표현이다. 더 이상 참지 못하고 감추지 못할 때 폭발하는 마지막 행동이다. 중국과 홍콩이라는 정체성의 충돌이 시위로 나타났다. 주권 반환 이후 '중국-홍콩 체제'는 완전히 다른 두 개의 정체성이 갈등하고, 충돌하는 과정을 고스란히 보여주는 교재였다.

이제 세계인들은 홍콩 시위 장면만을 기억한다. 우리 한국인들이 그랬던 것처럼 홍콩인들도 자신들을 대표하는 지도자를 직접 뽑고 싶었다. 홍콩의 수장인 행정장관에 대한 직선 등을 요구했다. 홍콩 정부(라고 쓰고 중국 정부라고 읽어야 한다. 주권 반환 전에는 영국 정부라고 읽어야 했다. 홍콩은 언제나 이런 식의 구도에서 벗어나지 못하고 있다)는 들어주지 못했다. 아니 들어줄 수 없는 요구라고 해야 정확할 것이다.

중국과 홍콩이 충돌하는 이유는, 정체성 편차 때문이다. 중화인민공화국 사람들은 대부분 자신이 중화인민공화국 국민이라고 대답한다. 통일(통합)된 정체성을 가지고 있다는 말이다. 반면에 홍콩특별행정구에 거주하는 사람들의 정체성은 매우 복잡하다. 문제는 여기에서 시작되고, 그 해법도 여기에 있다. 언제나 해법은 간단한데, 상대를 그냥 수용해주면 된다. 상대 정체성이 나와 다름을 인정하고, 그 가치를 인정해주어야 한다. 나아가서 내 정체성을 그들에게 강요하지 말아야 한다.

　하지만 현실은 그렇게 간단하지 않다. 중국과 홍콩은 상대를 인정해주지도 않고, 수용하지도 않았고, 그냥 내버려두지도 않았다. 중국 정부가 홍콩 정체성을 인정해주기를 꺼린다고 해야 정확하다. 홍콩도 책임이 없다고 할 수는 없다. 중국 정부가 볼 때 '홍콩 독립'의 움직임이 표면화되는 등 홍콩을 둘러싸고 벌어지는 내외의 상황이 심상치 않게 돌아가고 있었기 때문이다.

통일(통합)
의미

　　　　　　나카노 노부코에 의하면 집단을 형성하는 인간의 경향은 뚜렷하며, 집단주의를 택하기 쉬운 속성을 지녔다고 했다. 집단주의는 내가 속한 집단이 계속 집단으로서 유지되는 것이 정의라고 믿는다. 그 밖의 윤리관은 전부 선택으로 치부해버릴 만큼 그 무엇보다 집단을 우선시한다는 것이다.

　나아가서 자신이 옳다고 생각하는 정의가 있기 때문에 그 집단에 속하는 것이 아니라 집단 일원이라는 사실 자체가 안전성을 높이는 무기이기 때문에 소속되는 것이라 말한다. 집단 구성원에게 정의란 자신의 집단 존속을 위협하는 무엇인가로부터 집단을 지키는 것이다. 그보다 우선되는 것은 없다.

한국인들은 민족적으로 단일한 정체성을 가지고 있다고 믿는다. 적어도 그렇게 주입되어왔다. 단일하다는 민족적 정체성이 지속적으로 강요되고 있다는 점에서 그 상황이 '중국-홍콩 체제'와 크게 달라 보이지 않는다. 우리는 어릴 때부터 알게 모르게 한국인이라는 정체성을 주입당하는 환경에서 성장했다. 결국 그것을 의심 없이 받아들이게 되었다.

하지만 우리가 민족적으로 단일하다는 믿음이 우리의 사고를 얼마나 단순화시키는지에 대한 통찰은 부족했다. 우리 모두가 단일하다는 믿음은 절대 진리처럼 두뇌 구석구석을 시시각각 지배하고 있다. 이런 지배적인 흐름이 두뇌의 유연한 작동을 방해하여 상대 생각까지도 '다름'을 인정해주지 않는 고집을 만들어내는 것은 아닐까? 과연 한국인은 민족적으로 단일할까? 나아가서 한국인의 정체성은 단일할까?

한국 친구들은 자주 질문한다. '홍콩은 중국이잖아. 그런데 왜 그렇게 시끄러워?' 물론 예전에 나도 홍콩 친구들에게 그렇게 따지듯이 질문한 적이 있다. '너희들은 중국 사람이잖아. 그런데 왜 그렇게 말이 많아?' 이 질문을 이제는 중화인민공화국 사람들이 홍콩특별행정구 사람들을 혼낼 때 던진다.

나는 이런 질문을 하고 싶다. 우리는 국민이어야 하는가? 국가는 반드시 필요한가? 국가라는 권력은 어디까지 정당한가? 우리는 어디까지 단일해야 하는가? 국가 권력은 언제나 우리에게 단일하고 통일된 정체성을 요구한다. 지금도 우리는 아침저 녁으로 국민통합이라는 이데올로기를 주입받고 있다.

국민은 정치적으로 통합되어야 할 대상인가? 통합당하지 않을 자유가 있지 않을까? 너와 나의 생각이 다른 것이 정상이 아닐까? 나는 어릴 때 국가 권력 자체가 폭력이라고 생각해서 국가를 증오했던 적이 있다. 그 연장선상에서 40대 이상은 모두 죽어야 세상이 맑아질 것이라고 생각했던 것이다. 아나키즘의 과도한 낭만성을 지적하는 사람들이 많다. 하지만 국가폭력을 당해본 사람이라면 국가 권력의 위험성을 잘 안다.

세계는 국가들의 집합이다. 최선은 아니지만 편의상 지금의 국가 시스템을 만들어냈다. 국가는 간신히 유지될 수밖에 없는 원죄를 안고 있다. 지금 이 순간에도 모든 국가는 국민으로부터 충성을 이끌어내기 위한 노력을 다한다. 국민들은 수시로 '국가가 나한테 해준 것이 무엇이냐'는 질문을 하기 때문이다.

2021년 10월, 16년간 독일과 유럽연합을 이끌어온 메르켈 총리가 은퇴했다. 그는 독일 통일 30년이 지난 지금까지도 통일이 완성되지 못하고 있는바 '통일은 진행형'이라고 말했다. 동독 출신 사람들은 동독인은 여전히 2등 국민이고, 현재까지도 동서독의 사회 통합이 과제라고 말한다. 홍콩인들 역시 1997년 주권 반환 이후 자신들이 2등 국민이라고 생각했고, 2020년 국가보안법 발효 이후 더욱 그렇다. 이미 달라진 정체성의 통일(통합)이 얼마나 어려운 것인지를 보여주는 대목이다.

통일(통합)은 국가처럼 거부할 수 없는 명분으로 자리 잡고 있다. 우리는 통일에 반드시 수반되는 문제를 무시하거나 축소하는 경향이 다분하다. 그저 명분에 휘둘리기 쉽다. 통일(통합)은 궁극적으로 진입이 불가능한 유토피아일 수도 있다. 특히 통일당하고 통합당하는 소수나 약자(양자 내부 포함) 입장에서는 큰 대가를 치러야 하는 매우 억울한 실험일 수도 있다.

홍콩인들은 스스로 자신의 앞날을 선택하지도 못했고, 주권 반환 이후에도 스스로의 주인이 아니었다. 주권 반환 이전 주인은 영국이었고, 주권 반환 이후에는 중국이 주인이다. 홍콩인들은 스스로의 주인 노릇을 한 적이 없다. 홍콩은 식민지 역사 155년 동안 국가가 아니었다. 물론 홍콩인은 국민이 아니었다. 국민이었던 적이 없다. 국가관념 없이 '자유롭게' 살아온 '부족'이었다.

통일(통합) 이데올로기를 신봉하는 중국 정부나 중국공산당 입장에서 보면 국가 관념이 없다는 것보다 더 큰 원죄는 없다. 홍콩인을 바라보는 보편적인 중국인 마음은 아래와 같았다.

홍콩인이라고? 홍콩은 나라가 아니잖아, 홍콩은 중국 영토의 일부니까. 홍콩인이라는 것은 말도 안 돼! 홍콩인이라는 건 없어, 그냥 중국인이지. 그동안 영국 제국주의에 빌붙어서 잘 먹고 잘살았으면, 지금이라도 죄를 뉘우치고 조국을 온몸으로 받아들이기 위해 노력해야지. 그래도 용서해줄까 말까인데, 감히 지역 정체성을 들먹이면서 조국을 배반하려고 하다니 너희들이 정녕 사람이냐!

국민은 아니었지만 '부족'으로서 그만큼 홍콩인이라는 정체성은 강했다. 당장 중국 정부의 발등에 불이 떨어진 것이다. 앞에서 여러 번 언급했듯이 홍콩은 '제3지대'였다. 중국도 아니고, (영국의 식민지였지만) 영국도 아닌, 애매한 곳이었다. 홍콩인들은 그런 환경에서 성장했다. 다른 유전자가 만들어졌다는 것을 인정하더라도, 성장 환경을 바꾸어야 하는 과제가 중국 정부에게 주어졌다. 홍콩인들의 성장 환경을 바꾸려면 어떻게 해야 할까?

쿠르트 레빈은 재교육의 근본적인 문제가 중요하다고 했다. 각 단계를 올바르게 밟고, 시기를 적절하게 맞추고, 개인 치료와 집단 치료를 결합시켜야 한다고 했다. 특히 재교육 담당자는 심리적인 부분, 인지 구조, 유의성과 가치 등의 재교육 과정에서 서로 어떤 식으로 영향을 받게 되는지 완벽하게 이해하고 있어야 한다고 했다. 결과적으로 중국은 홍콩을 재교육하는 과정에서 이런 원칙을 지키지 못했다.

1997년 7월 1일, 중국과 홍콩이라는 각기 다른 두 개의 정체성이 만났다. 중국, 아니 중화인민공화국과 완전히 다른 홍콩이라는 정체성은 영국 식민지 155년(일본 식민지 3년 8개월 포함) 동안 만들어진 것이다. 하루아침에 형성된 것이 아니고, 하루아침에 사라질 것도 아니었다.

중국과 홍콩이라는 두 개 정체성이 얼마나 다른지, 통일(통합)이 얼마나 어려운 것인지, 아래 몇 가지 예시를 통해서 우선 살펴보도록 하자! 1997년 주권 반환 이후, 나는 이 몇 개의 사건 때문에 홍콩의 정체성이 중국 정부의 기대와는 반대로 무한대로 증폭되었다고 생각한다.

역사는 칡나무와 등나무가 얽혀서 만들어낸 갈등(葛藤) 같은 것이다. 갈등이 수면 위로 부상할 경우 무한대로 증폭된다. 갈등이 표면화되어서 상황이 더욱 악화된 장면은 역사에 많았다. 통제할 수 없게 되면 통제되었을 때가 그리운 법이다. 1997년 홍콩의 주권이 중국으로 반환된 후, 중국과 홍콩 양자 갈등이 자주 수면 위로 올라왔다. 중국과 홍콩의 자연스러운 통일(통합)의 길은 아득하게 멀어져 갔다. 아래는 주권 반환 이후 '중국-홍콩 체제' 갈등의 현재를 보여주는 사건들이다. 통일(통합)은 누구 책임인지, 어떻게 진행되어야 하는지를 생각해보면 좋을 것 같다.

1999년 홍콩의 대표적인 작가 중 하나인 시시(西西)는 장편소설 『나의 도시(我城)』에서 당시 국민이라는 신분을 고민하고 있는 홍콩 사회에 큰 화두를 던진다. 그는 '홍콩인에게 국적이 없지만 다만 도시적이 있다'라고 했다. '나는 중국인인가 영국인인가'를 고민하고 있던 홍콩인들의 정체성 문제를 정리한 것이다. 국적보다는 도시의 정체성이 중요하다는 의미이기도 하겠지만, 어쨌든 홍콩의 독특한 정체성의 소중함에 대해 외치고 싶었던 것이다.

1) 중국의 새로운 인해전술

사람의 정체성에 가장 크게 영향을 미치는 것은 무엇일까. 유전자와 환경이다. 유전자는 내가 선택할 수 없는 문제이니까,

환경이 그 사람을 결정한다고 할 수 있다. 중국인은 중국에서 살기에, 홍콩인은 홍콩에서 살기에 서로 다르다. '개천에서 용 났다'는 말은 개천에서 용 나기가 정말 힘들다는 뜻이다. 여기에서 개천이라는 환경은 사회경제적인 조건을 말할 것이다.

이것을 이론화한 것이 마르크스의 사회구성체론이다. 경제로 대표되는 하부구조가 의식형태를 비롯한 모든 상부구조를 지배한다는 것이 마르크스의 생각이었다. 사회주의 국가가 절대적으로 신봉하는 금과옥조이다. 중국 정부는 이 점에 주목하여 홍콩을 경제적으로 대륙과 통합하고자 했다.

우선 2003년 〈내지와 홍콩 마카오의 긴밀한 경제무역 관계(CEPA)〉를 체결했다. 홍콩에서 생산된 제품은 무관세로 중국 시장에 진출할 수 있고, 홍콩의 투자자는 우대를 받게 되었다. 광저우-선전-홍콩을 연결하는 고속철도를 시공하고(2010년), 홍콩-주하이(珠海)-마카오(澳門)를 잇는 해상대교를 시공하고(2012년), 광둥성과 홍콩과 마카오를 하나의 경제 벨트로 묶는 '다완구(大灣區)' 정책 등을 지속적으로 추진하고 있다. 2023년 7월 홍콩 정부는 '문화다완구(文化大灣區)' 계획을 발표했다. 광둥성, 홍콩, 마카오가 하나의 문학연맹을 조직하고, 문학 작품 교류를 하는 등 문화통합이라는 방향성을 제시했다. 이제 홍콩 문화는 광둥성 문화 속으로 통합되고 있는 것이다.

그중 하나가 중국 관광객을 홍콩으로 보내는 것이었다. 관광객을 통해 중국의 현실적인 힘을 보여주고자 했다. 이는 2003년 홍콩 사스 파동 당시부터 시작되었다. 사스 사태 이후 홍콩 경제 상황은 매우 악화되었다. 중국 정부가 중국인 관광객을 대거 보내서 홍콩의 경제를 돕기로 했다. 일 년에 7천만 명을 '보낸' 적도 있었다. 중국 정부가 홍콩이나 대만은 물론 다른 나라에게 중국의 경제적인 힘을 보여주기 위해 사용하는 방법이다.

사드 문제로 야기된 한중갈등으로 중국 관광객이 끊긴 서울 명동을 생각해보면 되겠다. 관광객을 정부 마음대로 통제할 수 있는 중국이 외국 조야를 '길들이기' 위해 자국민의 관광을 제한하는 것이다. 중국의 경제적인 인해전술의 하나이다. 덕분에 홍콩 관광업계, 상점, 식당 등이 대박 행진을 이어갔다. 중국인들이 홍콩의 부동산을 구입하기 시작하자, 홍콩 부동산 시장이 안정을 찾기도 했다.

중국 정부의 입장에서는 홍콩의 경제를 위하여 관광객을 특별히 '보내주는' 것이다. '보내주어' 홍콩 경기의 활성화를 도와주자는(사실은 홍콩 경제의 대륙 의존성을 높이자는) 것이 중국 정부의 기본적인 생각이었다. 국가의 힘과 존재를 인식시키는 가장 효과적인 방법이기 때문이다. 부수적으로는 경제적인 힘으로 홍콩의 고집스런 정체성을 어느 정도 해체시켜버릴 수 있다고 믿었다. 잘 먹고 잘살게 해주면 네 고집도 사라지지 않을까?

하지만 경제가 모든 것을 지배할 수는 없다. 개인 정체성도 쉽게 좌우할 수 없지만, 홍콩이라는 지역 정체성도 마음대로 되지는 않는다. 자존심 문제가 남아 있기 때문이다. 어떻게 보면 개인이나 지역 정체성은 그것의 자존심이기도 하다.

2003년부터 중국에서 가짜분유 사건이 터지기 시작했다. 영유아가 먹는 분유가 사실은 영양가가 하나도 없는 고체음료였던 것이다. 장기간 섭취할 경우 머리만 이상적으로 발육하는 대두증이 나타나고, 심하면 사망하게 된다. 중국 정부의 언론 통제와 미온적인 대처로 아는 사람들은 알고 모르는 사람들은 모르는 채 가짜분유는 계속 판매되고 있었다. 결정적으로 2008년에 영유아 수십 명이 사망하고, 수만 명이 피해를 입었다는 내용이 보도되었다. 관련자들을 공개 처형시키기도 했지만, 2021년까지도 피해를 입었다는 소문이 떠돌아다니고 있었다.

중국인들은 세계 각지로부터 분유를 사들였고, 홍콩의 편의점이나 마트 등에서 분유를 싹쓸이하기 시작했다. 중국에서 생산되는 모든 먹거리에 대한 불신으로 이어졌다. 믿을 수 있는 제품을 쉽게 구입할 수 있는 곳은 가장 가까운 '외국'이라고 할 수 있는 홍콩이었다. 외국산 제품을 구입하기 위해 개인은 물론 보따리상들이 홍콩으로 몰려들었다.

2000년대부터 홍콩 언론에 '메뚜기[蝗蟲]'라는 말이 돌기 시작했다. 쇼핑, 관광, 출산이나 이민을 목적으로 중국에서 들어오는 중국인을 낮추어 일컫는 말이다. 중국인들에게 '타인의 이익을 뜯어먹는, 가로채는' 메뚜기 이미지를 덮어씌운 것이다. 홍콩인들은 몰려오는 중국인들을 '메뚜기'라고 불렀다.

홍콩으로 향하는 중국인들의 발걸음에 원정 출산까지 더해졌다. 중국 임산부들 사이에서 홍콩 병원에서 출산하는 것이 유행이 되어버렸다. 홍콩은 속지주의를 적용하기 때문에 홍콩에서 태어나면 홍콩에서 거주할 수 있는 자격을 얻는다. 홍콩뿐만 아니라 같은 속지주의를 채택하고 있는 미국과 캐나다 등 선진국들도 중국 임산부들의 원정출산으로 고민을 많이 하고 있었다.

선진적인 홍콩 교육과 의료 혜택을 받기 위해 1년에 수만 명의 중국인 임산부가 홍콩 병원에서 출산을 했다. 2010년 기준으로 '쌍비(雙非)'* 영아 32,653명이 홍콩에서 태어났다. 2001년보다 50배나 증가한 수치이다. 2011년에는 임산부 4만 명이 홍콩에서 몸을 풀었다(2013년부터 금지됨). 홍콩인들은 세금도 내지 않고 혜택을 보려는 것과 자신들이 필요할 때는 병상을 사용할 수 없는 현실에 분노했다.

이런 불만을 잘 알면서도 중국 정부는 상황을 오랫동안 방치했다. 홍콩에서는 이러한 현상이 중국 정부가 홍콩을 접수하기 위해 펼치는 새로운 '인해전술'이라는 소문이 파다했다. 게다가 홍콩 쇼핑센터에서는 구매력 때문에 중국인 관광객을 선호하고, 도리어 홍콩인을 차별했다. 홍콩인들의 불만은 비등점을 향해 달려가고 있었다. 내 친구는 편의점에도 마음대로 가지 못하는 신세를 자주 한탄했다. 낮에는 중국인들의 구매대열이 너무 길어서 밤에 편의점에 가는데, 자신이 사고 싶은 물건은 이미 다 팔린 경우가 많았다.

2015년부터는 중국 보따리상을 의미하는 신조어인 '수객(水客)'들과 충돌이 발생하기 시작했다. 편의점 앞에서 쇼핑한 물건을 정리하는 중국인들을 향해 홍콩인들은 '돌아가! 돌아가! 오

---

* 부모가 모두 홍콩 거주민이 아님을 뜻한다. 아이가 진학 연령이 되면서 통학 거리와 교과 내용 등이 사회 문제가 되었다.

지 마!'라고 고함을 질렀다. 나중에는 집단적으로 행동하기 시작했다. SNS로 지금 홍콩 어디에 중국인 보따리상들이 많다고 하면 바로 수백 명이 그곳으로 몰려들어 보따리상들을 윽박지르기도 했다. 경찰이 출동해서야 겨우 진정될 때가 많았다.

심리학에 '내집단 편향(Ingroup bias)'이라는 것이 있다. 자신이 속한 집단(내집단)에 대해서는 자신이 속하지 않은 집단(외집단)보다 호의적이고 협조적으로 행동하는 경향을 말한다. 나카노 노부코는 '우리가 차별했다/차별당했다'라고 느끼는 것은 이 내집단과 외집단에 대한 편견 때문이라고 했다. 일률적으로 나쁘다거나 어리석다고 비난하는 것만으로는 문제가 해결되지 않는다고 했다.

나카노 노부코는 이렇게 경고하고 있다. 정신을 바짝 차리지 않으면, 인간은 누구나 친한 사람에게는 너그럽고, 그 외의 사람들에게는 엄격한 태도를 취하게 된다. 집단 내의 인물은 너그럽게 평가하고 집단 밖 인물은 엄격하게 평가하게 된다는 것이다.

그것에 더해진 것이 확증편향(Confirmation bias)이었다. 나카노 노부코는 자신과 비슷한 성향의 집단에서 원하는 정보만 취사선택하게 된다고 했다. 매일 그것이 반복되다 보면 자신은 옳고, 자신의 주장이 곧 정의이며, 그것이 세상의 진리라고 믿게 된다는 것이다.

ㅈ구ㅇ루의 '거룩한' 주권 반환이 이제는 홍콩인들에게 실생활의 불편이라는 의미로 각인되고 있었다. 어쩌면 이것이 숭국으로 반환된 이후 가장 큰 비극이라면 비극이었다. 브렉시트 등

유럽연합의 위기는 난민 유입으로 야기된 생활의 불편 때문이라는 분석이 설득력을 얻고 있음을 생각하게 된다. 이보다 더 가슴 아픈 사건이 발생했다. 홍콩인들의 자존심을 크게 짓밟아 버린 초대형 사건이었다.

2) 전철 과자 사건

2012년 1월 구정 직전 홍콩 전철에서 작은 사건이 하나 발생했다. 처음에는 작은 사건처럼 보였으나 나중에는 핵폭풍처럼 커졌다. 나는 주권 반환 이후 정체성 충돌 관련하여 가장 큰 사건이라고 생각한다. 중국과 홍콩을 양분시킨 역사적인 사건으로 발전했다. 중국에서 가족과 함께 관광을 온 아이가 전철 객실에서 과자(라면땅)를 먹었다. 홍콩인 몇 명이 전철 규정을 들어 그것을 지적하자 말싸움으로 번졌다. 그즈음 홍콩 전철 내에서 중국인들과 홍콩인들 사이에서 왕왕 발생하던 감정싸움 중 하나였다.

홍콩 전철에서는 음식물 섭취가 금지되어 있다. 심지어 벌금 액수와 함께 음료수도 마시지 말라는 경고문이 붙어 있다. 원래 중국(홍콩)인들은 심심풀이로 호박씨나 수박씨를 까먹는 습관이 있는데, 이로 인해 홍콩 전철 개통 초기에 객실 안이 엉망이 되었기 때문이라고 한다. 아무튼 홍콩인들은 어릴 때부터 자연스럽게 습관이 되어 전철 내에서는 마시지도 먹지도 않는다.

어느 순간부터 홍콩 침사추이(尖沙嘴) 등 중국의 관광객이 몰리는 곳에는 그들을 '가르치기' 위한 포스터와 게시판이 등장했다. 큰 소리로 떠들거나 휴지를 함부로 버리는 등 비문명적 행위를 하지 말자는 내용이다. 인해전술처럼 몰려오는 관광객들 중에는 길거리와 식당에서 중국에서 하던 대로 '비문명적인' 모습을 보여주는 경우가 많았다(중국 문명표어와 관련하여 졸저 『이미지로 읽는 중화인민공화국』을 참조하기 바람).

중국인들은 그들대로 사사건건 트집 잡는 홍콩인들의 옹졸함에 속상해하고 있었다. 홍콩인들은 시종일관 중국인을 가르치려 하는데, 이 모두가 홍콩인들의 국가의식이 부족해서 그렇다고 보았다. 당시 홍콩의 전철이나 길거리에서 공중도덕과 관련하여 홍콩인들과 중국 관광객들의 충돌이 잦았다. 전철 과자 사건도 그중의 사소한 하나의 사건으로 묻힐 뻔했지만, 이번에는 달랐다. 베이징대학 중문과 쿵칭둥(孔慶東) 교수가 중국 인터넷 텔레비전 시사 프로그램에서 전철 과자 사건을 언급하면서 홍콩 정체성을 강하게 비판하고 나섰다.

이 동영상이 공개되자 양쪽 네티즌들이 즉각 상호 비방전에 나섰다. 관련하여 수많은 여론조사가 발표되는 등 순식간에 정체성 갈등의 쟁점이 되었다. 홍콩인들은 홍콩의 법률과 제도를 존중해달라는 것이었고, 중국인들은 근본적으로 홍콩인들이 중국인들을 무시해서 이런 사건이 발생했다고 보았다. 예전이나 지금이나 홍콩인에 대한 중국인 기본적인 입장은 아래 베이징대학 쿵칭둥 교수의 독설로부터 멀지 않다. 그는 이렇게 말했다.

1. 홍콩인들은 식민지적 우월감을 가지고 있다.

2. 개혁개방 이래 중국 도시들도 (홍콩만큼) 많이 발전했다.

3. 홍콩인들은 늘 중국인을 업신여겨 왔다.

4. 홍콩의 교수들은 입만 열면 중국인을 교육시키려고 한다.

5. 홍콩의 언론들은 언제나 홍콩을 선진한 곳이라고 여긴다.

6. 홍콩과 중국이 다투면 마지막에 손해 보는 쪽은 언제나 홍콩이 될 것이다.

7. 홍콩인은 국가관이 부족한데, 홍콩인의 우월감이 국가에 의해 발생하는 것도 모르고 있다.

8. 홍콩인들은 양심을 찾아서 '중국의식'을 만들어야 할 것이다.

9. 중국인이라면 보통화를 해야 할 의무가 있는데, 일부러 보통화를 하지 않으면 '개새끼(王八蛋)'다.

10. 많은 홍콩인이 자신이 중국인인 줄도 모르고, 입만 열면 '우리 홍콩', '너희 중국'이라고 말하는데, 영국 식민자의 주구 노릇 하는 것이 습관이 되었기 때문이다. 지금까지도 모두 '개'이며 사람이 아니다.

11. 홍콩인들은 외국인과 현지인에게는 절대 그렇게 하지 않고, 오직 중국인에게만 '늑대'처럼 군다.

12. 법치로 유지되는 질서는 소양도 지각도 없다는 것을 증명하는 것이다. 한마디로 천박하다.

13. 홍콩은 중국 관광객들이 뿌린 관광수입으로 살아가는데, 그것이 아니었다면 일찌감치 굶어 죽었을 것이다.

14. 홍콩인들은 국제 1등 국민으로 자부하고 있으나 물, 청과물, 쌀 모두 중국이 공급하고 있다. 중국 각 도시는 비약적으로 발전하고 있

기에 홍콩은 이미 우세를 잃어버렸다.

15. 식민지 한국이 다른 나라를 무시하듯이, 식민지 홍콩도 중국인을 무시한다. 이것이 바로 전형적인 식민지 정서이자 양놈 심리다(교환교수로 한국에 체류했던 그는 귀국해서 한국문화를 비판한 책을 낸 적이 있다).

이 책을 쓰면서 나는 다시 생각해본다. 홍콩 사람들은 어떤 사람들인가. 그들은 사귀기 어려운 사람들이다. 나는 쿵칭둥 교수 의견에 일부 동의한다. 예를 들면 홍콩인들은 매사 중국인들을 가르치려 하는 등, 사실 무언가 우월감이 깔려 있었다. 처음 홍콩에 도착했을 때 내가 조금 겸손하게 영어를 못한다고 하면, 대놓고 한심하다는 표정을 짓는 가게 주인도 있었다. 그들은 이해관계에 매우 밝다.

구소련에 이런 오래된 농담이 있다고 한다. 이고르와 보리스는 매우 가난한 농민이다. 둘은 모두 손바닥만 한 땅을 경작해서 가족들이 겨우 먹고산다. 둘의 차이가 딱 하나 있는데, 보리스에게는 비쩍 마른 염소가 한 마리 있다. 어느 날 이고르에게 요정이 나타나서 소원 한 가지를 들어주겠다고 했다. 그는 무슨 소원을 말했을까? 이고르는 '보리스의 염소가 죽었으면 좋겠어요'라고 말했다. 나는 중국과 홍콩 관계를 들여다보면서 이런 생각을 감출 수 없었다. 중국과 홍콩은 이런 관계였다. 적어도 이런 마음으로 상대를 바라보고 있었다.

홍콩은 '붕 떠 있는 도시[浮城]'라는 표현이 있을 정도로 무게

감이 없다. 피난지이자 식민지의 특징이 아닐까? 대만 사상가 천광싱(陳光興)은 피식민자는 강자의 언어, 억양, 표현방법 등을 습득한다는 점에서 통치자보다 훨씬 혼종적이라고 했다. 피지배자가 백인 지배자의 흉내를 낸다는 지적은 많고도 많다. 홍콩인들은 스스로 영국인이라고 착각하고 있었다.

쿵 교수가 하고 싶은 말을 다 토해낸 그다음 날 홍콩 매체들이 일제히 '공자 후손이 홍콩인을 개라고 욕했다'라는 제목으로 대서특필하였다. 홍콩 사회는 즉각 벌집을 건드린 것처럼 반응했다. 홍콩 시위대는 당장 중국 정부의 홍콩주재연락사무실로 몰려갔다. 중국을 폄하하는 뜻으로 사용되는 지나의 '지나인(支那人)'이라고 외치면서 사과를 요구했다. 홍콩 민간의 반박은 끝도 없이 이어졌다.

1. 쿵 교수는 '중국공산당의 개'인데, 그의 의견은 개인의 것이 아니라 중국 관방 의식형태를 대변하고 있다.(잡지 편집자)
2. 공자도 보통화를 못했으면 '개새끼'다.(연예인)
3. 마오쩌둥과 덩샤오핑도 사투리를 했다. 보통화를 못했기 때문에 역시 '개새끼'인가. 쿵 교수 발언 내용이 중국에서도 광범위하게 보도되었는데, 중국 정부 입장을 알 수 있다.(텔레비전 프로그램 사회자)

중국의 지식인들도 가만히 있지 않고 쿵 교수를 비판했다. 중국을 대표하는 문화학자 이중텐(易中天) 같은 유명 인사는 '보통화를 못하는 몇억의 중국인을 모욕했다'라고 했다. 내부인을 비판하는 사회 즉 내집단 편향을 거절할 수 있는 힘이야말로 사회의 건강을 재는 척도라고 할 수 있다. 내가 나를 비판하고, 우리 가정, 우리 편, 우리 사회, 우리나라를 비판할 수 있는 힘이 중요하다. 외집단에 대한 비판은 물론이고, 내집단에 대한 비판력이 더욱 중요하다. 그런 점에서 같은 중국인으로서 쿵 교수 발언을 비판한 중국 지식인들의 균형감각을 존경한다. 그것이야말로 정치인과는 다른 지식인의 정체성이다.

홍콩 지도자를 뽑는 행정장관 선거를 앞둔 시점이었다. 당연히 후보들은 홍콩인들의 점수를 따기 위한 정체성 수호 발언을 해야 했다. 무릇 내가 남과 다름을 인정받을 때 행복을 느낀다. 물론 홍콩인들 스스로 아래와 같은 것들이 자신의 정체성을 대표한다고 생각한다.

1. 법치는 홍콩의 핵심 가치이다.
2. 홍콩인 절대다수가 스스로 법을 준수하는바 존중받아야 한다.
3. 준법정신은 홍콩인들의 소양을 반영한다.
4. 홍콩은 중국인을 포함한 외지인을 향해 홍콩의 규범을 홍보해야 한다.

쿵 교수는 중화의식으로 무장한 학자답게, 시민으로서의 홍콩인을 완전히 무시하고, 국민으로서의 홍콩인만을 소환했다. 천광싱은 대중화된 민족주의가 인근 지역의 적의를 불러일으키고 있음을 경고했다. 중국 민족주의 역시 홍콩인을 철저하게 타자화하는 시도를 하고 있는 것이다. 그런 점에서 나는 쿵 교수에게 '당신은 지식인인가'라는 질문을 던지고 싶다. 지식인의 말처럼 보이지도 않지만, 중국관방의 의식형태를 고스란히 대변했다는 점에서 정치인이 되어버렸다. 갈등을 수면 위로 끌어올려서 확대 심화시킨 전형적인 경우이다.

조너선 하이트는 매번 설문조사를 할 때마다, 피험자들에게 '그 행동이 왜 잘못인지 이유를 말해줄 수 있나요?'라고 물어보았다. 중국인은 홍콩인에 대해서, 홍콩인은 중국인에 대해서 왜 그렇게 잘못하는지, 미워하는지를 물어보면 중국인들과 홍콩인들은 어떤 대답을 해줄까? 상대방의 행동이 왜 잘못되었다고 생각하는지 물어보면 어떤 대답을 할까?

홍콩에 대한 중국인들의 인식 수준은 쿵 교수의 질타에서 크게 벗어나지 않을 것이다. 즉 식민지적 우월감, 꼰대 근성, 영국의 주구 노릇, 배은망덕 등의 이유를 열거할 것이다. 반면에 홍콩인들은 중국인을 가리켜 공산당식 사고방식, 국가와 민족밖에 모르는 꼰대, 준법정신도 부족한 촌뜨기 등의 대답을 한다. 도무지 화해와 타협이 가능한 지점이 전혀 보이지 않는다.

홍콩학 학자 뤄융성(羅永生)은 새로운 주인이 예전의 주인을 대체하는 과정은 매우 복잡하다고 했다. 승리자의 복수심리 외에도 열등감을 수반한다고 했다. 쿵칭둥 교수 말을 다시 읽어보면 뤄융성이 말하는 (중국인들의) 복수심과 열등감이 무엇인지 알 수 있다. 이번에는 '2등 국민'인 홍콩인들의 안전을 직접적으로 위협하는 사건이 터지고야 말았다.

3) 퉁뤄완 서점 사건

홍콩 상업 중심가 코즈웨이베이(퉁뤄완) 일대 부동산은 모두 일본사람들이 소유하고 있다고 한다. 그 중심에 일본계 소고(SoGo) 백화점이 있고, 소고 바로 뒷골목에 퉁뤄완 서점(銅鑼灣書店)이라고 쓴 큰 간판이 보인다. 1994년에 개업하였는데 인문서적 외에도 중국 대륙에서 출판할 수 없는 정치서적을 볼 수 있는 곳으로 유명했다. 특히 중국 지도자들의 사생활을 폭로하는 책을 출판하고 판매해서 호기심 많은 중국 관광객들의 필수 코스로 여겨지는 서점이었다.

2013년 홍콩에서 『중국 대부 시진핑』이라는 책을 낸 서점 발행인이 중국 경제특구인 선전에서 체포된 적이 있다. 2014년에는 홍콩의 어느 정치평론 잡지 설립자와 편집자가 체포된 적도 있다. 그럼에도 홍콩 정부나 중국 정부는 홍콩에서의 출판에 대해 비교적 관용적인 태도를 유지했다. 하지만 시진핑 정부 출범 이후 강경태도로 전환하였다.

원래 퉁뤄완 서점은 『시진핑과 여섯 여인』이라는 제목의 책을 출판하기로 예정되어 있었다. 하지만 2015년 10월부터 서점 관계자들이 하나둘 사라지기 시작했다. 먼저 서점 경영인이자 대주주가 서점 창고에서 실종되었고, 사흘 뒤 스웨덴 국적의 대주주가 태국에서 실종되었다. 또 며칠 뒤 창업자이자 점장 린룽지(林榮基)가 선전에서 홍콩으로 넘어오는 도중에 실종되었다. 다시 이틀 뒤 서점 직원이 실종되었다. 마지막으로 12월 말에 또 다른 주주가 실종됨으로써 서점 관계자 다섯 명이 소리소문도 없이 사라진 것이다.

문제는 그들이 실종된 지 2주간 길게는 3개월까지 행방을 몰랐다는 것이다. 가족들은 홍콩 경찰에게도 행방을 알아보았지만 속 시원한 답변을 들을 수 없었다. 이후 중국에서 조사를 받고 있다는 사실이 공개되어 홍콩 사회는 물론 국제적으로 큰 충격을 주었다.

서점 관계자 네 명은 태국이나 중국에서 실종되었지만, 경영자인 리보(李波)는 홍콩에서 실종되었다는 점에서 홍콩인들은 경악을 금치 못했다. 홍콩인이 홍콩의 경내에서 체포되어 중국으로 압송되었다는 사실에 분노했다. 게다가 자신들을 보호해 주어야 할 홍콩 정부는 시종일관 회피성 발언만 늘어놓고 있었다. 미국, 유럽, 일본 정부 등이 나서서 성명을 발표하고 중국 정부의 해명을 요구했다.

2016년 1월에서야 홍콩의 수장인 행정장관이 직접 나서서 최선을 다해 실종 사건을 수사하고 있다고 언급했다. 마침내 납치된 사람들이 중국 언론에 등장했다. 자신들은 수사에 협조하고자 스스로 중국으로 왔다고 했다. 하지만 그 말을 그대로 믿는 사람은 없었다. 3월이 되자 하나둘 홍콩으로 돌아오기 시작했는데, 모두들 무슨 일을 겪었는지 말하기를 꺼렸다. 자세한 상황을 알기 위해서는 용기를 낸 점장의 기자회견까지 기다려야만 했다.

2016년 6월, 사건 전모가 드러났다. 그들은 중국 공안당국에 의해 체포되어 서점 운영에 대해 집중적으로 조사를 받았다. 특히 중국 지도부 내부정보를 제공한 사람들과 금서를 구매한 중국인 고객들의 명단을 달라는 요구를 받았다. 홍콩인들 분노와 슬픔은 극에 달했다. 이후 스웨덴 국적의 서점 대주주는 간첩죄로 10년형을 받고 중국에서 수감되어 있고, 창업자이자 점장은 2019년 도망치듯이 대만으로 이주했다.

일국양제, 언론자유, 출판자유, 인신자유 등의 종말은 물론 홍콩 정체성의 종말이라고 해도 과언이 아닌 사건이었다.

4) 영화 〈십년〉

서점 관계자들이 하나둘 사라지던 그즈음 홍콩인들의 발걸음은 영화관으로 향하고 있었다. 2015년 12월 홍콩에서 〈스타워즈〉의 흥행을 능가한 영화 〈십년(十年)〉이 상영되었다. 쿵칭둥 교수가 홍콩인을 모욕한 이후 세계 역사상 도심에서 가장 길게 전개되었던 '우산운동'의 충격과 열기가 사라지지 않을 때였다.

영화 〈십년〉은 제목 그대로 10년 뒤인 2025년 홍콩의 상황을 예측하는 옴니버스 형식의 단편 영화 모음이다. 홍콩의 인권, 민주, 언론자유 등 정치적 권리가 위협받고 있다는 위기감에 젊은 감독 다섯 명이 의기투합했던 것이다. 그들은 현실을 묘사했고 미래를 예언했다. 30대 영화감독 다섯 명은 아래 스토리를 만들어냈다.

1. 국가보안법의 필요성을 강조하기 위해 조직원에게 정치인 암살을

사주하는 정부.

2. 재개발로 폐허가 된 집에서 찾아낸 물건 표본을 만들다가 마지막 에는 스스로 (진짜 홍콩인으로 영원히 남는다는 의미의) 표본이 되는 사람.

3. 홍콩어를 배척하는 규제가 도입되고 일자리를 잃는 택시 기사.

4. 국가보안법 위반으로 수감 중이던 지도자가 감옥에서 항의단식으 로 사망하자, 홍콩주재 영국총영사관 앞에서 분신하는 여성.

5. '홍콩 본토(本土) 생산'이라는 설명서를 붙인 계란을 판매했다는 이유로 습격을 당하는 가게 주인(한국에서 '본토'라는 말은 중국 대륙 을 가리키는 말이지만, 홍콩학계에서는 '지역성'이라는 의미로 사용된다. '본토'라는 어휘가 가지는 중심성과 폭력성 때문이다).

분신하는 여성 스토리를 그려낸 영화 〈자분자(自焚者)〉의 감 독은 자신의 희망사항을 분명하게 밝혔다. 관객에게 충격을 주 고 상황을 바꾸기 위한 행동을 촉구하는 것이 목적이었다. 조속 한 변화가 없는 한 홍콩 시민들도 티베트와 같이 비참한 상황에 직면하게 될 것인바, 홍콩 시민들은 민주화에 더욱 적극적으로 기여하고 더 많은 희생을 치러야 한다는 것이다.

영화 〈십년〉은 35회 홍콩 영화 금상장에서 최우수작품상을 수상했고, 2016년에는 대만에서도 상영되어 호평을 받았다. 홍 콩 각급학교와 시민단체에서 연달아 상영회와 토론회를 개최하 여 '십년'은 한때 유행어가 되기도 했다. 이후 아시아 십년 뒤를 내다보는 영화 흐름을 유도하여 〈십년 대만〉, 〈십년 태국〉이 제작되기도 했다.

　당연하겠지만 중국 정부는 영화 상영은 물론 영화상 시상식 중계도 허락하지 않았다. 2016년 1월 중국 정부의 입장을 대변하는 신문인 『환구시보(環球時報)』는 당연히 〈십년〉을 비판하고 나섰다. 영화 〈십년〉의 내용이 완전히 황당한 스토리로서 그 같은 장면이 '십년' 후 홍콩에 출현한다는 것은 불가능하다고 했다. 하지만 2023년 현재 중국이나 홍콩 정부를 비판하는 발언을 할 수 없는 암울한 현실을 보면 영화의 예언은 완벽하게 적중한 듯하다.

　2021년 10월 홍콩의 〈영화 검사 조례〉 개정안이 입법회의를 통과했다. 중국 정부를 비판하거나 국가안보를 위협하는 행동을 미화할 경우 상영을 금지할 수 있게 되었다. 개정안의 취지는 홍콩의 젊은이들에게 중국에 대한 증오를 유도하는 세력이 있는데, 이런 세력을 막아야 한다는 것이었다.

14장

다시
국민 만들기

홍콩해방박물관에 전시된
1997년 주권 반환식 장면

국민과
시민

국가를 선택할 수 있다면, 여러분은 어느 나라를 선택할 것인가, 그 기준은 무엇인가? 나는 홍콩의 또 다른 장점으로 국가로부터의 자유, 민족으로부터의 자유를 들고 싶다. 홍콩은 국가나 민족 등 각종 거대 담론으로부터 해방된 공간이 '었'다.

홍콩식 자유는 '국가가 아님'에서 가능한 것이었다. 홍콩 특유의 창의성도 '국가가 아님'에서 가능했다. 국가 이데올로기는 의외로 강력하게 우리를 이렇게 저렇게 억압하고 있다. 홍콩은 주권 반환 이후 국가라는 권력 체제 속으로 들어갔다. 나라에 충성하고 부모에게 효도해야 한다는 절대적 기준의 틀에 다시 갇힌 것이다. 충성과 효도는 모두 테두리 내의 질서를 말한다. 우리는 그만큼의 자유를 국가에 반납해야 한다.

원래 홍콩에는 국방의 의무는 없고, 납세의 의무만 있었다. 홍콩이 국가가 아니었기 때문에 가능했다. 홍콩은 누구나 세금만 납부하면 큰소리를 칠 수 있는 곳이었다. '나는 세금 내는 사람이야!' 정기적으로 비자를 갱신해야 하는 외국인들은 이민국 창구에서 이 말을 내뱉는 것을 잊지 않았다.

사회 심리학자 고든 올포트(Gordon Allport)는 공격당하고 있다는 느낌을 받는 사람에게 새로운 것을 가르친다는 것은 불가능하다고 했다. 홍콩 반환 6주년이 되었을 때 중국 관방 학자는, 여섯 살짜리 아이가 아직까지 아빠 엄마를 부르지 못한다고 꾸짖었다. 제대로 가르치지 못한 홍콩 특구 정부의 치욕이라고 했다. 이에 대해 홍콩인들은 우리에게는 부모가 필요 없다고 말한다. 155년 동안 부모 없이 잘 살았다는 말로 대응한다.

중국 정부는 홍콩 시민을 '다시 국민 만들기'에 혼신의 노력을 기울이고 있었다. 나라 없는 시민으로 마냥 둘 수는 없었다. 홍콩인 입장에서는 '신분 세탁'이라고 말한다. '거듭나기'라는 말로 표현되기도 한다. 홍콩학 학자 뤄융성은 무국적 신분에서 '중국인'으로 신분을 세탁하고 있다고 했다. 홍콩은 국제도시와 중국도시 사이에서 방황하고 있다고도 한다. 개인이든 지역이든 국가든 정체성의 변화에는 시간이 필요하고 그만큼 어렵다.

중국 정부는 시민이 아닌 국민 만들기에 전력을 경주하고 있다. 사회학자 송두율에 의하면 중국에서는 '시민'이라면 대개 서구화된 매판세력과 비슷한 말로 이해되었다. 홍콩 '시민'은 애초부터 인정받지 못하는 숙명인 것이다. 더욱이 2020년 국가보안법 발효 이후 홍콩 시민사회의 성장은 아득해 보인다.

2022년부터 홍콩 모든 초중등학교에 중화인민공화국 국기인 오성홍기가 게양되고 있다. 매주 1회 게양식을 하고 국가를 제창해야 한다. 역사학자 임지현은 거듭되는 국민의례를 통하여 아이들의 자아는 '조국'과 '민족'이라는 집단적 자아 속에 함몰된다고 했다. '우리' 속에서 개별적 자아는 설 자리를 잃어버리게 된다. 국민이 되는 길은 시민으로서의 유연한 사유를 반납해야 걸어갈 수 있다.

본토(本土)
지키기

앞서 쿠르트 레빈은 개인이 옛날 가치체계에 대해 충성도가 클수록 적대감이 크다고 했다. 사회적 성향이 강하고, 이기적인 성향이 덜할수록 재교육에 강하게 저항한다고 했다. 아무튼 어떠한 경우든 재교육 과정은 적대감에 봉착한다고 했다. 이 말은 주권 반환 이후 홍콩 정체성 또는 분화를 이해하는 데 매우 중요한 잣대가 될 수 있다.

홍콩인들은 홍콩이라는 정체성을 얼마나 자랑스러워하는가? 홍콩인의 정의는? 홍콩인들의 성향은? 홍콩인들은 이기적일까? 이타적일까?에 대한 질문이 중요하다는 말이다.

'나'라는 정체성은 다른 정체성에 저항하기 마련이다. 살아오던 대로 내버려두어 달라고 말한다. 내 모습 그대로 인정해달라고 한다. 나'다움', 너'다움' 그것이 정체성이고 본토다. 1997년 주권 반환 이후부터 홍콩학계에서 본토(本土)라는 말이 나오기 시작하더니 곧 인구에 회자되기 시작했다. 홍콩에서는 지역성(로컬리티)이라는 의미로 정착되었다. (나는 한국에서도 본토가 대륙을 가리키는 말보다는 지역적 정체성을 가리키는 의미로 사용되기를 바란다. 본토라는 말이 가지는 자기중심적인 반동성을 경계하기 때문이다.)

중국으로의 주권 반환이라는 충격에 홍콩이라는 '내' 정체성이 더욱 소중해졌다. '홍콩다움'을 지키고자 하는 흐름이 강하게 나타나고 있었다. 중국의 작용에 대한 홍콩의 반작용이었다. 주권 반환 2년 뒤부터 홍콩인들의 불만이 표면화되기 시작했다.

1999년 7월 1일 시위대는 홍콩의 법치가 사망했음을 뜻하는 검은색의 완장을 차고 시위를 했다. 2001년 7월 1일에도 수천 명이 '민주, 인권, 법치의 사망'을 상징하는 묘비를 들고 행진했다. 2003년 7월 1일에는 기본법 23조에 규정된 보안법의 입법을 반대하기 위해 홍콩 역사상 최대 인파인 50만 명이 참가한 시위가 열렸다. 2004년 7월 1일에는 다시 수십만 명의 시위대가 특구 지도자를 직접 뽑는 보통선거를 요구했다. 2006년 7월 1일에는 50만 명이 최저임금제, 환경오염 문제, 유아 교육 지원 등과 함께 보통선거를 요구했다.

2006년 홍콩인들은 스타페리 부두의 이전을 반대하는 보호운동을 전개했다. 2007년에는 철거하기로 한 여왕전용 부두를 보호하자는 운동에 나섰다. 자신들의 흔적 즉 집단기억들이 갑자기 소중해지기 시작했던 것이다. 자신들만의 추억과 기억을 지키고 싶었다. '본토 수호'라는 표어가 각종 시위 현장에 등장했다. 이런 흐름을 학자들은 홍콩에 '본토주의(本土主義)'가 대두되고 있었다고 말한다.

2008년에는 쓰촨성(四川省) 원촨(汶川)에서 대지진이 발생하여, 7~8만 명의 인명 피해가 났다. 홍콩 시민들은 '피는 물보다 진하다'라는 구호 아래 대대적인 지원에 나섰다. 마침 2008년에는 베이징올림픽이 열리는 해였기에 홍콩인들의 '중국인 의식' 즉 스스로 중국인이라고 생각하는 의식은 최고조에 도달했다. 하지만 2009년 홍콩인들은—홍콩 정체성의 소멸을 위한 장치

중의 하나라고 의심되는—광저우와 홍콩을 연결하는 고속철도 건설을 반대한다는 운동을 전개하기도 했다.

모두 '강자' 중국에 의해 '약자' 홍콩의 정체성이 사라질 것을 두려워해서 나오는 움직임이었다. 고속철도가 홍콩인들에게 가져다 줄 경제적인 실리보다는 급속도로 진행되고 있는 '중국화' 즉 홍콩 정체성의 소멸이 더 두려웠다는 뜻이다.

2012년에는 홍콩 신문에 중국에서 몰려오는 관광객, 임산부 등을 타자화하는 '메뚜기[蝗蟲]' 광고가 등장했다. 이후 홍콩 정체성이 강화되고 있음을 보여주는 움직임들이 터져 나오기 시작했다. 2014년 마침 중국 전인대 상무위가 홍콩의 보통선거 시행을 거부하는 발표를 하자 홍콩인들은 바로 센트럴[中環]을 점거하고 이른바 '우산운동'을 시작했다. 2015년부터는 중국의 밀수꾼인 '수객(水客)'을 반대하는 게릴라 시위가 홍콩 곳곳에 등장했다. 그해 연말에는 중국 지도자들의 전기를 출판해오던 퉁뤄완 서점 관계자들이 실종되는 사건이 발생하여 홍콩 사회가 공포에 떨었다.

2016년 몽콕(旺角)에서는 경찰과 시위대 사이에 격렬한 충돌이 발생했다. 이른바 어묵 상인을 단속하는 과정에서 시비가 야기되었기에 '어묵혁명'이라고 호명되었다. 경찰과 시위대 사이 전개된 충돌 양상은 도심 게릴라전을 방불케 할 정도였기에 향후 시위 대응 방법이나 방향에 대해 홍콩 정부에게나 중국 정부에게 큰 숙제를 던져주기에 충분했다.

2016년에는 홍콩민족당(香港民族黨), 홍콩중지(香港眾志), 홍콩열진(香港列陣) 등 이른바 '우산후 정당(傘後政黨)'들이 연속으로 창립되었다. 홍콩의 정체성이 정치적으로 결집되고 있었다. 정체성 충돌로 가는 일종의 조짐이라고 할 수 있었다. 내 눈에 중국과 홍콩이라는 정체성은 마치 마주 보고 달리는 기차처럼 보였다.

국민교육

쿠르트 레빈은 목수를 시계공으로 바꾸려면 단순하게 시계 제조 기술을 가르치는 문제로 끝나는 것이 아니라고 했다. 새로운 기술뿐만 아니라 시계공의 사고와 행동을 규정하는 기준과 가치 그리고 습관까지 가르쳐야 한다고 했다.

대한민국을 바꾸고 싶다면 무엇부터 바꾸어야 할까? 한국인의 정체성을 바꾸고 싶다면 어떻게 해야 할까? 언론과 교육부부터 장악해야 할 것이다. 정권이 바뀌면 방송사의 사장부터 교체되는 것을 보면 알 수 있다. 박물관장도 바꾸어야 하고, 교과서도 새로 써야 한다. 기존의 역사가 왜곡되었다고 하고, 지우고 새로 쓰는 작업이 필요하다.

그때부터 역사 교과서가 이렇게 저렇게 잘못되었다는 내용이 연일 톱뉴스로 나온다. 방송사 사장을 교체하면 뉴스의 우선순위가 뒤바뀌고, 박물관 관장을 교체하면 전시가 재편된다. 과거의 방송과 전시는 모두 잘못된 것이라고 한다. 그래서 역사는 승자의 기록이라고 하는 것이다. 1997년 주권 반환 이후 중국 정부는 아래와 같은 조치를 통해서 홍콩인 다시 만들기 작업을 진행했다. '시민'을 '국민'으로 만드는 과정이었다. 중국 관방 출판사라고 할 수 있는 중화서국이 낸 『도해 홍콩수책』의 '국민교육' 항목 첫머리에 이런 설명이 나온다.

홍콩이 조국으로 반환된 이후, 홍콩특구정부는 국민교육에 노력하여, 홍콩인의 국가 관념과 민족의식을 증강시켰고, 국민신분이라는 정체성을 배양했다. 정부 내에 국민교육센터가 들어섰다. 업무 추진 현황을 『도해 홍콩수책』은 아래와 같이 정리하고 있다. 시민, 학생, 공무원 등을 대상으로 각각 진행되었다.
민정사무국은 국기·국가(國歌)·국가발전과 관계 있는 텔레비전 선전 단편을 방영하고, 중화전통문화와 관련 있는 전람회를 개최하고, 각 커뮤니티 단체와 합작하여 다양한 유형의 국민교육 보급 활동을 전개했다.
교육부는 초중등학교에서 국민교육 커리큘럼 개설을 추진하고, 다양한 과목에 국민교육 요소를 삽입하고, 학교에 중국 오성홍기 게양을 장려하고, 국민교육과 유관한 강좌, 세미나, 군사 여름 캠프, 학생 교류단 등의 활동을 전개했다.
공무원 사무국은 국가 정세 강의를 열고, 국가 업무 연습 과정을 개설하고, 중국 답사단을 조직하고, 홍콩과 중국 공무원의 교류 프로그램을 운영했다.

'시민'을 '국민'으로 만들기 위한 국민교육은 '중국-홍콩'체제에서 중국 정부가 가장 관심을 가지고 추진했고, 하고 있는 분야일 것이다. 아래 여섯 개 항목으로 나누어서 정리해본다.

1) 프로파간다

마오쩌둥은 '가장 아름다운 시는 백지 위에 기록된다'라고 말했다. 나는 매 학기 초 강의 시간에 학생들에게 '여러분의 두뇌는 백지 같은 거라서, 내가 빨갛게 칠하면 빨갛게 되고, 파랗게 칠하면 파랗게 됩니다'라고 말한다. 그런 측면에서 가르치는 사람은 편파적이어서는 안 된다는 원칙이 가능할 것이다. 그 사람의 정체성이 약할수록 그 사람의 정체성을 만들어주는 것은 쉽다. 그것을 '세뇌'라고 하고, 이는 반복학습을 통해서 완성된다. 히틀러의 선전장관 괴벨의 말이었던가? 거짓이라도 계속 말해주면 그것을 진실인 것처럼 믿게 된다.

2004년 10월부터 홍콩인들은 텔레비전을 통해서 '조국'을 학습해야 했다. 하루 두 차례씩 뉴스를 보기 전에 중국의 국가인 의용군행진곡과 함께 홍보물이 방송되었다. '마음은 조국과 하나(心繫家國)'라는 제목의 짧은(45초) 영상이었다. 홍콩 정체성이 뚜렷한 사람들은 그것을 '세뇌' 작업이라고 했고, 중국 정체성을 자랑하는 사람들은 그것을 두뇌가 건강해지는 '건뇌' 공부라고 했다.

중국 정부로서는 홍콩인들의 성장환경을 바꾸어야만 했다. 조국이 실제 돌아왔음을 알려주어야 했다. 나오는 장면들은 아래와 같았다. 이후 여러 차례에 걸쳐 다른 버전의 홍보물이 업데이트되었다. 2020년 11월부터는 '마음은 하나(心連心)'라는 제목으로 바뀌었다.

등장하는 장면으로는 1. 만리장성, 2. 홍콩 학생들이 중국 국가를 합창하는 장면, 3. 중국 각 지방의 민속과 풍광, 4. 중국의 올림픽 대표팀이 선전하는 장면, 5. 중국의 인민해방군이 훈련하는 장면, 6. 중국의 인민해방군이 대민 봉사(수재, 지진 등)를 하는 장면, 7. 중국의 우주선이 발사되는 장면, 8. 중국의 유명 인사가 역사를 설명하는 장면, 9. 태극권 등 중국문화와 전통예술을 소개하는 장면, 10. 중국의 고금 건축물, 도시 발전상, 11. 중국의 경제, 과학기술, 체육 분야의 발전상, 12. 홍콩오케스트라가 중국 국가를 연주하는 장면, 13. 홍콩경찰악대가 중국 국가를 연주하는 장면 등이었다.

게다가 중국과 홍콩이 맺은 '포괄적 경제동반자 협정(CEPA)'을 강조하고, 시진핑 주석의 통치이념인 '중국몽(中國夢)'을 강조하는 내용도 있었다. 어쩌면 이런 장면들이 모여서 '중국'을 구성하는지도 모르겠다. 하기야 '한국'을 구성하는 이미지도 '중국'과 대동소이할 것이다. 이미지가 국가의 전부일 수도 있는바, 결국 선전과 홍보는 국가의 숙명일 수도 있겠다. 2006년에는 홍콩 정부 내 국민교육센터가 확대 재편되었다.

2007년 '주권 반환 10주년 기념식'에 참석한 국가주석 후진타오(胡錦濤)는 '국민교육'이 중요하다고 하면서 중국-홍콩의 청소년 교류를 확대하자고 했다. 그나마 백지상태라고 여겨지는 청소년들 '두뇌'에 관심을 표한 것이고 향후 중국 정부의 목표가 어디에 있는지를 분명하게 밝힌 것이다. 이후 홍콩-중국 정부는 그렇게 움직였다.

2017년 '주권 반환 20주년 기념식'에 참석한 국가주석 시진핑 역시 '국민교육'을 강조했다. 그는 우선 이렇게 질책했다. 세계 각지에 당연히 존재하는 국민교육이 왜 홍콩에서만 항의를 받고 있는가? 마카오에서는 보안법이 입법되었는데 홍콩에서는 왜 안 되는가? 보안법이 없기에 '홍콩 독립' 분자들이 날뛰고 있지 않은가? 그의 결론은 국민교육이 부족하기에 홍콩의 젊은이들의 국가의식이 갈수록 결핍되어 간다는 것이었다. 사실 미처 형성되지도 못했는데 말이다.

2) 역사교육

주권 반환 이전인 1995년부터 중국 정부는 홍콩의 교과서에 대한 전면적인 개정을 요구했다. 반환 직전인 1997년 초에는 역사 교과서를 다시 써야 한다고 요구했다. 반환 직후인 1997년 9월 개학할 때의 중국 역사교과서는 이전보다 얇아졌다. 중국 정부가 싫어할 만한 내용 즉 대만과 티베트의 역사, 1957년 대약진운동이 야기한 대기아 현상, 1970년대 말 민주화운동과 1989년의 64천안문민주화운동 등의 내용을 삭제하거나 축소했다.

특히 1997년 전의 교과서에서 무역 충돌로만 묘사되던 두 차례의 아편전쟁과 중국 지도자들에게 영향을 준 문화대혁명 등의 내용이 큰 폭으로 늘어났다. 이렇게 본다면 역사는 승자나 권력이 자기 마음대로 편집하는 '소설'이다.

2015년 홍콩 교육당국은 중학교의 '중국 역사' 과목 개정을 추진했다. 홍콩의 역사 부분을 중국의 역사 과목으로 옮기는 것이었다. 홍콩의 역사를 중국의 역사 과목에 삽입하는 것이었다. 홍콩 역사를 단지 중국 역사 일부로 인식시켜 홍콩 독립 의식의 대두를 막고자 하는 노력이었다. 문건에는 '중국역사 편견과 진상'이라는 제목의 표가 붙어 있다. 내용은 아래와 같다.

국가 근대 발전의 역정을 이해해야만 오늘날 동포와 공동 기억을 함께 누릴 수 있으며, 함께 슬퍼하고 기뻐할 수 있어야만, 국가와 민족에 대한 감정을 배양할 수 있다. 주권 반환 이후 국가를 인식하는 것은 당연한 것이며, 민심이 원하는 바이다.

한마디로 국가와 민족을 인식시키기 위하여, 근대사 교육을 강화하겠다는 것이다. 특이한 점은 감정 배양을 특별히 강조한 것이다. 새로운 세계관 즉 정체성을 만들기 위한 조치라고 읽힌다. 중국과 같은 방식 즉 국가와 민족이라는 '주선율'을 돌출시켜서 피교육자의 감정을 자극하는 교육을 예고한 것이다. 역사를 이른바 '슬프고 아픈' 스토리로 각색하는 것인데, 감정을 자극하는 교육은 이성적인 사고 능력의 배양을 방해한다. 국민들의 건강한 두뇌 구조의 형성을 방해하는 후과를 가져온다.

앞에서도 여러 번 언급한 것처럼 근대사 교육을 강화한다는 것은 중국공산당의 역사관 즉 '피해의식'을 주입하겠다는 의도이다. 아편전쟁 당시부터 청나라(만주족)가 무능해서 제국주의가 중국을 마음대로 유린했다는 내용을 반복해서 강조한다. 당연히 '54신문화운동'의 적통을 이어받은 중국공산당이 중화민족의 자존심을 회복시켰다는 스토리가 따라온다. 중국근대에 당한 국가와 민족의 '수모'와 '피해'를 중국공산당이 나서서 치료하고 치유했다는 논리로 연결하기 위함이다. 중국공산당 덕분에 민족적 자존심을 회복했다는 것이다. 이제 세계 강대국이라는 '중국몽'을 위해 일치단결해서 나아가야 한다는 다짐도 빠트릴 수 없다.

2016년 11월 홍콩 입법회의는 중고등학교에서 '중국 역사'를 단일 필수과목으로 지정해야 한다는 안건을 통과시켰다. 친중국계는 당시 최대 현안으로 떠오른 홍콩의 '분리 독립' 문제를 해결할 수 있는 법안이라고 환영했다. 야당은 애국 교육이라는 미명하에 '세뇌 교육'이 진행될 것이라고 반대했다.

주권 반환 이후 중국 정부는 홍콩특구 역사 관련 교과서를 다시 만들기 위한 노력을 기울여왔다. 2020년 6월 말 홍콩에서 국가보안법이 발효된 직후, 중국『인민일보』는 "독(毒)이 든 교과서가 홍콩 학생들을 망치고 있고", "교과서 탓에 학생들이 싹수가 노랗다"라고 했다. 2021년 최근 새로운 교과서 초안이 나왔다. '영국의 홍콩 통치는 국제법 위반'이라는 사실을 강조하면서, 홍콩인도 다름 아닌 중국인이라는 점을 강화하는 내용이다. 홍콩 정체성을 정조준해서 '독'이라고 표현했다. 그 '독'이라는 것은 바로 홍콩의 민주, 자유, 법제일 것이다.

3) 박물관 재편

주권 반환 직후인 1998년 홍콩역사박물관은 침사추이 현 위치로 확장 오픈했다. 첫 전시는 중국문화를 선양한다는 목표 아래 열린 '중국 고대 과학기술전'이었다. 알다시피 박물관은 학교와 마찬가지로 정부의 공식적인 교육기관으로 간주되는 공간이다. 구소련은 1921~1936년 사이에 542개의 박물관을 만들었다. 독일도 1·2차 세계대전 사이에 2천 개 이상의 박물관을 건립했다. 국가에 대한 자부심을 회복시킨다는 것이 목적이었다. 대한민국역사박물관도 당초 '국민 자긍심을 고양한다'는 목표로 추진되었다.

'박물관은 가족, 학교, 저널리즘 등과 같은 국민통합을 위한 이데올로기'라는 니시카와 나가오의 경고를 들먹이지 않더라도, 원래 박물관은 그렇게 한가한 공간이 아니다. 박물관 고유의 권위 때문에 그 가르침이 관람객들에게 '절대 진리'로 수용될 수 있기 때문이다. 지금 이 시간에도 세계 곳곳에서 박물관의 가르침은 어린아이부터 노인들에게까지 무차별적으로 던져진다.

중국으로 주권이 반환되는 즈음에 다시 오픈한 홍콩역사박물관 역시 남다른 목표를 가지고 있었다. 자신만의 지역적 정체성이 뚜렷해서 '엇나가는' 홍콩인들을 가르쳐야 했다. 저 '비참한' 영국 식민지로부터 '행복한' 조국의 품속으로 데려오고자 했다. 중국인이나 홍콩인이나 모두가 같은 민족임을, 대륙이나 홍콩이나 같은 지질대임을, 홍콩 지역이 오래전부터 숭국의 행경구역에 속했음을 강조하는 공간이어야 했다.

구석기 시대부터 역사적으로 면면히 이어져오는 유대성을 강조해야 했다. 풍속과 음식이 같다고 해야 했다. 물론 홍콩섬과 주룽반도가 절대 내버려진 공간이 아니었고, 중국이 아끼고 아끼던 땅임을 강조해야 했다. 그 중요한 땅을 빼앗아 간 제국주의를 부각시키고, '천인공노할' 아편을 대량으로 밀수출한 영국의 파렴치함을 대대적으로 선전해야만 했다. 무엇보다도 난징조약 그것이 불평등조약이었다는 수식어는 절대 빠뜨리지 않는다. 불평등조약으로 홍콩이 강탈당했음을 누누이 강조하는 것이 중요했다.

아편전쟁만을 크게 부각시키는 전시실을 따로 만들었다. 무기 수준으로 볼 때 처음부터 상대가 안 되는 어른과 어린아이의 전쟁이었음을 거듭 말하고 있다. 늘 그렇듯이 열악한 조건에서도 민족 자존심을 세우기 위해 끝까지 싸운 주인공이 필요했다. 지금도 '제국주의'를 노려보는 듯한 이미지의 임칙서 동상이 박물관의 전시실 중앙을 지키고 있다. 2023년 7월 현재 박물관의 전시 전체가 리모델링 공사 중이다. 상설 전시인 '홍콩스토리'가 박물관의 로비에 축약 전시되고 있는데, 중국 단체 관광객들의 발걸음이 이어지고 있다.

당연히 통일된 중국의 모습을 부각시켜야지, 지역으로서 홍콩 정체성이 중시되는 전시가 되어서는 안 되는 것이었다. 식민지 155년 동안 홍콩이 자신만의 정체성을 만들어왔다거나, 그 정체성이 소중하다거나, 그 정체성을 지켜주자는 내용은 절대 등장해서는 안 되는 것이었다. 중국공산당의 치부인 '67폭동(홍콩에서의 문화대혁명)'이나 '64민주화운동'에 대한 언급은 하지 말아야 한다. 하지만 너무나 중요한 역사적 사건이기에 그냥 지나가면 박물관 전체 권위를 의심받게 되니까, 그저 한두 줄로 끝내야 하는 것이다.

중국으로서는, 중국공산당으로서는, 주권 반환이라는 위대한 업적은 아무리 자랑하더라도 지나치지 않을 것이다. 제국주의 횡포에 의해 99년간 빌려준 땅을 돌려받는 것만 해도 대단한데, 영구적으로 주어버린 홍콩섬과 주룽반도를 한꺼번에 돌려받았다. 당연히 반환이라는 의미의 '회귀(回歸)'라는 제목을 단 중국 전통 가옥 형태의 특별한 방을 만들어서 홍보하고 있다. 주권을 반환받는 그 장면을 동영상으로 보여주고 있고, 그 사실을 1면 톱으로 보도하고 있는 세계 신문들로 벽을 도배하고 있다.

여덟 개 전시실 중에 일본 점령 시기에 대한 전시실을 따로 두고 있다. 3년 8개월이라는 시간으로 보면 짧지만, 중국공산당식 역사관에서는 절대 약하게 취급할 수 없는 사안이다. 홍콩역사박물관 '홍콩스토리'에는 일본의 통치에 대해 단 한마디의 긍정적인 서술도 나타나지 않는다. 영국 점령 시기 전체를 긍정적으로 평가하고 있는 것과 비교해서 그렇다.

최근 동아시아에서 일본 통치에 대한 비교 연구가 활발하다. 대만에서의 일본과 국민당의 통치는 자주 비교되는 케이스 중의 하나이다. 대만인들은 국민당 통치 방식을 일본의 그것과 사사건건 비교했다. 그래서 국민당을 더 미워하는 사람이 많다. 한편 중국공산당은 숙청과 복권의 정치를 반복한다. 복권을 중국어로 '평반(平反)'이라고 한다. 틀린 것을 바로잡는다는 뜻이다. 홍콩의 주권이 중국으로 반환되었으니, 당연히 홍콩의 역사에 대한 재평가가 뒤따라야 할 것이었다.

제국주의 영국의 치하에서 '옳게' 평가받지 못한 경우를 복권시켜야 하는 것이다. 어디 중국뿐이겠는가! 1997년 주권 반환 이후 홍콩(중국)정부는 우선 홍콩인들의 가장 큰 집단기억이라고 할 수 있는 '67폭동'에 대한 기억을 재편하기로 했다. '67폭동'과 관련된 좌파 인사들을 재평가하고 찬양했다. 홍콩인들이나 홍콩 정부로부터 수십 년 동안 비판받아온 인사들과 활동에 대해 '홍콩 사회에 탁월한 공헌'을 했다며 '평반'했다. 1967년 폭동 당시 친중국계 노동조합 지도자들(투쟁위원회 위원)에게 훈장을 수여했으며, 1950~60년대에 급진 좌파에 내려진 수배령을 해제하기도 했다.

홍콩(중국) 정부는 또 일본 식민지 시기 홍콩 일대에서 활동했던 중국공산당 항일유격대인 둥강종대를 선양하는 작업도 병행했다. 중국공산당이 지휘하는 유격 부대인데, 5백 명 정도로 6개 중대 조직이었다. 임무는 홍콩에 거주하는 문화계 인사와 외국인 포로를 구조하고, 일본군의 정보를 수집하고, 일본군의 교통시설을 파괴하고, 일본의 앞잡이를 처단하는 것이었다. 『문회보』와 『대공보』 등 친중국계 신문들은 기념행사와 함께 둥강종대의 활동과 관련 인물들을 꾸준하게 발굴 선양해오고 있다. 홍콩을 향해 중국과 중국공산당의 정체성을 주입시키기 위해서는 더 이상 미룰 수 없는 조치들이다.

4) 중국이라는 유전자(DNA) 소환

생생한 기억만큼 생생한 거짓말은 없다고 한다. 우리는 자신이 겪은 개인사를 자기중심적으로 왜곡한다. 명분과 실리 사이에서 우리 두뇌는 과거를 이렇게 저렇게 재편한다. 개인사뿐만이 아니라 역사적인 사건도 마찬가지인데, 생생한 거짓말을 생산하기 위해 이번에는 권력이 개입한다. 권력은 국민 두뇌 속의 역사에 대한 왜곡을 수시로 획책한다.

같은 사건이라도 누구에게는 희극이 되고, 누구에게는 비극이 되고, 누구에게는 아무것도 아닌 것이 된다. 체현되는 방식도 각각이어서, 누구는 웃으면서 잊어버리고, 누구는 매 순간 분노하고, 누구는 다음 투표 날만 기다린다. 권력은 언제나 자기편에게 유리하게 체현되도록 국민 정체성(두뇌)을 재편할 기회를 노린다.

최근 두뇌 '가소성'에 대한 연구가 큰 진전을 보여주고 있다. 두뇌는 매우 탄력적이기에 개인의 성격과 사고방식도 변화될 수 있다고 한다. 세대를 거치지 않아도 바꿀 수 있다는 것이다. 물론 정도의 문제겠지만 말이다. 그런 측면에서 본다면 홍콩인 정체성도 바뀔 수 있는 것이고, 그것을 추진하는 중국 정부는 정당성을 가진다. 우선 국가와 민족이라는 명분을 꾸준하게 소환해야 한다. 반면에 홍콩의 실리를 다진 기억은 지우는 노력이 필요한 것이다.

홍콩에도 분명히 중국을 조국으로 인식하는 역사가 있었다.

1963년 중국어로 강의하는 중문대학(中文大學)이 설립되고, 중국어에 대한 인식이 확산되기 시작했다. '67폭동' 이후 홍콩(중국)인에 대한 대우 문제가 제기되었고, 더불어 중국어 운동이 관심을 받았다. 1971년 홍콩의 각 대학 학생회는 '조국을 인식하고, 사회에 관심을 가지자'라는 인중관사(認中關社) 운동을 전개했다. 홍콩의 대학생들이 '조국' 정체성을 인식하는 계기가 되었다는 평가를 받고 있다.

마침내 1974년 중국어는 영어와 동등한 법률적 지위를 얻었다. 조국을 인식하는 방편으로는 우선 중국관광단을 조직했다. 마침 일본과 벌어지고 있는 조어대(釣魚台, 센카쿠 열도)의 영토 분쟁에도 뛰어들었다. 일본이 실효적으로 지배하고 있는 조어대의 주권을 지키자는 운동이었는데, 홍콩 대학생들은 일본대사관과 일본문화관에 가서 시위를 했다.

2003년 중국이 유인 우주선 발사에 성공했다. 중국의 첨단기술은 이미 세계적인 수준이라는 것은 널리 알려진 사실이었지만 세계가 놀랐다. 중국은 19세기부터 20세기까지 일본을 비롯한 제국주의 열강으로부터 수모를 당해왔다. 원인은 군사무기를 비롯한 과학기술 후진성 때문이었다고 할 수 있다. 중국 정부는 역사적 원한을 풀기 위해 핵무기를 비롯한 첨단기술의 개발에 매진해왔다. 1950년대에는 원자폭탄, 1960년대에는 수소폭탄, 1970년대에는 대륙 간 탄도 미사일을 개발했다. 더불어 우주를 향한 계획도 추진해왔다.

유인우주선 발사에 성공한 중국 정부는 위대한 조국 정체성을 중국인들에게 대대적으로 홍보했음은 물론, 홍콩인들에게도 보여주고 싶었다. 홍콩인들의 두뇌에 자랑스러운 조국을 심어주고 싶었다. 아니 홍콩인들 유전자 속에 숨어 있는 조국을 다시 소환하고 싶었다. 나아가서 조국의 위대함에 대한 새로운 기억을 만들어주고 싶었다.

우주 비행사들을 홍콩으로 보내 카퍼레이드를 하고 홍콩스타디움에서 군중대회를 열기도 했다. 그 당시 분위기로 볼 때, 유인우주선 발사 성공으로 홍콩인들은 정말 중국을 진심으로 받아들이는 듯했다. 홍콩인들도 그 사실을 진심으로 축하했고 같은 민족으로서 긍지를 느꼈다.

홍콩인들은 중국에 지진이 발생하면 지진 피해 돕기 운동을, 수재가 발생하면 수재민 돕기 운동을 벌였다. 2008년 원촨 지진 때는 모든 홍콩인들이 모금에 동참했다고 해도 과언이 아니었다. 언제나 '피는 물보다 진하다'라는 표어가 함께했다. 혈통적으로 같은 정체성을 지녔다는 의식의 흐름이 실재했다. 중국 정부로서는 그 지점을 놓치지 않고 잡아야 했기에 주권 반환 이후 수시로 같은 '피'를 강조했다.

2008년 베이징올림픽이 열렸다. 중국 정부는 올림픽을 유치한 것이나 성공적으로 개최했다는 사실을 대대적으로 홍보했다. 베이징올림픽을 국가의식 함양의 장으로 삼았다. 올림픽 스타들을 홍콩으로 보내 조국 영광을 홍콩인들의 집단기억으로 정착시키는 데 노력했다.

2017년 '주권 반환 20주년' 기념행사의 하나로 민족 무용극

〈공자(孔子)〉가 준비되었다. 공자는 청말부터 도마에 오르기 시작해서, 54신문화운동부터는 천고의 죄인이 되었다. 유교 반대, 공자 타도라는 광풍이 20세기 중국을 지배했다. 21세기가 되어서야 중국에서 공자가 부활했다. 아니 개혁개방 이후 돈만을 밝히는 사회 분위기를 바로잡기 위해 중국공산당이 부활시켰다.

2011년에는 천안문광장에 거대한(높이 8미터) 공자상을 세우기도 했다. (비록 얼마 못 가 여론에 밀려 그 옆 중국역사박물관 뒷마당으로 옮겼지만 말이다.) 홍콩의 정체성을 국가와 민족으로 소환하기 위해 중화민족의 가장 대표적인 문화유전자인 공자를 등판시킨 것이다.

5) 보통화(普通話) 교육

1984년 홍콩 주권을 중국에 반환한다는 〈중영공동성명〉이 체결된 후, 홍콩 정부는 아래와 같은 단계로 중국의 표준어인 '보통화' 교육을 추진해왔다. 1986년 홍콩 교육부는 보통화 수업을 정식으로 초등학교(4~6년) 과정에 독립 과목으로 추가하고, 각 교육대학에 보통화 교사 훈련과정을 설치했다. 이어서 1988년에는 보통화 수준 측정 시험의 규칙을 공포했다. 1989년부터는 교재, 수업 요강 등을 공포했다. 1995년에 홍콩 총독은 시정보고에서 학교의 보통화 교육 강화를 약속하기도 했다. 2006년 중국 교육부 언어정보 국장은 이렇게 말한 적이 있다.

최근 홍콩인 중 보통화 구사자가 꾸준히 늘고 있지만, 아직은 외국과 다름이 없다. 중국인으로서 경제나 문화 공감대 확산을 위해서는 표준어 구사가 필수적이다. 그것을 홍콩인들이 알아야 한다.

중국 정부는 우선 2010년까지 전 국민이 기초 보통화를 구사하고, 건국 1백 주년이 되는 21세기 중반까지는 소수민족에게도 보통화를 보급한다는 목표를 세웠다. 영국 통치 시기 홍콩에서는 당연히 영어가 법정용어이자 교육언어였다. 일본 통치 시기에는 일본어가 영어의 지위를 대신했다. 일본 통치 시기 초중등학교에서 매주 일본어를 네 시간씩 교육했으며, 일본어가 영어를 대신하여 법정용어가 되었다.

국민당이 대만으로 후퇴한 이후에도 대만에서 대대적으로 표준어를 사용하자는 '국어운동'을 전개했다. 그런 점을 상기하여 본다면 언어와 통치주체와의 상관관계는 매우 직접적이다. 보통화는 중국 정부의 통치이념과 일체라고 할 수 있다.

2011년에 나온 <너와 함께(一路有你)>라는 영화에는 중국인이 홍콩 운전기사에게 '표준어부터 배우고 말해'라며 소리치는 장면이 나온다. 주권 반환 이후 보통화가 강조되기 시작했다. 중국의 관리들이나 관방 학자들은 수시로 보통화를 강조하거나 광둥어를 폄하하는 발언을 해서 홍콩인들의 자존심을 자극했다. 대륙 학자들조차 홍콩 출신으로 미국에서 활동하면서 홍콩 정체성을 연구하는 레이초우를 보통화도 모르는 사람이라고 비난했다. 아래와 같은 이데올로기가 밤낮으로 홍콩인들의 귓속을 파고들었다.

보통화를 많이 말하고 많이 듣게 되면 조국을 더욱 열애할 수 있다. 중화민족의 우수한 문화를 흡수할 수 있다. 문화가 없는 상인은 큰 사업을 할 수 없다.

역사학자 에릭 홉스봄은 같은 언어를 쓰는 인간들을 친구로, 다른 언어를 쓰는 인간들을 적으로 보는 관념은 극히 최근에 만들어졌다고 했다. 나는 주권 반환 이후 홍콩의 보통화 환경이 갈수록 열악해지고 있음을 느끼고 있었다. 내가 보통화로 주문을 하거나 길을 물을 때, 돌아오는 반응이 심상치 않았다.

2014년 우산운동 직후에는 심지어 살기를 느끼기도 했다. (모르는 사람의 눈에서 살기를 느껴본 적이 있는가?) 식당이나 길에서 보이는 (보통화를 사용하는 사람들에 대한) 홍콩인들의 적대적인 태도는 상상을 초월했다. 홍콩 사람들은 그만큼 절박했다. 적대적인 눈길들 사이에서 나는 보통화 사용을 가급적 피하고 영어를 사용하고 있었다.

2018년 2월 홍콩의 명문대학 중 하나인 침회대학(浸會大學)에서 사고가 발생했다. 학교 당국이 보통화를 필수과목에 포함시켰고, 이에 대해 학생간부들이 강력하게 항의했다. 두 명이 정학을 당했다. 중국공산당 내에 국가언어문자 공작위원회가 있다. 그 위원회가 제작한 보조교재에 이런 내용이 있었다.

광둥어는 사투리이며, 홍콩의 공식 언어는 광둥어가 아닌, 한족이 보편적으로 사용하는 보통화가 되어야 한다.

2018년 5월 홍콩의 수장인 행정장관은 결국 의회 답변에서, "우리는 매일 광둥어로 말한다. 광둥어가 바로 홍콩 모국어"라는 답변을 내놓아야만 했다.

경상도 사람들은 경상도 사투리를 하고, 전라도 사람들은 전라도 사투리를 한다. 사투리 덕분에 또는 사투리 때문에 홍콩인은 더욱 홍콩인이라는 정체성을 굳혀갔다. 홍콩인들은 홍콩어 (홍콩식 광둥어)를 하기에 홍콩인이다. 언어는 정체성을 구성하는 가장 중요한 조건이다. 알다시피 사투리는 중앙에서 보면 사투리이지만, 지역에서만큼은 그 지역을 대표하는 당당한 표준어이다.

한국 경상도 사투리가 하나가 아니듯이, 광둥어도 광저우식과 홍콩식으로 나누어진다. 같은 광둥어를 구사하더라도 상대가 중국인인지 홍콩인인지 서로 단번에 알아차린다. 홍콩 사람들은 영어 등 외래어가 많은 홍콩어에 남다른 자부심을 가지고 있다. 홍콩에서 통용되는 광둥어는 홍콩 정체성만큼이나 독특하기에 '홍콩어(香港話)'라고 해야 한다는 의견이 많다. 보통화도 아니고, 중국식 광둥어도 아니고, 홍콩의 특징을 지닌 광둥어이기 때문이다.

광둥성에서 사용되는 사투리는 객가어(客家語)나 차오저우(潮州) 방언 등 몇 가지 종류가 있는데, 그중에서 광둥어가 수류 언어이다. 알고 보면 광둥어 영향력은 동남아시아는 물론 세계에

뻗어 있다. 세계 어디서나 중국인들이 살고 있는 곳에서 영향력이 가장 큰 언어라고 할 수 있다. 중국 동남부 연해지방인 광둥 지역은 지정학적 위치 덕분에 일찌감치 세계화되었다. 광둥 사람들은 그만큼 진취적이고 그만큼 세계적이다.

세계의 화인(華人) 사회도 다양한데, 푸젠성 출신들은 그들끼리, 광둥성 출신들은 또 그들끼리 뭉쳐서 살고 있다. 푸젠어와 광둥어가 우선 그들의 지역별 정체성을 규정한다.

중국인들은 외국어 몇 개를 한다는 말이 있다. 중국은 그 덩치만큼이나 사투리의 편차가 너무 커서 서로 도무지 이해할 수 없는 외국어 같다. 아버지가 산둥성(山東省) 사람이고, 어머니가 광둥성 사람이면, 자식은 자연스럽게 산둥어와 광둥어를 배우게 된다. 학교에서는 표준어인 보통화를 사용하니까, 광둥어와 산둥어를 포함해서 세 개의 외국어를 하는 셈이다. 사는 곳이 허난성(河南省)이면 허난성 사투리를 하나 더 할 수도 있다. 그렇다면 일반적으로 중국인들은 네 개의 외국어를 하는 셈이다. 여기에다가 말레이시아 화인들은 말레이어도 영어도 할 줄 아니까 여섯 개의 외국어에 능통하다고 할 수 있다. 말레이시아 화인들이 세계 어디에서나 어느 기업에서나 환영받는 이유이다.

그런 측면에서 중국 전역에서 보통화를 정착시키기 위한 노력을 한 중국공산당은 보통화 교육이 자신들의 대표적인 공로라고 자랑한다. 물론 영국이 통치한 홍콩을 제외하고서 말이다. 중원에서 볼 때 광둥 지역은 그 거리만큼이나 멀고 생소한 곳이고 말도 완전히 달랐다. 베이징 사람이 홍콩으로 이민을 오면 홍콩 정부에서 운영하는 교습소에서 광둥어 교육을 받는다. 6개월 지나야 알아듣고, 1년이 지나야 비슷하게 흉내 낼 수 있다고 한다.

교육공학자 바바라 오클리는 중국어를 하며 자란 사람들은, 영어를 하며 자란 사람과 다른 뇌 영역에서 수학적 계산을 한다고 했다. 성장 환경(언어 환경은 물론)은 두뇌에 큰 영향을 미친다. 그렇다면 영어와 광둥어를 모두 제1언어로 말하면서 살아온 홍콩인의 두뇌 구조는 중국인의 그것과 다르다. 두뇌 구조가 바로 그 사람의 정체성인데, 개인의 정체성은 집단의 정체성을 구성한다.

6) 자기검열

이 책의 프롤로그에서 말한 적이 있다. 홍콩으로 입경할 때나 중국으로 입국할 때, 꽝꽝 소리 내면서 찍힐 스탬프를 기다리는 나는 짧은 시간이지만 길게 자기검열을 한다. 홍콩에서 출간된 내 책에 혹시 홍콩 독립을 지지하는 내용은 없는지? 지난 방학 때 홍콩에 갔을 때, (홍콩 경찰의 무자비한 진압을 비판하는) 친구들에게 과잉으로 동조한 적은 없는지 말이다. 그러면서 학자를 자부하는 내가 자기검열을 하고 있음에 한심해한다.

주권 반환 이전부터 홍콩 언론에 대한 군기 잡기가 시작되었다. 그 뒤로도 잊을 만하면 아래와 같은 내용의 뉴스에 정신이 번쩍 들었다. 1983년 홍콩인 하버드대 박사 황셴(黃賢)이 국가기밀 절도 혐의로 중국에서 체포되어 15년 형을 받았다. 1992년 홍콩『쾌보(快報)』기자가 장쩌민 총서기의 연설문을 빼냈다는 혐의로 중국에서 체포되었다.

1993년 홍콩『명보』기자 시양(席揚)이 국가기밀 절도 혐의로 베이징에서 체포되어 12년 형을 선고받았다. 2001년에는 홍콩 성시대학(城市大學)의 교수 리샤오민(李少民)이 대만의 간첩 혐의로 중국에서 체포되었다. 2005년 싱가포르 신문 홍콩 특파원인 청샹(程翔)이 간첩 혐의로 중국에서 체포되어 5년 형을 선고받았다.

2020년 국가보안법 발효 이후에는 중국에 비판적인 외국인 기자들에게 홍콩 체류 비자를 갱신해주지 않고 있다. 2021년 11월 영국『이코노미스트』홍콩 특파원이 비자의 갱신을 거절당했는데, 외국인 기자로서는 세 번째 경우에 해당한다.

주권 반환 이전부터 많은 학자들이 홍콩 미래를 걱정하고 있었다. 미국 정치학자 슝(James C. Hsiung)도 베이징이 홍콩의 정치와 경제 업무에 간여하여, 언론 자유, 사법 자유, 학술 자유, 자유선거 등 홍콩 '자유'를 짓밟아버릴 것을 가장 우려하고 있었다. 당시에는 학자들의 기우로서, 지나치게 부정적인 추측이라고 했다. 하지만 2020년 6월 홍콩에서 〈국가보안법〉이 발효된 이후 지금까지, 연일 검거되고 기소되고 있다. 2023년 7월 홍콩 행정장관은 국가보안법 위반 혐의로 수배된 8명을 끝까지 추적하여 체포할 것이라고 엄명했다. 이런 뉴스를 지켜보노라면, 불행하게도 학자들의 기우가 현실이 된 것 같다.

홍콩 민주파 정치인들도 법치에서 인치로 전환될 것을 우려했다. 영국 통치 시기 홍콩은 '법치 사회'였다는 것이다. 현재 중국이 '인치 사회'인 것처럼 홍콩도 '인치 사회'가 될 것임을 우려했다. 중국에서 홍콩으로 파견한 정보요원과 망원을 합치면 수천 명이라고 한다. 중국 국가안전부와 공안부가 홍콩 주요 기관과 인사들을 감시하고 있다고 한다. 행정장관 관저에서 도청장치가 발견된 적도 있다. 국가보안법 발효 이후 1년 만에 고소고발 건수가 10만 건을 넘는다는 뉴스에 그저 막막해진다. 홍콩에서도 이제 상호 감시 체제가 완성된 것인가!

　'순치(馴致)'라는 말이 유행하고 있는데, '짐승을 길들인다'는 뜻이다. 홍콩인들이 느끼는 솔직한 감정일 것이다. 스피노자는 순간순간 내 정신의 자유를 침해할 어떠한 구속에도 순치되지 않으려는 결심을 해야 한다고 했던가. 중국 정부는 홍콩인들을 순간순간 긴장시키는 방법을 택했다. 사상적으로 무한 자유를 누려온 홍콩인들에게 가장 '효과적인' 길들이기 방법인지도 모르겠다. 주권 반환 이후 홍콩인들은 시시각각 자신을 검열해야 한다. 게다가 2023년 7월 더욱 무서운 〈반간첩법〉이 발효되었다.

　나는 간첩으로 오해, 아니 이해될 행동을 하고 있는 것은 아닌가를 검열해야 한다. 내가 간첩 혐의로 체포될 수도 있다는 사실을 순간순간 의식해야만 한다. 개인이 말을 하면서 정치권력이나 대중권력을 의식할 때 언론 자유는 이미 저만치 사라진다. 긴장상태가 지속되어 더 이상 긴장으로 느끼지 못하고 일상으로 인식될 때가 올 것이다. 사람이나 동물이나 그렇게 길들여진다.

15장

정체성 재조립

신제 지역 전통음식인 펀차이가
홍콩역사박물관에 전시되어 있다.

정체성
저항

어차피 개인과 개인, 지역과 지역, 국가와 지역의 정체성 갈등은 피할 수 없다. 갈등 뒤에는 전쟁, 분리, 해체 등이 따라오고 다시 통합을 꿈꾼다. 정치의 목적은 갈등의 완전 해결에 있는 것이 아니고, 갈등을 재조립하는 데 있다고 했던가! 정체성의 갈등도 마찬가지인데, 완전히 해결되는 것이 아니고, 재조립된다.

정치학자 프랜시스 후쿠야마 교수는, 정체성이란 "자신의 내적 자아 그리고 그 내적 자아의 가치나 존엄을 충분히 인정해주지 않는 사회적 규칙 및 규범을 가진 외부 세계, 이 둘을 구분함으로써 자라난다"라고 했다. 홍콩인들은 자신의 정체성을 발견하고 있었다. 1997년 주권 반환이라는 거대한 이벤트가 홍콩의 정체성 문제를 자극한 것이다. 아니다. 주권 반환 그 자체보다는 이후 과정에 더 큰 문제가 있다고 해야 더욱 정확한 표현이다. 중국인들은 홍콩인들 자존심을 건드렸다. 홍콩 정체성을 향해 도발한 것이다.

중국 정부가 사사건건 홍콩인들을 향해 '너는 누구냐'라는 화두를 던진 것이다. 그들은 그 질문에 대답하고자 점점 자신'다움'이 무엇인지, 자신의 가치가 무엇인지, 자신이 과연 누구인지를 고민하게 되었다. 그냥 내버려두어도 괴로운 사춘기 청소년을 부모가 사사건건 괴롭히는 것과 같아 보였다.

쿠르트 레빈은 강연을 포함해서 지식을 전달하는 추상적인 방법들은 사람의 시각과 행동을 변화시키는 데 아무런 소용이 없으며, 게다가 직접적인 경험조차도 바라는 결과를 반드시 가져오는 것은 아니라고 했다. 인지 구조에 변화가 일어난다고 해서 반드시 정서에 변화가 일어나는 것은 아니기에 누군가의 행동을 바꾸려는 노력이 어려움을 강조했다. 인지 구조와 정서는 완전히 별개의 것이라는 말이다.

혹인 인식에 대한 백인들의 설문조사 결과를 보면 지식과 정서는 완연하게 구별된다고 말했다. 개인감정은 그 사람을 둘러싸고 있는 사회적 환경과 지배하는 정서에 좌우된다고 했다. 그의 지각과 정서적 반응은 그가 이성적으로 알고 있는 지식과 반대라는 것이다. 재교육은 언어적으로 표현만 변화시키고 행동에는 아무런 변화를 주지 않을 수 있다. 즉 초자아(의무적으로 느껴야 한다고 여기는 정서)와 자아(실제로 느끼는 정서) 사이의 괴리만 더욱 커지게 될 뿐, 문제는 반드시 행동의 수정으로 연결되지는 않는다는 것이다.

방법은 있다. 쿠르트 레빈은 본인이 그 문제에 능동적으로 깊이 개입하는 것이라고 했다. 적극적으로 개입하지 않는다면, 객관적인 사실도 그 사람의 내면에 자리 잡기 힘들며, 그 사람의 사회적 행동으로 연결되지 않는다는 것이다. 그렇다면 푸코가 말하는 동성애를 이해한다고 하지 말고, 네가 해보라는 말의 의미를 짐작할 수 있을 것 같다.

막심 고리키 소설 『어머니』가 생각난다. 아무것도 모르던 어머니의 사회의식은 아들이 체포되는 횟수에 비례하여 성장한다. 정치가 없던 홍콩의 환경이 바뀌고 있었다. 1997년 주권 반환 이후 홍콩인들이 정치에 눈을 뜨기 시작했다. 정치를 생산하겠다는 의지를 불태웠다. 홍콩인들 정치의식은 시위 횟수와 더불어 성장했고, 그 의식은 또 다른 시위를 만들어냈다. 시위와 함께 홍콩 정체성이 재조립되고 있었다. 이번에는 조금 달랐는데, 자기 정체성에 대한 확신이 도를 넘고 있었다.

보안법
반대

언제나 당사자 양쪽 말을 모두 들어보아야 한다. 양쪽 이야기를 다 들어보고 나서 잘잘못을 따져도 늦지 않다. 하지만 내 빡빡한 현실과 협소한 전두엽은 그만한 여유를 허락하지 않는다. 그 핑계 속에서 내가 듣고 싶은 것만 골라서 듣는 확증편향은 보폭을 넓힌다.

홍콩을 알기 위해서는 중국을 알아야 하고, 홍콩을 이해하기 위해서는 중국을 이해해야 한다. 홍콩 문제에 관심을 표시하는 친구들에게 내가 입버릇처럼 하는 말이 있다. '홍콩 입장에서만 생각하지 말고, 중국 쪽에 서서 한번 생각해봐! 자네가 중국 정부라면 어떻게 할래? 자네가 시진핑이라면, 홍콩인들의 요구를 모두 들어줄래?' 전두엽은 평생 관리해야 하는데, 전두엽은 그렇게 해서 확대되고 활성화된다. 정확한 판단도, 폭넓은 이해도 내가 노력해야 얻을 수 있다.

천하흥망(天下興亡)은, 필부유책(匹夫有責)이다. 세상이 흥하고 망하는 것은, 한 사람 한 사람 모두의 책임이다. 우리 모두가 똑똑해지는 수밖에 없다. 두 눈을 부릅뜨고 지켜보는 수밖에 없다. 중국 입장도 한 번쯤 살펴보아야 할 의무가 우리에게 있다는 말이다.

1976년 마오쩌둥이 사망하고, 문화대혁명이 공식적으로 끝났다. 당연하지만 당시 중국이라는 국가 체제가 매우 취약했다. 국가를 지탱하고 있던 중국공산당 권위는 바닥에 떨어진 지 이미 오래였다. 중화인민공화국이라는 나라는 누가 살짝 건드리기만 해도 쓰러질 것 같은 상태였다. 곧이어 거부할 수 없는 개혁개방 광풍이 몰아닥쳤다. 대외적으로 무방비 상태로 내쳐졌다.

세계적으로 20세기를 강타했던 사회주의 실험도 이제 끝을 보이고 있었다. 그것은 중국공산당 나아가서 중화인민공화국 운명과 직결되는 문제였다. 실제로 사회주의 종주국이라고 할 수 있는 소련이 허망하게 무너졌다. 소련과 주변국들이 다시 안정을 찾기까지는 엄청난 대가를 지불해야만 했다. 중국공산당은 소련에서 벌어지는 일들을 눈앞에서 보았다. 중국공산당의 최대 목표는 국내 그리고 역내(주변)의 안정이 될 수밖에 없었다.

거대한 국가가 순식간에 해체되는 모습을 보았다. 더 이상 무슨 교훈이 필요하며, 무슨 목표가 필요하단 말인가! 중화인민공화국 해체는 공멸이었다. 중국공산당은 56개 소수민족으로 구성된 중국 분열은 곧바로 파국이라고 생각했다. 우리는 머릿속에서나마 수시로 국가 혁명을 꿈꾸고, 체제의 전복을 획책한다. 기존 체제에 대한 혁명과 전복이 우리에게 보다 나은 삶을 가져다줄 것이라는 믿음 때문이다. 사회주의 정부는 이론을 매우 중시하는데, 마찬가지로 중국공산당도 최고 학자들로 구성된 이론 소조(小組, 팀)의 도움을 받고 있다. 물론 중국에는 (우리 한국인이 생각하는 것보다 훨씬 넓은) 광범위한 이론가와 사상가 그룹이 있다.

최근 중국공산당 정책과 방향은 사상가 왕후이(汪暉)를 비롯한 신좌파가 받쳐주고 있다. 그들은 중국 사회주의가 많은 문제점을 보여주었지만, 사회주의 경험을 소중하게 안고 가야 한다는 생각의 틀을 가지고 있다. 한국 중국학계 역시 그 자장 안에 있다고 해도 과언이 아닐 정도로 중국 신좌파의 영향력은 크다.

일본 사상가 가라타니 고진은 바로 지금 이 시점의 안정을 매우 중시한다. 안정은 혁명보다 더 혁명적이라는 것이 그의 생각이다. 혁명보다 더 큰 힘이 작용하고 있기에 현재 안정이 유지되고 있다는 뜻이다. 현재의 안정이 깨질 경우, 다시 안정을 찾기까지는 엄청난 대가를 지불해야 한다. 인류의 길고 긴 역사가 그것을 증명하고 있다.

중국 정부는 개혁개방 이후 참고 기다린다는 뜻의 '도광양회(韜光養晦)' 정신을 견지했다. 덩샤오핑은 기회 있을 때마다 자신의 좌우명 같은 성어를 강조했다. 미국을 비롯한 모든 외세에 맞서지 않고, 우선 힘을 기르기 위한, 안정을 유지하기 위한 다짐이었다. 덩샤오핑은 중국근현대사 고비 고비의 아픔을 잘 알고 있었다. 인구 10억 나라가 혼란에 빠질 수 있음을 모든 판단의 최우선 기준으로 삼았다. 덩샤오핑이 '64천안문사태' 당시 2

백만 명의 희생도 무릅쓸 수 있다고 말했다는 소문이 나오게 된 배경이다.

　누구라도 먼저 부자가 되어야 한다는 '선부론'은 중국을 하루빨리 반석 위에 올려놓아야 한다는 그런 절박한 심정에서 나온 것이다. 강대국에 의해 이리저리 휘둘린 중국 근대사를 반복하지 않겠다는 맹세였다. 국가와 민족이 목표이자 수단이 된 이유이다.

　어느새 중국은 미국의 패권에 대항할 수 있는 국가로 성장했다. 아니 미국이 그만큼 약해진 것이라는 시각도 유효할 것이다. 이제 미국 다음 G2라는 강대국으로 성장한 것이고, 그 중심에 중국공산당이 있었다. 세계의 주도권을 두고 미국과 다툴 수 있는 위치에 온 것이다. 시진핑 등장 이후 이제 '도광양회'는 옛말이 되었다. 자신감을 얻은 중국공산당은 더 이상 엎드리지 않고 기다리지도 않았다.

　세계를 '띠' 하나와 '길' 하나로 묶자는 '일대일로' 정책을 밀어붙이면서, 미국과 서구라는 '(신)제국주의'에 대항하고자 한다. 그것이 동아시아는 물론 세계 약소국들을 보호하는 길이라고 믿는다. 그것이 방어 논리에서 출발했든, 공격 논리에서 탄생되었든, 중국의 기세를 미국을 비롯한 서구가 가만히 보고만 있겠는가! 자신들 이익을 지키기 위해서 중국을 견제해야만 하는 것이다. 미국 등 서구가 중국을 견제하는 방법은 세 가지로 요약할 수 있다. 첫째 인권 문제이다. 미국은 인권 문제에 있어서는 언제나 자신이 인권의 잣대라고 생각하기에, 수시로 중국 인권 문제를 지적한다(이에 대해 중국 정부는 미국 정부를 향해 미국 너희 나라 인권이나 신경 쓰라고 쏘아붙인다).

둘째 대만 문제이다. 국민당-공산당 간 내전부터 깊숙이 간여했던 미국은 국민당 정부가 대만으로 후퇴한 이후 대만을 중국 견제의 교두보로 삼아왔다. 알다시피 최근 대만이 스스로 정체성을 강조하면서 대만 독립 여론이 높아지고 있다. 더불어 대만을 둘러싸고 중국과 미국 힘겨루기가 날로 업그레이드되고 있다. 또 하나의 전장이 만들어지고 있는 것이다.

셋째 티베트, 신장 등 소수민족 문제이다. 중국은 다민족으로 구성된 국가이다. 자치권을 보장하면서도 장기적으로 동화정책을 꾸준히 추진하고 있는 것이 사실이다. 하지만 독립을 요구하는 목소리도 잦아들지 않고, 서구 세계는 수시로 이 문제를 제기하고 있다.

여기에 홍콩 문제가 하나 추가된 것이다. 중국 정부는 홍콩이 중국을 견제하고, 중국공산당을 전복시키기 위한, 수단과 방법이 될 수 있음을 시종일관 경계하고 있었다. 서구세계에 중국을 위협할 수 있는 새로운 카드 하나가 주어진 셈이었다. 아니나 다를까 서구세력은 홍콩 인권, 민주 심지어 '홍콩 독립'이라는 카드를 가지고 중국을 건드리기 시작했다. 중국 입장에서 보면 홍콩이 흔들리면 티베트가 신장이 내몽골 등이 흔들릴 것이었다. 국가 분열은 시간문제가 된다. 중국이라는 정체성이 백척간두의 위기에 처한 것이다.

우리가 어떻게 여기까지 왔는데, 안정을 해친 대가는 역사가 증명하지 않는가 말이다. 뿐만 아니다. 중국 정부가 보기에는 근대사에서 중국 질서를 송두리째 뒤흔든 기독교가 여전히 호시탐탐 중국을 엿보고 있다. 아편전쟁이 터진 이유 중 하나가 기독교 전도에 있듯이 지금도 그 상황은 끝나지 않았다. 그때나 지금이나 홍콩은 여전히 서구 기독교 세력 전진 기지 노릇을 하고 있다. 2002년 5월 홍콩의 기독교인들이 푸젠성 일대 지하 기독교 조직에 성경 3만 3천여 권을 공급하다 적발된 적이 있다. 또 중국에 지하교회를 설립하여 사형선고를 받은 홍콩인들도 있었다. 그들은 홍콩과 미국 정부의 관심, 세계인권단체 호소에 의해 목숨을 건지기도 했다.

중국 정부와 미국을 비롯한 서구세력은 종교 자유를 또 하나의 쟁점으로 힘겨루기를 계속하고 있다. 중국 정부는 민간에 급속하게 전파되고 있는 (서구적 사고의 틀인) 기독교에 대해 긴장의 고삐를 늦추지 않고 있고, 미국은 그것을 종교탄압이라고 규정하여 수시로 국제여론에 호소하고 있는 실정이다.

중국 최대의 반국가 단체인 파룬궁(法輪功)은 지금 이 순간에도 중국 정부 속을 썩이고 있다. 1999년부터 중국에서 사이비 종교로 규정된 파룬궁은 중국 눈앞인 홍콩에서 중국공산당을 악마화하면서 중국 정부를 전복시키기 위한 활동을 하고 있다. 2001년 홍콩 보안국장이 파룬궁을 예의주시하고 있다고 한 적도 있다. 홍콩에서는 합법적으로 등록되어 반중국 활동을 하고 있었다. 2001년 5월 홍콩 정부가 반사이비종교법을 제정하려고 하다가 여론 반대로 철회한 적도 있다.

무엇보다도 주권 반환 이후 홍콩 본토주의(localism) 세력은 민주라는 이름으로 그 세력을 급속하게 확대시켜오고 있었다. 시위의 규모는 날로 커져갔고, 더불어 세계 여론은 날로 악화되어갔다. 홍콩 독립을 부추기는 외세는 더욱 신이 났다. 중국 정부는 더 이상 늦출 수 없었다. 인내심에 한계가 온 것이다. 주권 반환 5년 만인 2002년 9월 홍콩 정부는 국가보안법 입법 준비에 착수했다. 홍콩 헌법이라고 할 수 있는 〈기본법〉 23조에 근거한 법이다. 23조에 이렇게 규정되어 있다.

> 홍콩특별행정구는 반국가, 내란선동, 중앙인민정부 전복 및 국가 기밀 절취 금지 법안을 제정하고, 외국의 정치 조직 또는 단체가 홍콩특별행정구에서 정치 활동을 하거나, 홍콩특별행정구의 정치 조직 또는 단체가 외국의 정치 조직 또는 단체와 연계하는 것을 금지하는 법안을 스스로 제정한다.

2003년 초 홍콩 정부는 보안법의 초안을 공포하였다. 7월에 입법회의에서 표결 처리하기로 했다. 하지만 바로 큰 저항에 부딪치게 되었는데, 7월 1일 반정부 시위에 50만 명이 참가했던 것이다. 홍콩 경제 불황, 실업 문제, 아파트 가격 폭락으로 야기된 불만 등으로 민심은 크게 이탈되고 있었다. 보안법 23조 쟁점이 더해져 주권 반환 이후의 최대 시위였다. '67폭동' 이후 최대 반정부시위이자, '64천안문민주화운동' 지지 시위 이후 최대 규모였다. 시위대는 23조 입법 철회와 행정장관 퇴진을 요구했다.

시위대 50만 명이 홍콩 도심을 메운 것을 보고 홍콩인 스스로도 놀랐다. 홍콩과 홍콩인 정체성을 다시 확인하는 순간이었다. 그만큼 홍콩인들은 우리가 영영 사라질 수 있겠다는 정체성 위기에 공감했다. 9월 홍콩 정부는 보안법 초안을 철회했다. 이번 대결은 홍콩 시민이 이긴 것처럼 보였다. 하지만 중국 정부로서는 끝날 때까지 끝난 것이 아니었다. 마지막에 이기는 자가 이기는 것이다. 그 마지막이 언제인지는 모르겠지만, 중국 국가주의와 홍콩 본토주의 사이에 절체절명의 승부가 기다리고 있었다.

국민교육
반대

국가도 공동체의 하나이다. 모든 공동체가 그러하듯 이데올로기나 권력으로부터 자유로울 수 없다. 국민에게 지속적으로 국가를 주입하지 않으면 국가는 존속될 수 없다. 국가가 시종일관 국민교육을 해야 하는 이유이다. 중국 정부가 보기에 홍콩은 고삐 풀린 망아지였다. 당장 고삐가 필요했고, 그것은 너희들은 위대한 조국의 국민이라는 의식이었다. 홍콩이라는 정체성을 대체할 국민 정체성 생성을 위한 국민교육을 서둘렀다.

2011년 5월 중순, 홍콩 정부가 '국민교육 수업'을 초중등학교 필수과목으로 하는 계획을 발표하고 공청회를 열었다. 2012~2014년에는 시범과목으로, 2015년에는 의무화를 할 것이라고 했다. 2011년 5월 말 홍콩 고등학생들이 먼저 반대에 나섰다. 그들은 '높고 단단한 벽과 그 벽에 부딪혀 깨지는 달걀이 있다면, 나는 언제나 달걀 편에 설 것입니다'라고 하면서 '학민사조(學民思潮)'를 결성하였다.

홍콩 역사상 처음으로 중고교생이 정치 전면에 등장했다. 홍콩 본토주의 입장에서는 그만큼 절박했다. 학생도 시민이라는 뜻의 '학민(學民)'이었고, 민주와 과학으로 상징되는 '시민'의 의무를 다해야 한다고 주장했다. '세뇌 교육 반대', '사상의 자유를 지키자'라는 구호를 외치기 시작했다. 그 지도자가 바로 (이후 홍콩 민주화 운동의 상징이 되는) 고교 2년생인 조슈아 웡(Joshua Wong)이었다. 그는 '우리를 위해서 그리고 다음 세대를 위해서, 중국이 바라는 인간이 되어서는 안 된다'라고 외쳤다. 국민교육 반대를 목표로 결성된 학민사조는 5년 뒤인 2016년 4월에 '홍콩중지(香港眾志)'라는 정당으로 변신했다.

2011년 7월 학민사조는 '71시위'에 참가하여 국민교육 철회를 요구했다. 2012년 3월 학민사조는 시위, 가두캠페인, 기자회견 등으로 국민교육 철회를 요구했다. 5월 13일 학민사조는 교육국을 항의 방문했고, 시위를 주도하여 수만 명의 중고생들이 시위에 나섰다. 7월 29일 민간의 국민교육 반대 연맹에 가입하면서 '전민행동(全民行動), 반대세뇌(反對洗腦)'의 구호를 앞세운 1만 명이 참가한 시위를 시작했다. 학부모들도 '국민교육 학부모 감시팀'을 결성하여 반대 투쟁에 나섰다. 이어서 '홍콩노총'과 '홍콩학생연합회', '민간인권전선' 등이 '국민교육 수업 반대 민간 대연맹'을 결성했다.

8월 30일 '1인 1편지 보내기' 운동을 시작했다. 연인원 6천 명이 자신의 모교와 자녀의 학교에 국민교육을 반대하는 내용의 편지를 보냈다. 학부모들이 정부 청사 점령 행동에 동참했다. 9월 7일 저녁 12만 명이 집회에 참가하여 국민교육 수업의 철회를 요구했다. 9월 8일 드디어 행정장관이 양보를 선언했다. 3년간 시행을 보류하고, 시행을 학교 당국의 결정에 위임했다. 처음부터 끝까지 시위를 이끌었던 죠슈아 웡은 '역사적인 기적'이라고 말했다.

이번 운동에서 주목할 점은 중고등학생들이 정치 전면에 나섰다는 것, 그 세대가 이후 전개되는 홍콩의 시위에 동력이 되었다는 것, 먼저 학생들이 나서고 나중에 학부모들이 지원했다는 것, 나아가서 홍콩의 모든 진보세력이 단결하여 승리를 거두었다는 것이다. 홍콩의 범민주파는 두 번째 승리를 거두었다. 홍콩 본토주의는 자신감을 얻었겠지만, 반면에 중국 국가주의 위기감은 크게 상승했다. 양쪽의 정체성은 폭발력을 더해가고 있었다.

직선제 요구
(우산운동)

홍콩 헌법인 기본법에 의하면 홍콩 정부 수반인 행정장관은 임기 5년으로, 선거인단에 의한 간접선거로 선출되며 중국 정부가 임명한다. 60석의 입법의원 중 직선은 30명이고, 나머지는 직능별 간접선거로 선출된다. 홍콩인들은 이 조항에 불만이 많았다. 자신들의 높은 민주의식과는 매우 괴리된 독소조항이라고 생각했다. 1997년 주권 반환 이후 행정장관과 입법회의 의원 전체에 대한 직접선거를 요구하는 목소리가 점점 높아졌다. 하지만 2004년 4월 중국의 전인대 상무위는 홍콩의 운명과 관련하여 아래와 같은 결정을 했다.

홍콩 선거법 개정은 먼저 베이징 동의를 얻어야 한다. 홍콩 행정장관은 전인대 상무위의 비준을 받지 않고, 현행 선거법 개정을 추진해서는 안 된다. 홍콩의 입법회의도 선거 개혁을 위한 어떠한 입법도 할 수 없다.

홍콩의 정체성을 중시하는 본토파에게는 너무나 슬픈 소식이었다. 이로써 다가오는 2007년 행정장관 직선과 2008년의 입법회의 모든 의석을 직선으로 선출할 가능성은 완전하게 사라졌다. 본토파는 '일국양제'를 위반한 것이라고 강력하게 비판했다. 2005년 12월 홍콩 시민 25만 명이 조속한 민주화 추진을 요구하는 시위를 했다. 2007년 홍콩대학 민의연구소 설문조사에 의하면 절반 이상의 홍콩인이 직접선거에 찬성했다. 2007년 전인대 상무위는 홍콩의 직접선거 시간표를 확정했다. 2017년에 행정장관 및 입법의원 전부를 직선으로 선출할 것이라고 약속했다. 하지만 이 약속은 지켜지지 않았다.

2017년을 3년 앞둔 2014년 6월 중국 정부는 일국양제에 관한 중대한 발표를 했다. 중국 정부(국무원 언론사무실)가 「홍콩특별행정구에서 '일국양제(一國兩制)'의 실천」이라는 제목의 백서를 발표했다. 7개국 언어로 발표되어 그것의 중요성을 보여주었다. 백서는 2014년 6월 당시 민주화 열기로 가득했던 홍콩 정국을 염두에 두고 발표되었다. 주권 반환 이후 17년 동안 홍콩 사회의 정체성 변화를 지켜본 중국 정부가 내린 결론이었다.

중국 정부가 홍콩에 대해 주장하는 바가 무엇인지를 총 정리하여 공개했다는 점에서 매우 중요한 문건이다. 중점 내용은 아래와 같다.(강조는 인용자)

1. 중앙정부가 홍콩에 대한 전면적인 통치권을 보유한다.
   -전인대가 〈기본법〉의 개정권을 보유한다: 전인대 상무위원회가 〈기본법〉에 대한 해석권, 특별행정구 수장과 입법회의가 통과시킨 개정 방법에 대한 결정권, 홍콩의 긴급 상태에 대한 결정권을 보유한다.
2. 일국양제 방침을 관철한다.
   -홍콩에서의 **일국양제 실천이 새로운 상황과 새로운 문제에 직면했다.**
   -홍콩 사회에 일국양제라는 **이 중대한 역사 전환에 적응하지 못하는 사람들이 여전히 있다.**
3. 고도자치권은 중앙정부가 수여한 것이다.
   -고도자치권은 중앙정부가 주는 만큼 홍콩이 누릴 수 있는 것이며, 지방 사무 관리권으로서 **'잉여권력'은 존재하지 않는다.**
   -**양제(兩制)는 일국(一國) 내에 있으며, 일국과 양제는 결코 동등한 것이 아니다.**

4. **애국자가 주체로서 「홍콩인이 홍콩을 통치한다 港人治港」**

   -특구 수장, 주요 관리, 행정회의 구성원, 입법회의 의원, 각급 법원 법관과 기타 사법 인원 등은 국가 주권 안전 등의 직책 수호를 담당해야 하며, **애국은 기본적인 정치 조건이다.**

   -애국자가 홍콩을 통치한다는 것에도 법률적 근거가 있다.

5. 보통선거로 탄생되는 **특구 수장은 반드시 애국적인 인사여야 한다.**

6. **외부세력이 홍콩을 중국 내정 간섭에 이용하는 음모를 경계해야 한다.**

   -홍콩에서 **장기적으로 누적되어 온 심층적 갈등이 날로 돌출되고 있다.**

   -소수인이 외부세력과 결탁하여 교란 파괴하는 것을 방비하고 저지해야 한다.

요약하면 홍콩 헌법인 〈기본법〉 최종 해석권이 홍콩에 있는 것이 아니라 중국에 있다는 것이다. 더불어 일국양제에서 양제보다는 일국이 우선이라는 것, 애국자만이 지도자가 될 수 있다는 것, 그리고 홍콩 문제에 간섭하는 외부세력에 대한 경고였다. 지금 보면 앞으로 중국 정부가 내놓을 카드가 어떤 것인가를 미리 보여주는 것이었다.

이 백서에 대해 유명한 정치평론가인 린허리(林和立)는 〈중영공동성명〉과 〈기본법〉에 대한 시진핑의 수정판이라고 정의했다. 또 이번 해석은 덩샤오핑의 원래 뜻과 국제정신을 위배했다고 했다. 홍콩의 대표적인 사회운동가 중의 하나인 린후이(林輝)는 이렇게 반박했다.

애국이 무엇이냐 하는 것은 홍콩의 오래된 의제이다. 사회에서 일반적으로 동의하는 애국은 정부에 대한 사랑이나 정당에 대한 사랑과는 다르다. 특히 애국의 '국'은 문화중국이나 민족중국을 가리키는 것이지 중국공산당 정부가 아니다. 중앙정부는 인민이 사랑해 주기를 희망하고 있다. 하지만 어떤 사실은 억지로 강요하고 있는바, 강요는 오히려 반작용을 야기한다. 우리가 문화중국과 민족중국을 더욱 사랑해 달라고 시민을 교육시킬 필요가 있는가?

하지만 더욱 절망적인 뉴스가 전해졌다. 2014년 8월 31일 중국 전인대 상무위는 「홍콩특구 행정장관 보통선거문제와 2016년 입법회의 구성 방법에 관한 결정」을 발표했다. (흔히 831결정이라고 한다.) '2016~2017년 실시될 홍콩 정치제도 개혁안을 철회하고, 원래대로 간접선거 방식을 유지한다. 1200명 선거인단을 유지하고, 후보자는 2~3인으로 하고, 모두 과반수 이상 득표해야 후보자가 된다'라는 것이 주요 내용이다.

한마디로 홍콩 민주화를 조금도 허용하지 않겠다는 것이었다. 중앙정부가 일방적으로 약속을 파기해버린 것이다. 이로써 1997년 이후 17년 동안 간절하게 기다리던 홍콩인들의 염원이 공식적으로 무산되었다. 이 결정으로 홍콩 도심을 점령한 시위인 이른바 '우산운동'이 폭발했다. 2014년 9월 26일부터 12월 15일까지 79일 동안 홍콩 주요 도심을 점거하고 직접선거 쟁취 운동을 벌였다. 경찰 최루액 분사를 막기 위해 우산이 등장했고, 외신 기자들은 '우산혁명'이라고 명명했다.

'운동'과 '혁명'의 차이는 무엇일까, 누구는 '우산운동'이라고 하고, 누구는 '우산혁명'이라고 한다. 성공 여부를 떠나 그 역동성의 크기로 명명될 것이다. 79일 동안 격렬하게 전개되었던 도심의 시위는 아무 소득 없이 끝났다. 정부 측으로부터 어떠한 약속도 받아내지 못했다. 이 점에 대해서는 홍콩인들도 두고두고 아쉬워했다. 시위를 하면 무언가를 받아내고야 마는 우리 한국인들이 생각하기에 가장 이해하기 어려운 부분이 아닐까?

당시 홍콩 전체가 기가 죽어 있었다는 표현이 정확할 것이다. (그들의 속마음을 듣고 싶어) 우산운동 이야기를 꺼내는 내게 홍콩 친구들을 고개를 절레절레 흔드는 것으로 대답을 대신했다. 이제 어떻게 해야 하느냐는 열패감이 홍콩의 하늘을 먹구름처럼 덮고 있었다. 나는 이즈음 홍콩의 앞날이 결정된 것 아닐까 하고 생각한다. 중국 정부는 홍콩인들 시위 행태를 연구해서 강경 대응하기로 방침을 세워두지 않았을까?

홍콩인들은 공적으로나 사적으로나 입만 열면 한국 시위를 언급했다. (2005년 홍콩에서 WTO 반대투쟁을 전개한 한국농민들 시위는 홍콩에서 지금도 전설처럼 전해지고 있다.) 한국 시위대는 반드시 결과를 얻어내던데, 홍콩은 왜 안 될까라는 말을 자주 했다. (이유에 대해서는 이후 상술하기로 한다.) 그들은 한국 진보세력과 연대를 희망했다.

2019년 홍콩의 송환법 반대 시위 당시에는 홍콩에서 한국영화 <변호인>과 <택시운전사>, <1987> 등의 흥행이 이어졌다.

한국 각 대학이나 홍대 입구 등에서도 홍콩 민주화 시위를 지지하는 움직임(시위, 레논 벽* 등)이 나타났고, 그것을 둘러싸고 대륙에서 온 유학생들과 충돌하는 정체성 갈등이 나타났다.

그즈음 나는 홍콩 도심 시위 현장을 직접 보고 싶어서 홍콩으로 날아갔다. 평소 알고 지내던 방송국 기자는 집에서 꼼짝하지 않고 있었다. 인민해방군이 탱크를 앞세우고 홍콩으로 진입하고 있다는 (가짜) 사진을 나에게 보내주면서 함부로 나다니지 말라고 했다. 홍콩인들의 위기의식이 그 정도로 심각했다. 내가 시위현장에 같이 가서 구경만 하자고 설득하자, 그는 곧 우산 두 개를 들고 나타났다.

홍콩 도심에는 시위 상징인 검은색 옷을 입고, 손에 우산을 든 젊은이들로 가득했다. 내 눈에 늘 익숙하던 홍콩 이미지와는 달라도 너무 달랐다. 밤거리를 이리저리 몰려다니고 있는 시위대를 보면서 지도부도 없고 목표도 없다는 생각이 들었다. 그때 내 심정을 한마디로 표현하자면 허장성세였다. 우왕좌왕하는 시위대를 보면서 무언가 불안감이 엄습했다. 동시에 홍콩 경찰의 무대응 작전일 수도 있겠다는 생각이 들었다.

다음 날은 혼자서 시위대가 점령한 도심을 찬찬히 살피고 다녔다. 홍콩을 그렇게 오랫동안 보아왔지만, 홍콩 사이드 대로에 차가 한 대도 없는 장면은, 너무 생소했다. 지하철역 주변 도로

---

* 비틀즈의 멤버 존 레논의 이름에서 따온 벽. 2014년 홍콩 우산운동 당시 정부 중앙청사 계단에 등장했다. 홍콩 민주화를 바라는 내용의 포스트잇을 붙였다. 그즈음 한국의 대학가에도 등장했다.

는 수업 거부를 하고 나온 학생들을 위한 교수들의 (무료)강의천막이 빽빽했다. 정부청사 앞은 시위대가 점령하고 있었고, 경찰과 대치하고 있었다.

될까? 될까? 홍콩이 이길 수 있을까? 중국과 홍콩 중 강한쪽, 간절한 쪽이 이길 것이었다. 역사학자 윌리엄 맥닐(William McNeill)에 의하면 사람들은 기초훈련(제식 훈련과 행군)을 받으면서 자아를 접어두고 초개체로 발전한다고 했다. 집단의식에 참여하면서 자신이 몸이 점점 부풀어 오르고 스스로 실제 나보다 훨씬 더 커지는 느낌을 가지게 된다.

알렉산더 대왕도 이런 힘을 활용하여 훨씬 큰 군대를 격파했다는 것이다. 참전군인들은 조국이나 이상을 위해서 싸운 것이아니라 전우 때문에 싸웠다는 것이다. '나'에서 '우리'로 거듭나면, 나는 죽어도 죽은 것이 아니다. 내 안의 진정한 무엇이 내 전우들 속에 남아 계속 살아갈 것이라는 믿음이 생긴다는 것이다. 홍콩인들의 전투의지는? 홍콩인들의 의지는 전우들 속에서 계속 남아 있을 것이라는 생각까지 나아갔을까? 과연 홍콩인들은 나를 잊고 송두리째 던질 만한 것을 발견할 수 있을까?

주목할 만한 점은 친중국-친정부계 시위대도 정부청사 한쪽을 점령하고 있었다는 것이었다. 중국 각 지역 동향회들 플래카드가 많이 보였다. 홍콩의 정체성 내부에 복잡한 전선이 만들어지고 있음을 보여주고 있었다. 가두 상인 회의, 여행사, 부동산 단체, 중국 각 학교 동창회, 중국 각 지역 동향회, 종친회 등을 중심으로 친중국-친정부 정체성이 집결하고 있었다. 빅토리아 공원에서 매년 열리는 7월 1일 시위를 경험한 적도 있다. 민주화를 요구하는 시위대 주변에는 드러내놓고 그것을 비난하는 친중국-친정부계 대열이 형성되고 있었다.

어느 나라 정부를 막론하고 통치의 수단으로 (국민을 상대로) 가장 잘 사용하는 방법은 '편 가르기'이다. 이른바 정체성 정치다. 때로는 명분을, 때로는 실리를 미끼로, 중간지대와 경계선상의 정체성을 유혹하고 위협한다. 우리가 고려해야 할 다양한 측면을 제시하지 않고, '나라의 자존심을 세워야 해' 또는 '문제는 경제야' 하는 식으로 어느 한 측면을 집중적으로 부각시킨다. 그렇게 해서 각자 두뇌 구조에 따라 편이 갈리고, 대립구도가 만들어진다. 그렇게 해야 내 편이 만들어진다.

명분이 중요한가, 실리가 중요한가? 1980~90년대 한국의 대학가에서는 가게나 식당 주인들이 시위를 그만하자는 시위를 하기도 했다. 민주는 명분이고, 장사는 실리이다. 이상은 멀고 현실은 가까운 법이다. 당장 먹고살아야 하는 사람들도 많다. 우산운동 당시에도 홍콩 도심을 점거한 시위대에게 가장 아픈 공격은 너희들 때문에 내 입에 거미줄 치겠다는 현실파의 지적이었다. 택시기사들도 불만이었고, 전철 타고 출근해야 하는 직장인들도 항의했다. 최루탄 가스에 문을 열 수도 없는 도심 상가 주인들의 한숨 소리는 점점 커져만 갔다.

도심을 점령한 장기 민주화 시위에 정부는 지연과 회피 작전으로 대응했다. 그렇게 79일이 지나갔다. 달라진 것은 아무것도 없었다. 2014년의 직선 요구 시위인 우산운동이 결과 없이 끝나자, 홍콩인들이 사회적 책임을 다하자는 '시민'이 되기 시작했다. 시민의 단결된 힘이 중요하다는 인식하에 동업자들이 뭉치기 시작해서 각종 협회를 조직하는 붐이 일기도 했다. 민주화를 정치적으로 달성하자는 인식하에 이른바 '우산 후 정당(傘後政黨)'이 속속 창당되었다. 홍콩민족당(香港民族黨), 홍콩중지(香港衆志), 청년신정(靑年新政), 홍콩열진(香港列陣), 홍콩시민당(香港市民黨) 등이 그것이다.

2014년 우산운동 당시부터 홍콩 정체성을 중시하는 본토주의가 대학에 상륙하기 시작했다. 홍콩대학 학생회지 『학원(學苑)』은 9월호 특집으로 '홍콩민주독립'을 다루었다. 일부 학자들은 홍콩 정체성을 강조하는 본토주의는 포퓰리즘(대중의 인기에 영합하는 흐름)이라고 비판한다. 역시 내 편을 만들기 위한 정체성 정치라는 지적이다.

우리가 경계해야 하는 것은 정체성을 강조하는 논리에 기생하는 기득권이다. 그들은 언제나 '우리끼리'라는 명분 속에서, 자신들 이익을 극대화하고 있다. 이른바 '토착세력'(엘리트, 향신 등)으로 불리는 지배계급은 주권 반환 이전이나 이후에나 요지부동으로 자신들만의 리그를 지키고 있었다. 하지만 나는 홍콩 본토주의의 비약적인 성장은 '토착세력'의 농간보다는 중국 측의 책임이 크다고 본다. 홍콩 정체성을 지나치게 부인하고 부정하려는 중국의 작용에 대한 홍콩의 반작용이다. 나의 '다름'을 인정해달라는 홍콩인들의 요구를 단순화하고 왜곡했다. 홍콩인들은 억울했다.

2014년 9월 『학원』은 본토파가 모두 '홍콩 독립'이나 '중국과의 분리'를 주장하는 것은 아니라고 하면서, 중국 측의 무조건적인 매도와 왜곡을 비판했다.

- 성방파(城邦派, 도시국가파), 자치파(自治派), 귀영파(歸英派, 영국 치하로 들어가자는 파), 홍콩 독립파(港獨派), 좌익 식민 해방(左翼解殖) 등이 각자 민주를 추구하는 방법이 있다.
- 모두 똑같이 '홍콩 독립'이나 '중국으로부터 분리'를 주장하는 것은 아니다.
- 하지만 홍콩의 『문회보』와 『대공보』 같은 중국공산당 대변지는, 모든 본토운동을 '홍콩독립운동'으로, 모든 본토의식을 '분리의식'으로, 모든 본토파를 '홍콩독립분자'로 매도했다.
- 아울러 우리 집을 지키고, 직접선거를 쟁취하려는 움직임을 모두 '홍콩 독립'으로 왜곡했다.

홍콩 민주화운동 최종 목표는 이렇게 다양했다. 그중에서도 중국이라는 큰 지붕 밑에서 독립된 가정으로서의 홍콩을 주장하는 '성방파'가 많은 책을 출판하는 등 공개적으로 거리낌 없이 활동하는 것처럼 보였다. '우산운동'이 끝나고 그들의 주장을 듣고 싶어 성방파의 지도자급인 인사를 만난 적이 있다. 이미 매우 의기소침해진 모습이었다. 그는 대화 내내 자신들이 중국으로부터 완전 독립을 요구하는 것이 아니라는 점을 거듭 강조했다. 지금의 '유럽연합' 같은, 각 지역(국가)의 정체성을 충분하게 인정해주는, 도시국가 연합이 되었으면 좋겠다고 했다. 뿐만 아니라 중화민족으로서 정체성을 잃어버리지 않기 위해 중국 전통의 도복을 입고 제사를 정기적으로 지내고 있다고 했다.

2015년 1월에 발행된 『학원』에서는 '민족-민주-우산혁명'이라는 제목의 특집을 실었다. 자신들이 '홍콩인 마지막 세대'가 될 것이라는 위기감을 토로했다. 아울러 '우산혁명'이 30년 동안 민주화 과정에서 결핍된 정체성을 성공적으로 보충했다고 평가했다. 바로 '중화민족'이 아닌 '홍콩 민족'이라는 새로운 개념과 '민주'의 결합으로, 비로소 중국 정부가 시종일관 강조하는 '(신)민족주의'로부터 벗어났다는 것이다. 가장 강력한 형태의 정체성인 '홍콩 민족'이 탄생했다는 것을 인정해달라는 외침이었다.

학계에서 논쟁이 치열했듯이 각 대학 학생회도 시국 인식과 시위 방식을 두고 나누어졌다. 정체성 분화가 언제나 그렇듯이 명분과 실리가 다시 중요한 기준이 되었다. 중국 민주화가 바로 홍콩 민주화를 결정한다는 측면에서, 중국의 민주화를 요구해야 할까? 아니면 현실적인 측면에서 홍콩 민주화에 우선 집중해야 할까?

홍콩중문대학 학생회는 중국 민주화를 요구하는 '64 촛불 시위'나 '71 시위'에 불참했다. 민주화 시위대는 이제 축구경기장이나, 거리에서 존재감을 드러냈다. 중국 국가인 의용군행진곡이 나오면 야유를 보내고, 중화인민공화국 국기인 오성홍기가 올라가면 등지고 돌아섰다. 중국 관광객이나 쇼핑객을 거칠게 배척하는 움직임도 나타났다. 2015년부터는 중국에서 들어오는 보따리장수들을 위협하는 번개시위가 곳곳에서 나타나기 시작했다. 결국 정부는 중국관광객의 홍콩 출입을 1주에 한 번으로 제한할 수밖에 없었다.

2016년에는 또다시 큰 사건이 터졌다. 홍콩 서(빈)민 거리인 몽콕에서 경찰과 시위대가 크게 충돌한 이른바 '어묵혁명'이 발생했다. 어묵을 파는 노점상들이 단속하는 경찰에게 저항하는 과정에서 부근 서민들이 동참했다. 길거리 방화와 경찰을 향한 투석전이 전개되었다. 정부에서 보면 '폭동' 수준이었다. 민주화운동이 이제 폭력혁명으로 방향을 분명하게 설정한 것으로 보였다. 표면적으로는 경찰과 정부에 대한 불신과 증오의 발로였다. 하지만 들여다보면 지난 우산운동 당시 정부로부터 아무 약속도 얻어내지 못했다는 누적된 불만의 표출이었다.

2016년 입법의원 선거에서 새로운 구호가 등장했다. '광복홍콩, 시대혁명(Liberate Hong Kong, the Revolution of Our Times/Free Hong Kong, Revolution Now)'은 2019년의 송환법 반대시위에서 시위대의 공식적인 구호가 되었다. '광복'이나 '혁명'이라는 단어를 사용한 만큼 홍콩 정체성 위기감이 절정을 향해 가고 있음을 보여주는 증거가 아닐까? 중국 국가주의와 홍콩 본토주의 양쪽 모두 정체성이 점점 더 강해지고 있었다. 홍콩 본토주의 내부의 정체성도 재조립되고 있었다.

송환법
반대

2018년 2월 엄청난 사건이 터진다. 아니 어쩌면 단순한 살인 사건에 불과했는지도 모른다. 그 당시에는 이 사건이 가져올 후폭풍 크기에 대해 아무도 짐작하지 못했다는 뜻이다. 홍콩의 젊은 커플이 대만으로 놀러 갔다가, 남자가 여자를 살해하고, 혼자 홍콩으로 돌아왔다. 그는 피해자의 카드로 대만과 홍콩에서 돈을 인출했고, 피해자 부모에게 피해자가 실종되었다는 전화를 했다. 경찰의 조사로 체포된 남자는 여자가 전 남자친구의 아이를 임신했다는 사실에 격분하여 살해했다고 자백했다.

문제는 그다음이었다. 사건이 홍콩이 아니라 대만에서 발생했기 때문이다. 영국식 법률제도를 자랑하는 홍콩은 속지주의로서 홍콩인이 다른 나라에서 저지른 범죄를 처벌할 수 없다. 범인을 해당국으로 보내서 처벌하는 것이 관례였다. 하지만 홍콩과 대만 간에는 범죄인 인도 협정이 없었기에 범인을 인도받거나 인도할 법적 근거가 없었다. 결국 남자는 홍콩에서 절도죄만으로 기소되어 단지 29개월의 징역형을 선고받는 데 그쳤다. 2019년 10월 남자는 형기만료로 석방되었다.

홍콩 정부는 그가 자유인 신분이 되었음을 공포했고, 남자는 자유인 신분으로 대만에 가서 자수를 하겠다고 했다. 하지만 대만정부는 그가 범인 호송이 아닌 자유인 신분으로 대만에 노착하는 것에 동의하지 않고 있다. 무엇보다도 문제의 핵심은 중국과 대만은 서로 국가로 인정하지 않는다는 점이다.

홍콩은 특별행정구로서 중화인민공화국의 하위 단위이기에 다른 나라와 협정을 체결할 수 없다. 게다가 중화인민공화국은 중화민국(대만)을 국가로 인정하지 않기에 매우 애매한 입장인 것이다. 따라서 홍콩과 대만은 상호 관례가 될 수 있는 개별협상에 나서지 못했다.

그동안 이런 허점 때문에 홍콩은 국제 첩보전의 중심으로, 중국과 홍콩과 대만은 각각 그 혜택을 누려오고 있었다. 원래 홍콩은 정보의 천국이었다. 중국과 대만 그리고 세계 정보를 수집하기 위해 가장 많은 정보원을 파견하는 곳이기도 했다. 양안삼지(중국, 홍콩, 대만)는 '범죄인 인도 협정'이 체결되지 않았기에 정보원들에게는 천국이나 다름없었다. 홍콩에서 활동하는 정보원들은 마음대로 정보활동을 하다가 대륙으로, 대만으로 복귀하면 그만이었다. 서로서로 처벌을 걱정을 할 필요가 없다는 점이 축복처럼 인식되고 있었다.

이번 사건을 계기로 당연히 법조계에서 이런저런 해결방법이 제기되었다. 우선 이번 케이스에만 적용하는 한시적인 특별법을 만들자! 기존 법률로도 홍콩인과 관련된 범죄는 홍콩법원이 심리할 수 있다. 인신범죄조례를 수정하여 홍콩법원에게 치외법권을 부여하자!

홍콩 정부는 이런 제안들을 원칙과 현실을 들어 수용하지 않았다. 2019년 4월부터 홍콩 정부는 중국-홍콩-마카오-대만 사이의 범죄인 인도 협정에 대한 법률개정을 검토하기 시작했다. 입법회의에서 논의가 되고 있다는 보도가 나가자 홍콩 사회는 전에 없이 분노했다. 이후 전개된 상황은 아래와 같다. 도심에서 시위가 6개월 이상 격렬하게 진행되었다. 세계사적으로 드문 경우였다.

2014년 '우산 시위'에 이어 2019년 '송환법 반대 시위'로 홍콩은 세계의 주목을 받았다. 홍콩 수장인 행정장관을 내 손으로 직접 뽑을 수 있는 보통선거 권리를 쟁취하는 것이 '우산 시위'의 목표였다. 중국으로 '끌려가서' 재판받는 것을 거부하겠다는 것이 '송환법 반대 시위' 목표였다.

6월 9일 범죄인 인도 조례(송환법) 반대 시위에 1백만 명이 참가했다. 6월 12일 시위대가 입법회의를 포위했다. 경찰이 처음으로 강경한 진압을 하고 시위대를 '폭도'라고 규정했다. 6월 15일 홍콩 정부는 송환법의 추진을 중단하겠다고 발표했다. 하지만 6월 16일 2백만 명이 시위를 했다. 7월 1일 입법회의 의사당을 점거하는 시위를 했고, 8월 25일 경찰이 처음으로 실탄 경고사격을 했다. 마침내 9월 4일 홍콩 정부는 송환법을 공식으로 철회한다는 발표를 했지만, 시위는 계속되었고, 10월 1일 경찰의 실탄 조준 발사에 청소년이 피격되기도 했다.

홍콩 시민 1백만 명이 거리로 나왔고, 다시 2백만 명이 나섰다. 홍콩 인구를 7백만 명으로 본다면, 일곱 명 중 두 명이 거리로 나온 것이다. 송환법 반대와 함께 홍콩의 민주화를 요구했다. 아마도 홍콩이 아닌 다른 나라였다면, 정권이 몇 번은 바뀌었을 '혁명'이 아니었을까? 홍콩이 다른 지역(국가)과 다른 점은 바로 이것이다. 정부가 전복되어도 하나도 이상하지 않을 만큼 큰 시위가 그렇게 오랫동안 벌어졌지만, 홍콩 정부는 요지부동이었다. 시위대는 입법회의를 점거하고, 전철의 운행을 방해하는 등 점점 과격해지기 시작했다.

2014년에 79일간 도심 점령 시위가 아무런 소득 없이 끝났다는 부채감과 이번에는 반드시 결과를 얻어내겠다는 심리가 시위대를 지배하고 있었다. 홍콩 정부는 송환법만을 공식으로 철회했을 뿐이었다. 정부 수반인 행정장관도 물러나지 않았고, 경찰은 더욱 강경하게 대응했다. 시위대는 끝까지 아래 5대 요구를 포기하지 않았고, 홍콩 정부도 물러서지 않았다.

1. 송환법(범죄인 인도 조례) 공식 철회
2. 경찰의 강경진압에 대한 독립적인 조사
3. 시위대를 '폭도'로 규정한 것의 철회
4. 체포된 시위 참가자에 대한 조건 없는 석방 및 불기소
5. 행정장관 직선제 실시

이 5대 요구는 시위대가 끝까지 단결하고 투쟁하겠다는 의지를 보여주는 것이다. 하지만 조금 찬찬히 살펴보면 정부의 완전 항복을 요구하는 것의 다름 아니다. 여기에서 '64천안문민주화운동'을 분석한 책 『천안문』에서 정치학자 쩌우당(鄒讜)을 참고할 만하다. 그는 '64'의 비극적인 결말 원인으로 협상체계의 결핍을 들고 있다. 이쪽저쪽 양쪽 주체가 후퇴는 곧 패배이고 패

배는 곧 죽음이라는 인식을 하게 되었다는 것이다.

홍콩 송환법 반대 시위에서도 정부가 송환법을 공식 철회했음에도 불구하고, 나머지 요구사항을 끝까지 요구한 것은, 시위대 스스로 퇴로를 차단한 것이고, 보수 세력이나 중국 정부에게 합법성을 제공했다는 지적도 많다. 시위대는 홍콩이공대학으로 몰려가 '옥쇄'(학생들은 보위전이라고 했다)를 선언했다. 홍콩중문대학 학생들은 학교를 보루로 삼아 결사항전을 외쳤다.

경찰도 양보하지 않았다. 신속하고 강력하게 진압했다. 그즈음 지하철 지연 출발 시위전이 나타났다. 지하철은 제시간에 출발되어야 한다는 사람도 있고, 우리의 '숭고한' 뜻을 제대로 알리기 위해 지하철 출발을 막아야 한다는 사람도 있다. 행동파와 평화파가 분열되기 시작했다. 정체성은 이렇게 시시각각 재편되고 표출된다.

앞에서도 언급했듯이 시위는 어디까지 해야 할까? 어디서 멈추어야 할까? 홍콩인들은 갈등과 충돌에 익숙한가? 해법을 찾는 과정에 익숙한가? 홍콩은 현명했던가? 역사적 경험을 사회화하고 자신의 것으로 만들었던가? 내재적으로 수용했던가? 결국 비교해서 자신의 것으로 만드는 능력이 중요하다. 집단기억을 재해석해서 수용하는 과정 즉 역사를 이성적으로 소화하는 것이다. 역사 경험을 이성적 사고를 통해 자기화 하는 것 말이다.

군중은 진실을 알려고 할까? 타협점을 찾으려고 할까? 나는 홍콩 송환법 반대 시위에 대해 질문하는 친구들에게 이렇게 반문하곤 했다. 송환법이 필요할까, 아닐까? 송환법은 당연히 필요하다. 범죄는 끝까지 추적되어서 처벌받아야 한다. 죄를 짓고 도망가면 끝이라는 생각만큼 위험한 것도 없다. 국가 사이에 범죄인 인도협정이 체결되어 있는 이유이다. 홍콩 고급호텔에서 장기 거주하는 사람들 중 상당수가 중국으로 인도되어야 하는 범죄인이라는 소문이 파다하다. 뿐만 아니라 홍콩이 중국 고위층이나 범죄세력의 자금 도피처가 되었다는 보도가 나온 지는 오래되었다.

홍콩 센트럴에 이른바 망북루(望北樓)라고 불리는 건물이 있다고 한다. 대륙에서 크게 '사고 치고' 도망 나와서 북쪽 동태를 살피는 범죄자들이 사는 최고급 호텔 '포시즌'을 일컫는 말이다. 주로 대륙 재계 거물들이 거주하고 있는데, 어디 그 호텔뿐이겠는가. 그들은 각종 금융기관이 밀집하여 돈세탁이 쉽고, 유사시 도피가 가능한 외국 영사관이 가까운 센트럴의 최고급 호텔에 거주하면서 베이징 당국의 분위기를 살피고 있다. 그래서 망북루라고 불리는데, 이미 희망이 사라졌다는 의미에서 사람들은 '북무망(北無望)'이라는 이름을 붙여 그들을 비웃기도 한다. 홍콩과 대륙의 범죄인 인도 조례가 없기에 이들에게는 홍콩이 최선의 피난처가 되고 있다.

지금 중국-홍콩-마카오-대만 사이의 상황을 보면 한시바삐 범죄인 인도 협정이 체결되어야 한다. 하지만 당신이 홍콩인이나 대만인이라면 쉽게 동의하겠는가? 문제는 여기에 있다. 때로 합리는 합리적으로 해결되지 않았다. 당연한 것도 당연하지 않았다. 배경을 파악해야만 하는 이유다. 거꾸로, 동의했다면 어떻게 되었을까?

홍콩인들은 왜 범죄인 인도 협정을 그렇게 죽기 살기로 반대했을까? 홍콩이 아닌 중국으로 끌려가서 재판받을 수 있다는 가능성 때문이다. 홍콩과 중국 사법제도가 다르기 때문이다. 아니 중국 사법체계를 믿을 수 없기 때문이다. 앞에서도 말했듯이 홍콩 사회와 중국 사회는 완전히 다르다.

홍콩이 '법치사회'라면, 중국은 '인치사회'라고 할 수 있다. 홍콩이 합리적으로 굴러가는 '근대'사회라면, 중국은 불합리한 점이 여전히 많은 '전근대'사회이다. 세금문제로 그리고 공개적으로 당국을 비판한 대가로, 한때 공개석상에서 사라진 인기배우 판빙빙(范冰冰)이나 세계재벌 마윈(馬雲)을 보면 중국의 현실을 알 수 있다.

사형제를 보더라도 홍콩에서는 1993년도에 사형제가 폐지되었다. 반면에 중국 정부는 여전히 사형을 집행한다. 아마 세계적으로 사형이 가장 많이 집행되고 있는 나라일 것이다. 홍콩인들은 범죄에 연루되어 중국으로 인도되어 재판은커녕 조사를 받는다는 상상만 하더라도 견딜 수 없는 것이다.

서점 관계자 실종 사건에서도 보지 않았는가? 홍콩 시민이 벌건 대낮에 중국으로 납치되어 반년 동안이나 조사를 받았다. 홍콩 시민을 보호해주어야 할 홍콩 정부는 한참 동안이나 아무 말도 해주지 않았다. 아무 조치도 취해주지 않았다. 우리가 어떻게 홍콩 정부를 믿고, 어떻게 중국 정부를 믿을 수 있단 말인가? 우리가 중국으로 (공식적으로) 끌려갈 수 있는 송환법을 어떻게 수용할 수 있단 말인가?

조금 더 깊이 들여다보면 더 큰 문제가 보인다. 뿌리 깊은 불신이었다. 1997년 주권 반환 이후 20년 동안 중국 정부는 홍콩인들에게 신뢰를 주지 못했다. 홍콩 정부나 중국 정부가 홍콩의 정치범은 중국으로 인도를 하지 않겠다는 약속을 해도 믿지 못하는 것이다. 주권 반환 이후 갈수록 중국 정부에 대한 신뢰가 바닥을 보이고 있었다. '중국-홍콩 체제'의 가장 큰 문제였다. 안타깝게도 그것이 홍콩인들에게는 새로운 성장환경이었다.

2021년 11월, 대만 금마장(金馬獎) 영화 시상식에서 홍콩에서 상영되지 못한 다큐멘터리 〈시대혁명(時代革命)〉이 최우수 다큐멘터리상을 받았다. 송환법 반대 시위를 기록한 필름이다. 감독은 '양지(良知, 양심이나 도덕성), 정의, 홍콩을 위해서 눈물을 흘린 사람들의 작품이 되기를 희망한다'라고 말했다. 금마장 주최 측은 영화를 소개하면서 2019년 범죄인 인도 조례가 홍콩의 판도라 상자를 열었다고 했다. 홍콩이 하루 만에 독재 정권에 저항하는 전쟁터가 되었다는 설명도 달았다.

민간인권진선(民間人權陣線)이 송환법 반대시위를 이끌었다. 2002년에 출범한 이 조직은 학생회, 지역 커뮤니티, 노동자 단체, 인권 단체, 성소수자 모임, 정당 등 48개 시민단체로 구성되었다. 홍콩 진보계열이 총동원되었다고 할 수 있었다. 그렇게 본다면 송환법 반대 시위는 홍콩 정체성이 명분과 실리로 양분된 또 하나의 분기점이 되었다. 20개월간 1만 명이 체포되었다.

정부로부터 송환법 폐기 선언을 이끌어냈지만, 당연하게도 정부는 더 이상 양보하지 않았다. 아니 더 이상 들어줄 수 없는 요구였다. 2020년 초 코로나 사태가 터졌고, 2020년 6월 중국 정부는 기다렸다는 듯이 홍콩특별행정구 국가보안법을 공포했다. 앞서 말했듯이 홍콩 역사는 2020년 6월 30일을 기준으로 다시 한번 더 나누어진다. 그 법에 따르면 홍콩인은 물론 세계인은 잠재적인 국가 전복 세력이다. 어느 누구라도 홍콩 문제를 함부로 들먹인다면 체포될 수 있다.

그날 이후 홍콩에서 정치적 시위는 사라졌다. 페이스북 등 SNS에서조차 홍콩인들은 조용하다. 홍콩에서 정치적인 시위는 영구히 사라질 것이라고 단언하더라도 과언이 아니다. 홍콩 분리와 전복을 기도하는 모든 활동을 처벌할 수 있는 국가보안법은 중국 정부의 마지막 카드였다. 이로써 하나의 국가, 두 가지 제도를 의미하는 일국양제나 1997년 주권 반환 이후 50년간 홍콩 자치권을 보장하겠다는 약속은 깨졌다고 보는 시각이 유력하다.

2021년 6월 24일, 창간 26년 된 홍콩의 『사과일보』가 폐간했다. 스스로 폐간 선언을 했지만, 사실 당국에 의해 폐간되었다고 해야 한다. 며칠 사이 편집국장과 주필이 체포되고, 회사 자산이 동결되는 등 경영이 힘들어졌기 때문이다. 홍콩 유력 인터넷 신문인 『입장뉴스(立場新聞)』는 "사과가 사라진 홍콩" 그리고 "빨간 신이 모든 홍콩인에게 닥쳤다"라는 제목을 달았다. 평소 8만 부를 발행해오던 신문은 그날 1백만 부를 판매했다. 특별히 일본 『산케이신문(産經新聞)』은 1면에 중국어로 "친구, 사과, 네가 돌아오길 기다릴게"라는 제목의 기사를 냈다.

　사회심리학 창설자로 불리는 쿠르트 레빈은『사회적 갈등 해결하기』에서 새로운 가치체계를 받아들이는 것은 어떤 집단과 역할을 수용하고, 아울러 평가의 새로운 기준으로 수용하는 것과 밀접하게 연결되어 있다고 했다. 한마디로 신념과 가치를 변화시키는 것은 "대단히 어려운" 과정이라는 것이다.

　홍콩의 국가보안법 공포는 이 과정이 실패했음을 보여주는 하나의 상징이다. 하지만 나는 중국 정부의 책임만 묻고 싶지는 않다. 나는 서로 다른 정체성의 통일(통합)이라는 과정이 얼마나 어려운 작업인지를 설명하기 위해 이 책을 썼다. 홍콩의 역사 즉 영국과 홍콩, 중국과 홍콩의 관계는 정체성의 역사를 압축적으로 보여준다는 점에서 특별하다.

위안랑
백색테러

　　　　　　2019년 7월 21일 또 충격적인 사건이 발생했다. 그러니까 송환법 반대 시위가 한 달 조금 넘게 이어진 시점이었다. 신제 위안랑(元朗) 전철역에서 테러가 발생했다. 우선 신제라는 지역에 주목해야 한다. 또 시위대를 포함 불특정 다수를 공격하는 행동이 나타났다는 것에 주목해야 한다. 신제는 덩(鄧)씨와 원(文)씨가 주류로서 대대로 농업, 어업, 제염업 등에 종사했다. 위안랑은 신제의 서북부 지역으로, 홍콩 도심에서 20~25킬로미터 정도 떨어진, 현재 인구 20만 정도의 소도시이다.

홍콩섬과 주룽반도가 영국에게 영원히 할양된 반면에, 신제 지역은 영국에게 99년간 빌려준 곳이다. 처음부터 영국이나 일본의 통치를 순순히 받아들이지 않을 정도로 정체성이 매우 강한 곳이다. 1898년 6월 중국과 영국 사이 신제 조차를 위한 조약이 체결되었다. 하지만 신제 향민들은 6일간 5백 명이 전사할 정도로 격렬하게 저항했다. 이후 홍콩영국 식민지 정부도 향사위원회(鄕事委員會) 등 신제의 전통적인 자치 시스템을 인정해주었다. 그곳에서 테러가 발생한 것이다.

7월 21일 밤 열 시부터 전철역과 주변 쇼핑센터에서 사건이 발생했다. 하얀색 티셔츠로 복장을 통일한 괴한 3백 명 정도가 무기를 들고, 행인과 시위대, 승객 가릴 것 없이 무차별로 공격했다. 하얀색 옷을 입었기에 백색테러라고 부른다. 적어도 45명이 입원했다. 나중에 37명이 체포되었고, 7명이 기소되었다. 상당수가 홍콩 조직원들이었다. 경찰은 폭력 사태를 한 시간 반 동안이나 방치했다. 평소 홍콩 경찰의 신속한 대처 능력으로 볼 때, 일부러 방치한 것이 아닌가 하고 의심받을 수밖에 없었다. 사건 전날 이미 경찰 친구로부터 조심하라는 경고를 받았다는 사람들까지 나타났다. 경찰은 미리 알고 있었다는 말이 된다. 예고된 테러였던 것이다.

당시 도심은 송환법 반대 시위대가 점령하고 있었다. 하지만 송환법을 찬성하는 친중국계의 '홍콩을 지키자(守護香港)'라는 맞불 집회의 규모도 작지 않았다. 게다가 곳곳에서 시위대와 시위를 반대하는 시민들이 충돌하고 있었다. 전철을 출발하지 못하게 출입문을 가로막고 있는 시위대와 전철 출발을 원하는 시민들이 살벌하게 다투는 장면은 의미하는 바가 매우 컸다. 홍콩 전체가 명분과 실리가 첨예하게 대치하는 현장이 되고 있었다.

시위가 장기화되면서 홍콩 내부의 갈등이 커지고 있었다. 정부는 백색테러를 홍콩 본토파 시위대와 친중국계 시위대의 충돌로 몰고 갔다. 여론은 백색테러가 송환법 반대 시위에 공포 분위기를 조성하기 위한 것이 아닐까 의심했다. 하지만 이 사건이 오히려 도심 대형 시위를 촉발시켰다.

백색테러는 민주화 시위에 놀란 중국 정부와 보수적인 신제 향신과 고용된 깡패 조직이 함께 일으킨 사건으로 정리되고 있다. 테러가 발생하기 열흘 전인 7월 11일 신제 지역 18개 향사위원회 출범식이 개최되었다. 홍콩에 주재하는 중국의 대표기관인 중국연락사무실(中聯辦)의 신제 업무부장이 축사를 했다. 그는 신제의 향신(토착)세력이 홍콩 본토파 시위대가 위안랑 지역으로는 못 들어오게 막아 달라고 하면서, 애국애향의 촌민들이 가만히 있지 않을 것이라는 말을 보냈다.

신제 백색테러 사건은 바로 홍콩 내부의 복잡한 정체성 판도를 보여준다. 우리는 국가나 지역 속에 또 다른 정체성 문제가 도사리고 있다는 점을 무시할 때가 많다. 국가는 통일된 정체성의 집합체가 아니다. 국가는 복잡한 정체성의 집합체로서 물밑에는 언제나 팽팽한 긴장감이 함께한다. 각기 다른 정체성이 '마지못해' 숨을 죽이고 함께 하는 공동체일 뿐이다. 그것을 중국 정부는 홍콩에 주재하는 신화사 조직을 통해 잘 알고 있었다.

위안랑 백색테러 사건을 보더라도 중국으로부터 경제적 혜택(실리)을 받는 계층의 중국적 끈은 지속적으로 연결되고 있었다고 보아야 한다. 그렇게 본다면 경제적 혜택은 정체성 형성과 불가분의 관계에 있지만, 그렇다고 해서 경제적 혜택이 마냥 지배적인 영향력을 행사하는 것은 또 아니다. 전통적으로 신제는 중국 정체성이 뚜렷한 지역으로 뿌리 의식이 남달랐다. 중국 정부의 친중국 '뿌리' 중심의 전통적인 조직 즉 종친회, 동창회, 동향회 등을 통한 홍콩의 정체성 희석을 위한 노력도 주효했다. 전체적으로 보면 홍콩이라는 지역 정체성이 국가와 민족이라는 거대 정체성을 만나 밀고 당기는 과정을 보냈다.

결과론적이지만 홍콩인 스스로 과거 역사 경험으로부터 이성적으로 배우고자 하는 노력도 부족했다. 홍콩이라는 지역적 정체성, 즉 민주와 독립 등 명분에 지나치게 집착했다. 대가는 혹독했다. 자유를 상당 부분 반납했는데, 다시 그런 수준의 자유를 찾으려면 오랜 시간이 흘러야 할 것이다. 그런 점에서 역사는 퇴보했다.

중국 정부는 홍콩의 지역과 계급 정체성의 틈을 노리고 있었다. 중국연락사무실 신제 업무부장의 축사는 중국 측 희망사항의 끄트머리를 조금 공개한 것뿐이다. 신제라는 지역과 도심 시위를 분리하는 것이 중국 정부의 업무 목표 중 하나임을 확인해 주었다. 중국 정부는 일찌감치 홍콩에 새로 이민을 온 '신이민' 등 전통적인 애국단체에 대한 지원을 아끼지 않고 있었다.

조너선 하이트는 집단 간 경쟁이 벌어질 때, 단결력과 협동심이 좋은 집단이 이기기 마련이지만, 각 집단에는 이기적인 개인들(무임승차자)이 있어 결국에는 이들이 이득을 챙긴다고 했다. 중국 정부는 중국에서 신민족주의 세대 이른바 'N세대'를 이용한 정체성 정치를 하고 있다. 국가와 민족이 밤낮으로 주입되는 환경에서 성장한 그들은 오직 중국(정부)을 수호해야 한다는 피끓는 사명감으로 무장하고 있다.

극단적인 민족주의 성향을 보이는 청년 세대는 국가와 중국 공산당을 수호하는 호위병사(새로운 홍위병으로 부르기도 한다)의 역할을 충실하게 하고 있다. 알다시피 중국을 비판하면 전 세계 누구라도 (유명인사, 기업, 언론, 국가 등) 불매운동이나 사이버 공격(댓글 폭탄, 해킹 등)으로 응징하고 있다. 물론 홍콩의 작은 이슈에도 주의를 게을리한 적이 절대 없다.

민주화를 요구하는 시위대를 공격한 백색테러가 발생한 신제는 지리적으로 홍콩보다는 중국에 가깝다. '펀차이(盆菜)*'라고 하는 독특한 음식문화도 가지고 있을 만큼, 전통이라는 명분을 중시한다. 대륙과 가깝기 때문에 보따리상들이 쉽게 건너와서 가게를 청소하다시피 쇼핑을 해가는 곳이다. 그만큼 실리를 크게 챙기는 곳이다. 홍콩에서도 지역과 계급별로 시위를 바라보는 눈이 뚜렷하게 분화되고 있었다.

---

* 글자 그대로 화분처럼 생긴 큰 접시에 조리된 온갖 해산물과 육류를 켜켜이 쌓아 올려놓고 여러 명이 함께 먹는 음식이다. 홍콩 신제 위안랑 지역의 객가 마을 풍속이다.

내부 식민의
변화

        홍콩 정체성에 치명적인 약점이 있다. 바로 '내부 식민'이다. 내부 식민이란 내부적으로 빈자와 약자를 착취하는 구조를 말한다. 홍콩은 식민주의와 자본주의가 이중으로 작동하는 사회였기 때문이다. 우리가 아닌 남들이 '우리' 주인 노릇을 했고, 게다가 홍콩식 첨단 자본주의는 인간의 끝없는 욕망을 통제하지 않았다. 세계 최고의 빈부격차 사회가 된 배경이다. 최근까지도 크게 달라지지 않았다. 2020년 빈곤 상황 보고(2020年香港貧窮情況報告)에 따르면, 홍콩의 빈곤 인구는 165만 명에 달한다. 전체 빈곤 비율은 23.6%로서 네 명 중 한 명이 극빈자에 해당된다.

  위안랑 백색테러 사건은 홍콩 사회 역시 지역적으로 그리고 계급적으로 분화된 사회라는 것을 보여주었다. 루쉰은 1927년에 이미 홍콩 사회를 "하나의 섬에 불과하지만, 중국 여러 도시의 현재와 미래의 살아 있는 사진"임을 간파했다. 홍콩 사회가 양놈 주인, 고등 중국인, 앞잡이, 원주민 등으로 구성되어 있다고 했다. 식민지 홍콩이 철저하게 분열된 사회임을 꿰뚫어 본 것이다. 1백 년이 지난 지금까지도 크게 달라진 점이 없어 보인다는 점에서 안타깝다.

  홍콩의 친구들 중 홍콩에서 가장 저렴한 숙소이자 우범지역으로 알려진 청킹맨션(重慶大廈)에 한 번도 안 가본 친구가 없다. 어떻게 보면 소수를 수용하지 못하고 타자화하는 홍콩인의 식민지적 경계심의 발로라고 할 수 있다. 영국 식민에 의해 양성된 그들의 우월감이 일정 부분 홍콩인들의 정체성을 구성하고 있었다. 홍콩 내부의 소수종족 등 하위주체들을 타자화함으로써 강화된 홍콩인들의 우월감은 좌파 학자들의 비판 초점이었다.

홍콩식 자본주의는 식민지 특징과 더불어 자본 지상 인식이 정립될 수밖에 없었다. 이미 세계 최악의 빈부격차가 예비되어 있었다. 이후 광범위한 하위주체는 홍콩 사회의 가장 위협적인 존재로서 자유와 법제 등 홍콩의 우량적인 전통을 위협하는 요인이 되고 있었다. 나아가서 시민계급이 형성되지 못한 것도 주권 반환 과정에서나 이후 홍콩 본토주의의 입장에서 가장 뼈아픈 지점이었다. 빈부격차와 시민의 소외에 대해서 홍콩인들은 철저한 반추를 해보았는지 묻고 싶다.

홍콩에서 대파업이 한 번도 성공하지 못한 이유는 무엇일까? 민주화 시위의 성공 여부가 일반 시민과의 연대에 있다고 한다면, 처음부터 그 고리는 매우 약했던 것은 아닐까? 처음부터 명분보다는 실리에 밝았던 것은 아닐까? 홍콩인들은 거리 시위(행진)에는 참가했지만, 파업에는 소극적이었다.

영국인들이 홍콩인들을 타자화했듯이, 홍콩인들은 하위 주체를 타자화했다. 서민, 빈민, 중국에서 막 도착한 신이민자, 외국인 노동자, 불법 체류자 등을 차별하면서 홍콩인들은 우월감을 얻고 있었다. 백인 식민자 흉내를 내고 있었던 것이다. 닭장 같은 숙소에서 살고 있는 사람들이나 필리핀 가정부, 동남아 출신의 노동자 등의 인권에 대해 무관심했다. 홍콩 사회의 내부 식민 문제를 주로 다루는 프룻 첸(陳果) 감독 영화에서 중국이나 동남아 출신들은 언제나 매춘부, 범죄자, 하인 등으로 그려지고 있다.

중국현대문학 강의 목록에는 루쉰의 명작 『아큐정전』이 꼭 들어간다. 주인공 아큐 성격은 두 가지로 요약된다. 첫째, 아큐는 강자에게는 약하고, 약자에게는 강하다. 둘째, 아큐는 '정신 승리법'을 좋아하는데, 그는 늘 얻어맞고서도 본인이 이겼다고 생각한다. 자신이 누구인지 자아를 찾지 못하고, 자기 자신의 주인 노릇을 못 하고 있기 때문이다. 이런 측면에서 학자들은 홍콩인들의 '유체 이탈' 문제를 지적하기도 한다. 자신들의 이야기를 언제나 남 말 하듯 한다는 말이다. 홍콩인들은 홍콩의 진정한 주인이었을까?

송환법 반대 시위에 새로운 움직임이 돋보였다. 평소 홍콩인들로부터 멸시받던 아찬 등 '신이민자'들이 의외로 본인의 신분을 노출하면서 민주화 시위에 동참했던 것이다. 민주화 시위를 응원하기 위해 중국에서 일부러 오는 중국인들도 있었다. 홍콩의 소수인종인 동남아시아인들도 시위에 동참했다. 홍콩의 농촌 돕기, 서점운동 등 지역 속으로 들어가 계몽을 시작한 청년운동이 있었고, 동남아시아 등 소수인종과의 연대 움직임이 나타났다.

위안랑 백색테러 이후 시위 수위가 높아지자 행정장관이 시위대를 홍콩 경제와 일상생활을 파괴하는 소수로 규정하는 등 시민 '갈라치기'에 박차를 가했다. 그즈음 텔레비전 뉴스 시간에는 출근 시간 지하철 출발을 저지하는 쪽과 그것에 항의하는 지하철 내 승객 간 다툼 장면이 자주 보도되고 있었다. 홍콩 전체가 경찰을 지지하는 쪽과 시위대를 지지하는 쪽으로 양분되고 있었다. 뿐만 아니라 너는 누구 편이냐고 의사표시를 강요받고 있었다. 공무원 수백 명이 시위를 지지하는 성명을 발표하기도 했다. 어느 가수가 경찰을 지지했고, 어느 영화배우는 시위대를 지지했다는 뉴스가 쏟아졌다. 또 그 가수를, 그 영화배우를, 반대편이 이렇게 저렇게 응징했다는 뉴스가 지면을 장식하고 있었다.

시위대는 중국 정부의 통신사인 신화사 사무실을 파괴하고 불을 지르기도 했다. 중국공상(工商)은행이나 샤오미(小米) 등과 같은 중국자본의 은행과 기업도 공격했다. 스타벅스는 운영주체 딸이 시위대를 '폭도'라고 말했다는 이유로 시위대로부터 공격당하고 불매당했다. 시위대는 색깔로 응징 수위를 표시하기도 했다. 검은색이 붙어 있는 곳은 파괴, 빨간색은 스프레이 공격, 파란색은 불매운동의 대상이 되었다. 노란색은 시위대 편으로 간주되어 '우대'받았다.

시위대가 네 가지 색깔로 대상을 나눈 것 역시 홍콩 사회가 그만큼 분화되고 있음을 나타낸다. 홍콩 정체성도 명분과 실리로 크게 양분되고 있는 장면이었다. 이런 천재일우의 기회를 그냥 두고 볼 중국 정부가 아니었다. 마지막 카드를 준비하고 있었다.

〈국가 보안법〉
발효

　　　　　송환법 반대 시위대가 홍콩 각 지역 상가로 흩어졌다. 어느 시점부터는 점심시간을 집중적으로 이용하여 각개 시위를 했다. 그들은 먼저 '광복홍콩'과 '시대혁명'을 외치고, 시위대의 상징이 된, 아니 홍콩 진보계열에게는 홍콩의 국가인 '글로리 투 홍콩(Glory to Hong Kong)'을 불렀다. 2019년부터 시위 현장에 등장한 이 노래의 가사는 아래와 같다.

영광이 홍콩과 함께하기를!

왜 이 땅에 다시 눈물이 흐르는가,
왜 이렇게 많은 사람들을 분노하게 하는가,
고개를 쳐들고, 침묵하기를 거절한, 함성 소리가 들리나니,
자유가 이곳에 돌아오기를 고대한다.

왜 이 두려움은 지워지지 않는가,
왜 신념을 위한 행동은 후퇴한 적이 없는가,
왜 피가 흐르지만 나아가자는 함성은 계속되는가,
자유를 세우고 홍콩을 빛내자.

저녁별 떨어져서 한밤중에 방황하고 있지만,
짙은 안개 속 저 멀리서 호각 소리 들려오니,

자유를 지키기 위해, 여기에 다 함께 모여서, 온 힘을 다해 맞서자!
용기와 지혜는 영원할 것이니,

새벽이 되었으니 홍콩을 다시 찾자!
아들딸들아 함께하자 정의를 위해 시대혁명을 위해,
민주와 자유여 영원하리라!
영광이 홍콩과 함께하기를! (번역: 류영하)

　중국 정부는 기다리고 있었다. 크게는 홍콩 정체성의 분화를, 작게는 시위대의 분화를 기다렸다. 하지만 홍콩 본토주의는 제도권 내의 쿠데타를 기획하고 있었다. 그들이 포기하지 않았다는 것을 보여주는 방법은 선거밖에 없었다. 홍콩 정체성이 정치적으로 분출될 기회를 기다리고 있었다. 2019년 11월 치러진 구(지역)의회 선거에서 범민주진영이 압승을 거두었다. 범민주파는 118석에서 392석(86.7% 점유)으로 늘어난 데 비해, 친중파는 327석에서 60석으로 줄어들었다. 홍콩 선거 역사상 최고인 71%의 투표율을 기록했다. 중국 정부에게는 핵폭탄급 충격으로 받아들여질 수 있는 일대 사건이었다.
　나의 정체성이 강화될수록 타자의 정체성도 강화된다. '우리'라는 정체성에 비례하여 '그들'이라는 정체성은 확대된다. 홍콩의 강화된 정체성은 중국 정부를 극도로 긴장시켰다. 두 개의 정체성은 이제 전쟁을 피해 갈 수 없는 지점에 도달한 것이다. 전쟁이 아니고 그나마 강력한 법으로 '해결'된 것이 다행이라고 봐야 하나?

이 선거 결과가 중국 정부의 결심을 앞당겼다는 해석이 지배적이다. 이때부터 보안법 발표 시기를 노렸다. 그런데 의외로 그 시기가 빨리 왔다. 코로나 사태가 터진 것이다. 중국 정부에게는 천우신조였다. 세계적으로 코로나 사태로 덕을 본 권력은 비단 중국 정부만은 아닐 것이다. 코로나 규제 때문에 이제 시위는커녕 모임 자체가 불법이 되어버렸다. 중국 정부는 보안법 제정을 위한 절호의 기회로 판단했다. 중국이라는 국가 정체성을 지키기 위한, 국가안전을 지키기 위한, 가장 강력한 방법을 선택했다.

2020년 5월 22일 개막된 전인대에 홍콩 보안법이 전격적으로 제출되었고, 28일 전체회의에서 통과되었다. 한 달 뒤인 6월 30일 상무위에서 만장일치로 통과되었고, 그날 밤 11시부터 발효되었다. 그야말로 일사천리로 진행되었다. 정식 명칭은 '국가안전을 수호하는 중화인민공화국 홍콩특별행정구법(中華人民共和國香港特別行政區維護國家安全法)'이다. 홍콩인이든 외국인이든 국가 분열, 국가 정권 전복, 테러 활동, 외국 세력과의 결탁 등을 기도할 경우 처벌한다는 것이다. 주요 내용은 아래와 같다.

국가 분열, 국가 정권 전복, 테러 활동, 외국 세력과의 결탁 등 네 가지 범죄는 최고 무기징역에 처한다. 그리고 주요 사안 관할권은 중앙정부에 있다. 특히 외국 세력이 개입했거나, 홍콩특구정부가 효과적으로 법 집행을 할 수 없는 상황이나 국가안보에 중대한 위협이 있는 상황이 발생할 경우, 중앙정부가 설치한 홍콩 주재 국가안전공서(國家安全公署)가 직접 수사권을 가진다. 홍콩의 공직 선거 출마자나 공무원 임용자는 반드시 중화인민공화국에 충성을 맹세해야 한다.

쿠르트 레빈은 변화란 개별적인 항목의 변화가 아니라 집단적 분위기 변화여야 한다고 했다. 변화는 언어적 수준이나 사회적 또는 법적인 행위보다 훨씬 더 깊어야 한다고 했다. 그렇다면 사회 내부적으로나 외부적으로 매우 큰 충격이 있어야 한다. 그럴 때 사회는 변화한다. 물론 개인도 마찬가지일 것이다. 충격 없이 바뀌겠는가?

어떤 집단문화의 진정한 변화는 집단 내 권력 변화와 밀접하게 연결되어 있다는 것이다. 집단문화 변화에 가장 크게 영향을 줄 수 있는 것은 리더십 변화에 있는 것이다. 따라서 주권 반환 3대 원칙 중의 하나인 '홍콩인이 홍콩을 통치한다'에서 '애국자가 홍콩을 통치한다'로 이동할 수밖에 없었던 것이다.

학교와 사회단체, 미디어, 인터넷 등에 필요한 관리감독을 강화하고, 국가안보 교육을 시행하며, 이번 조항은 홍콩 내 외국인에게도 똑같이 적용된다. 특히 홍콩 영주권자나 홍콩에 설립된 기업, 단체가 홍콩 외 지역에서 홍콩보안법을 위반해도 처벌된다는 것이다. 특히 과거 시위에 대해 소급 적용을 하기에 홍콩 사회 전체가 얼어붙어 버렸다. 송환법 반대 시위는 물론 우산운동에 참여한 사람들 모두 처벌 대상이 되었다. 이후 2023년 7월 현재까지 검거와 기소가 계속되고 있다.

홍콩 경찰은 보안법이 시행된 첫날인 7월 1일 새벽 '홍콩 독립' 깃발을 소지한 사람을 첫 번째 위반자로 체포했다. 주목할 만한 점은 경계선상 또는 제3의 입장이었던 정체성이 '실리' 쪽으로 움직이고 있었다는 것이다. 홍콩대학 등 5개 대학 총장이 보안법을 지지하고 나섰다. 홍콩 경제인을 대표하는 모임인 홍콩총상회(香港總商會)에서는 회원 60%가 찬성했다. 보안법 입법을 지지하는 서명자가 290만 명을 넘어선다는 자료도 발표되었다.

마침내 홍콩 대표적인 재벌 아홉 명도 보안법 지지를 표명했다. 기업 특성상 그동안 민주화 시위에 이러지도 저러지도 못하고 애매한 입장을 보여주고 있던 터였다. 홍콩 최고 재벌이자 (한국과는 많이 다르게) 홍콩인들 존경을 한몸에 받아온 창강(長江)그룹 리자청(李嘉誠) 회장도 보안법 지지를 선언했다. 홍콩의 정체성이 '실리' 쪽으로 방향을 잡았다는 뜻이다.

아니나 다를까 중국 정부가 내내 우려했던 '외세'도 가만히 있지 않았다. 미국은 2019년 11월 송환법 반대 시위가 한창이던 당시 홍콩 인권과 민주를 억압하는 인사들에 대한 비자와 재산을 제한할 수 있는 〈홍콩 인권과 민주 법안〉을 통과시켰다. 2020년 7월 보안법 발표 뒤 트럼프 정부는 다시 관세, 무역, 투자, 비자 등의 우대를 보장해주던 〈홍콩정책법〉을 취소했다. 영국은 홍콩 시민 3백만 명에게 영국 체류 권한을 부여했다. 캐나다, 호주, 대만 등도 홍콩인들 이주를 적극적으로 돕겠다고 했다. 보안법 발효 이후 1년 동안 8만 9천 명 이상이 해외로 이민을 떠났다.

　홍콩 경찰은 홍콩국가보안법 시행 이후 1년 만에 동법을 위반한 혐의로 홍콩인 117명을 기소했다. 2021년 1월 범민주진영 정치인 47명이 국가전복 혐의로 기소되었다. 선거에 앞서 홍콩 국가안전위원회(위원장 행정장관)가 애국심과 준법의식을 기준으로 출마자격을 심사한다. 12명의 정치인이 선거 출마자격을 잃었고, 네 명의 의원이 자격을 박탈당했다. 앞서 말한 바와 같이 2021년 6월 반중국적인 논조의 『사과일보』가 편집국장 등이 체포되고, 자산이 동결되면서 스스로 폐간을 선언했다.

　2021년 8월 16일 그동안 홍콩 민주화 시위를 이끌던 '민간인권전선'이 자진 형식으로 해산했다. 2021년 12월 14일 홍콩민의연구소(홍콩대학에서 독립)는 「홍콩시민 정체성 조사」 결과를 발표했다. 75.9%가 자신은 여전히 '홍콩인'이라고 대답했다. 반면에 53.6%가 자신의 정체성을 '중화인민공화국 국민'으로 인식했다.

　2021년 12월 29일 범민주진영의 대표적인 인터넷 신문인 『입장뉴스』도 『사과일보』와 똑같은 방식으로 자진 폐간했다. '우산운동'이 성과 없이 끝난 2014년 12월 창간된 『입장뉴스』는 선동적인 글을 실어서 '홍콩 정부와 사법체계에 증오심을 유도했다'는 이유로 편집국장 등 관계자 7명이 체포되고, 압수수색 당하고, 자산이 동결되었다. 2022년 1월 4일 또 다른 인터넷 매체인 『시티즌 뉴스(眾新聞)』가 폐간을 발표했다. 주필은 공안당국의 잣대가 지나치게 모호하여 논평과 기사가 선동죄에 해당할 수 있다는 두려움 때문이라고 했다.

이제는 경기장에서나 어디에서나 중국의 국가인 의용군행진곡이 나오면 야유를 보낼 수도 없다. 중화인민공화국의 국기인 오성홍기를 등지고 돌아서 있을 수도 없다. '광복홍콩, 시대혁명' 구호도 외칠 수 없고, '글로리 투 홍콩'을 부를 수도 없다. 모두 국가보안법의 처벌 대상이다.

대학 학생회 활동조차도 어렵다. 2021년 1월에만 해도 홍콩중문대학 학생회는 본토(홍콩)문화 창의, 공동체 의식, 불의에 대항, 체포된 학생 지원 등의 정강을 발표했다. 보안법 발표 이후에도 홍콩 민주와 자유를 추구할 것이라고 했다. 하지만 2021년 10월 7일 홍콩중문대학 학생회는 해산을 발표했다. 학교당국이 학생회비 대리 수납을 거부하고, 학생회는 정부에 따로 단체 등록을 하라고 요구했기 때문이다.

어디 그뿐인가. 항의 문구는커녕 아무것도 쓰지 않은 흰 종이를 들고 서 있어도 처벌 대상이 될 수 있다. 마라톤 대회에 나가면서 몸에 '홍콩이여 힘내라'라고 쓴 참가자들이 경찰 조사를 받았다. '홍콩독립' 구호를 외쳤다는 이유로 5년 9개월을 선고받기도 했다. 많은 책이 금서가 되었기에 이제 과거 한국에서처럼 은밀하게 거래되고 있다. 2021년 크리스마스 야외 시장에서는 '홍콩인'이라는 이름의 술(청주)이 관리자에 의해 철거 요구를 받기도 했다.

중국공산당 창당
1백 주년 기념사

홍콩 국가보안법 발효 1년 뒤인 2021년 7월 중국공산당 창당 1백 주년 기념식에서 시진핑 주석은 세계를 향하여 '중국을 괴롭히면 14억 명이 쌓은 강철 만리장성 앞에서 머리가 깨져 피를 흘릴 것'이라고 경고했다. 중요한 내용을 옮겨본다. 중국공산당 정체성을 정확하게 알 수 있는 중요한 문건이기에 다소 길더라도 요점을 정리해본다.

- 중화민족은 세계에서 가장 위대한 민족이다. 5천 년 유구한 문명과 역사를 가지고 인류문명 발전에 불멸의 공헌을 했다.
- 1840년 아편전쟁 등으로 모욕을 당하고 박해를 받았다. 중화민족의 위대한 부흥 실현이 중국 인민과 중화민족의 중국몽(中國夢)이 되었다.
- 중국공산당과 각 민족의 분투를 통해 우리는 첫 번째 1백 년의 목표를 달성했다. 중화대지에 전면적인 샤오캉(小康) 사회를 실현했다.
- 절대적인 빈곤 문제를 해결했다. 사회주의 현대화 강대국 건설이라는 제2의 1백 년 목표를 향해 매진하고 있다.
- 중국의 반식민지 및 반제국주의 역사를 종식했다. 중국에 강요한 불평등조약과 제국주의 특권을 모두 없앴다. 중화민족의 위대한 부흥을 위한 여건을 조성했다.
- 중국공산당이 제국주의와 패권주의의 전복기도와 무력도발을 이겨냈다.

- 중국공산당이 없으면 신중국도 없고, 중화민족의 위대한 부흥도 없었다.
- 일국양제와 고도자치를 관철할 것이다. 홍콩특별행정구의 국가보안법과 제도를 실천해서, 국가주권, 안전, 이익, 특별행정구 사회 안전을 수호하고, 홍콩 장기 번영을 지킬 것이다.
- 중화민족은 강한 자부심과 자신감을 지닌 민족이다. 중국인민은 다른 국가 인민을 괴롭히거나 압박하거나 노예화한 적이 없고, 앞으로도 없을 것이다.
- 외국세력이 우리를 괴롭히거나 압박하거나 노예화하는 것을 용납할 수 없다.
- 14억 중국인민들의 피와 살로 쌓은 강철 만리장성 앞에서 머리가 깨져 피를 흘릴 것이다.

모든 가치를 선과 악으로 나누는 전형적인 이분법적 사고로, 중국공산당 세계관을 여실히 보여주는 연설이었다. 다시 정리해 보면 철저한 이분법적 대비를 통해서 중국공산당의 가치와 역할을 부각시키고 있다. 먼저 중화민족과 아닌 민족이고, 모욕당한 역사와 아닌 역사이고, 절대적인 빈곤과 아닌 것이고, 반식민지 및 반제국주의 역사와 아닌 역사이고, 다시 '구'중국과 '신'중국으로 나누고, 다른 인민을 괴롭히는 인민과 아닌 인민으로 나눈다. 전체적으로 우리를 괴롭힌 세력과 아닌 세력으로 나눈다.

우선 역사에 대한 시각, 무엇보다도 근대사에 대한 시각이 뚜렷하다. 역시 아편전쟁을 절대 빠뜨리지 않는다. 기존의 역사를 긍정적으로 보느냐, 부정적으로 보느냐가 현재 그 사람(조직)의 세계관을 정의한다. 공산당을 위시한 좌파 정부는 과거의 역사를 우선 부정한다. 나쁜 역사가 좋은 역사로 전환되는 지점에 자신들을 두어야 하기 때문이다. 전체적으로 그름과 옳음, 적군과 아군이 정확하고도 분명하게 제시되어 있다. 모든 가치체계와 판단체계를 선과 악이라는 절대기준으로 나누는 전형적인 사회주의 세계관의 연설문이다. 아군이 아니면 적군이고, 적군은 없애버려야 할 대상이 된다.

이런 논리 앞에서는 내 다름을 조금이나마 인정해달라는 홍콩인들의 작은 외침조차도 용납되지 않는다. 이런 분위기 속에서 홍콩인들도 할 말이 많지 않겠느냐, 라고 하는 것이 가능할까? 실제로 중국 정부는 홍콩의 성방파나 자치파 등을 모두 홍콩독립파라는 이름으로 한꺼번에 묶어버렸다. 모두 아군이 아니면 적군이니 당연히 일고의 가치도 없는 타도 대상이 되었다.

선과 악, 좋고 나쁜 것으로 나누는 이분법적 사고는, 이성이 아닌 감정을 자극하기 위한 가장 좋은 방법이다. 감정을 자극하지 않으면, 분노를 끌어낼 수 없고, 아무도 궐기하지 않고, 나를 따라오지도 않는다. 하지만 그 대가는 길고 혹독하다. 이성적인 사고를 할 수 있는 힘은 갈수록 퇴화한다. 사회 전체적으로 감정 소비만이 조장되고 유도되는 악순환이 이어진다. 더불어 우리 삶은 더욱 피곤해진다.

2021년 12월 20일 중국 정부는 「일국양제하 홍콩의 민주발전」이라는 제목의 백서를 발표했다. 2만 6천 자가 넘는 장문이었다. 홍콩의 입법의원 선거가 1997년 이후 가장 낮은 투표율 (30.2%)을 기록한 다음 날이었다. 언론들은 일국양제 시대의 끝이자, 홍콩 특색의 민주주의 시대의 개막이라는 제목을 달았다. 주요 내용은 아래와 같다.

- 영국 통치하 홍콩에 민주는 없었다.
- 중국이 홍콩의 주권을 회복한 이후 일국양제 방침을 실행했고, 홍콩의 민주제도를 건립했다.
- 중국공산당과 중국 정부는 홍콩 민주 발전을 위한 결심과 성의를 지켜내기 위해 거대한 노력을 했다.
- 영국 통치 기간 홍콩(영국) 정부는 장기적으로 고압적인 정책을 실시했다. 신문출판의 자유를 제한하고, 언론자유를 통제했다. 영국 정부는 홍콩 사회가 부단히 제기한 민주화 요구를 모두 거절했다.
- 영국이 식민통치의 마지막 단계에 정치체제 개혁을 추진한 것은, 영국식 대의제를 가장하여, 홍콩을 독립 또는 반독립의 정치실체로 만들기 위함이었다. 중국이 주권을 행사하는 것과 유효한 관리를 방해하고 주권 반환 이후에도 정치적 영향력을 행사하기 위한 것이었다.
- 〈중영공동성명〉은 영국이 홍콩을 중국에게 반환하는 문제를 위한 것이지, 반환된 이후 선거제도를 포함한 정치체제를 위한 것은 아니었다.
- 〈중영공동성명〉 어디에도 '보통선거'와 '민주'라는 글자는 없다.
- 2020년 7월 이후 영국 측이 홍콩거주민에 대한 영국거주권 신청

을 허용한 것은 다시 〈중영공동성명〉의 원칙정신과 양해공식을 위반한 것이다.

- 2021년 선거제도 개선 조례의 입법과정에 외국인, 닭장방 세입자, 버스기사, 전기공 등등의 인사가 참여하여 광범위한 대표성을 갖추었다.

- 중앙정부는 계속해서 헌법과 홍콩 실제 상황에 완전히 부합되는 민주제도를 만들어 최종적으로 행정장관과 입법의원 전부를 직선으로 선출하는 목표를 실현하기 위해 함께 노력할 것이다.

사회는 구성원의 정체성에 따라 방향이 결정된다. 시민이나 국민이 원하는 곳을 향해 간다는 말이다. 한 사람이라도 그렇게 가기를 원하면, 그렇게 가는 것이다. 홍콩 역시 한 사람이라도 더 많은 시민이 원하는 방향으로 갈 것이다. 사회 정체성 또는 그 방향성에 있어 선악의 잣대를 들이대는 것은 무의미하다.

이제 표면적이나마 홍콩은 완전하게 중국의 일부가 되었으니, 이분법 공식이 홍콩인들의 눈과 귀에 좀 더 자주 펼쳐질 것이다. 홍콩인들의 두뇌 구조 변화와 함께, 홍콩의 정체성도 재조립될 것이다. 중국도 홍콩도 망하지 않는다. 세상만사 끝은 없고, 다만 변화할 뿐이다.

에필로그

    2022년 7월 1일, 주권 반환 25주년 기념식에서 중국 최고지도자 시진핑은 '일국양제'는 "세계적으로 공인된 성공"이기에 바꿀 이유가 없다고 했다. 정말 일국양제는 성공했을까? 그 약속은 지켜지고 있는 것일까? 이제 일국양제(一國兩制)가 아니고, 일국일제(一國一制)가 아닐까? 홍콩에서 홍콩 정체성의 가장 중요한 조성 부분이었던 자유가 사라졌기 때문이다.

    일찍이 간신히 찾은 일국양제라는 절충점은 완벽해 보였다. 중국이나 홍콩 양자가 모두 만족하는 것처럼 보였다. 하지만 어느 순간부터 팽팽했던 인식의 균형은 깨지기 시작했다. 상대에 대한 어느 한쪽의 요구가 과도했다는 반증이다. 한쪽의 요구가 많아지면 균형은 무너진다. 개인이나 지역이나 국가 사이 모두 마찬가지이다. 이렇게 해서 그동안 간신히 유지되어오던 평형은 깨지고 전쟁이 발발한다.

    요약하면 이렇게 된다. 중국 정부는 어느 날 슬그머니 '홍콩인이 홍콩을 통치한다'에서 '애국자가 홍콩을 통치한다'로 중심을 이동시켰다. 지역 정체성은 외부에서 특별하게 자극하지 않을 경우 강화되지 않는다. 중국의 자극에 의해 홍콩 정체성은 보호 본능적으로 강화되어왔다. 시진핑 취임 이후 통치의 정당성을 확보하기 위해 대내외적으로 국가와 민족 정체성을 강화했다. 당연히 이전 장쩌민이나 후진타오 시대와는 다르게 홍콩이라는 독특한 정체성을 지속적으로 압박했고, 홍콩의 반작용이 심하니까, 마침내 국가보안법이라는 초강수 정책으로 대응할 수밖에 없었다.

　상호 다른 정체성은 자칫 잘못하면 갈등을 유발하고 대결하는 양상으로 치닫는다. 이제 '중국-홍콩 체제'의 정체성 갈등은 2020년 국가보안법 입법을 기점으로 끝난 것처럼 보인다. 세계사를 보면 정체성 갈등의 끝에는 전쟁이 기다리고 있었다. 전쟁 발발이나 대규모 인명 손실을 미연에 방지했다는 점에서, '중국-홍콩 체제'의 갈등은 평화로운 결론을 얻은 셈인가! 홍콩에서의 시위가 한창일 때, 인민해방군의 탱크가 밀고 들어올 것이라는 소문이 파다했는데, 그렇다면 국가보안법의 발효는 최악의 경우를 모면하게 했다. 홍콩 정체성의 소멸이라는 대가를 치르면서 말이다.

　철학자 마르쿠스 가브리엘은 『왜 세계사의 시간은 거꾸로 흐르는가』에서 타인의 존엄을 낮추는 사람은 자신의 존엄도 낮추는 것이라고 했다. '중국-홍콩 체제'에서 홍콩 정체성이 사라졌다면, 중국은 홍콩의 존엄을 낮춘 것이 된다. 반대로 중국의 존엄은 높아졌을까? 마르쿠스의 논리대로라면 중국의 존엄 역시 낮아졌다. 중국 정부가 세계로부터 지탄받고 희화화되었음을 생각해보면 분명해진다.

가라타니 고진은 팽팽한 균형의 중요성을 강조한다. 지금 우리의 안정은 수많은 갈등의 마지막 절충점이라는 말이다. 간신히 찾은 중용 같은 것 말이다. 하지만 언제나 그러하듯 누구는 대체로 현상(현실)에 만족하지만, 반대로 많은 사람들이 그 '어중간함'이 늘 못마땅하다. 그래서 변화와 개혁 그리고 혁명을 꿈꾼다. 어떻게 보면 삶이란 '긴장된 안정상태'나 '애매한 관계'를 벗어나고자 하는 욕망과의 싸움이 아닐까? 변화를 기대해왔던 사람들에게 지금 홍콩은 또 어떻게 비추어질까?

그렇게 본다면 갈등도 그것의 절충점도 시시각각 변화하는 것임에 틀림없다. 그렇게 사회적 유전자가 바뀌고, 그것은 또 다른 환경을 만들어낸다. 이제 신체 행동은 경험이나 성장환경에 의해서 가소성을 지닌다는 연구 결과가 날마다 많아지고 있다. 쿠르트 레빈은 『사회적 갈등 해결하기』에서 누군가를 공격하기 위해서는 그들이 자신들과는 다르다고 말할 수 있는 명분, 즉 스토리가 필요하다고 했다. 또 문화적 이질성이 있다고 주장하는 스토리는 그게 무엇이든지 전쟁을 부추기고 공격하는 구실이 되며, 이런 방법으로 우리는 타자의 존재를 만들어낸다고 했다.

물론 '내부의 타자' 스토리도 빼놓을 수 없다. 아편전쟁 이후 홍콩의 정체성은 처음부터 분화된 또는 가벼운 외부 충격에도 재분리될 가능성을 늘 갖추고 있었다. 홍콩의 복잡한 정체성에도 불구하고 홍콩에서는 중국에서 막 건너온 아찬, 돈 없는 사람, 좋은 대학 나오지 못한 사람, 후진국에서 온 사람, 영어 못하는 사람 등이 타자화되었다. 어떻게 보면 홍콩의 주인은 없었다. 홍콩은 그렇게 분화된 사회였다.

홍콩은 구심력보다는 원심력이 작용하는 사회였다. 홍콩인들은 '홍콩'에 대한 애착심이 있었을까? 앞에서 1970년대 '홍콩은 우리 집'이라는 운동이 전개되고 홍콩인들이 정체성을 강화하기 시작했다고 서술했다. 하지만 이후 원심력이 확대된 것은 아닐까? 홍콩은 계급별, 세대별, 출신별, 정치 성향별로 철저하게 나누어져 있었다. 길거리에 시위하러 나온 사람들이나 안 나온 사람들이나 모두가 '타자'였다고 해도 과언이 아니다. 내가 수시로 홍콩 친구들에게 홍콩 정체성을 강조하기보다는 홍콩의 내부 식민 해결 즉 타자와의 간격을 줄이는 운동을 하는 것이 어떠냐고 제안한 맥락이다. 돌이켜보면 그동안 홍콩에서 전개되었던 정치적 시위의 방향이 내부식민 타파에 집중되었다면 어땠을까? 중국 정부와 '홍콩 독립' 등 극단적인 명분은 회피하겠다는 신사협정을 체결하고, 홍콩 내부 문제 즉 빈부격차 해소와 노동현실 타파 등 사회개혁 운동으로 전개되었다면 어땠을까?

중국(국가)과 홍콩(지역)이라는 세계사 초유의 특수한 관계망 즉 '중국-홍콩 체제'의 정체성 갈등을 공부하면서 나는 아래와 같은 가르침을 얻었다. 그런 경험이 중국과 홍콩, 중국과 대만 그리고 남북한을 비롯한 정체성 갈등을 빚고 있는 세계 모든 곳에 도움이 되면 좋겠다.

국가와
지역

나는 한반도의 삼국시대와 후삼국 시대는 정체성이라는 시각에서 본다면 매우 정상적인 상태라고 생각한다. 고구려와 백제와 신라는 각기 사는 곳이 달랐지만, 엄밀하게 보면 말도 달랐고, 추구하는 가치체계도 달랐다고 할 수 있다. 그 상황을 굳이 통일하고자 나선 신라는 다른 정체성 존중이라는 차원에서 보면 필요 없는 일 또는 해서는 안 되는 일을 한 것이 된다. 수많은 목숨을 대가로 지불하면서 말이다!

나는 평소 (한국을 포함) 국가 내 다양한 정체성을 바라보는 (한국인의) 국민의 시선에 관심을 가지고 있다. 이른바 도(道)로 나누어지는 지역은 모두 한국이라는 국가에 속하지만, 별개로 자신만의 지역적 정체성이 분명히 있다. 한반도 전체가 상당 기간 동안 단일 민족이라는 신화로 포장되어 왔고, 그것으로 모든 '다름'을 덮고자 했지만, 일개 국가의 혈통은 물론 정체성은 그렇게 단순하지 않다. 각기 다른 지역 속에는 계급별로 또 직업별로 또 다른 정체성들이 있다. 빈부격차와 직업종별로 각각 다른 정체성을 보여주는 것이 당연하다.

홍콩 역시 지역적으로, 계급적으로 분화되어 있었다. 국가나 지역 정체성은 이렇게 나와 비슷한 사람을 찾고, 더불어 같이 살기를 추구하는 속성이 있다. 하지만 그 정체성은 언제나 명분과 실리에 따라 이합집산을 거듭하게 되어 있다. 무엇보다도 중요한 것은 통일(통합)을 위해 인위적인 개입을 피해야 한다는 점인

데, 그 이유는 세계사를 보면 바로 알 수 있다. 작위적인 통일(통합) 시도 그것이 주로 강자나 다수에 의해 무리하게 획책되는 경우가 많았다. 물론 소수(약자)는 물론 다수(강자) 역시 그렇게 행복하지 않은 결말을 보여준다.

유발 하라리도 고대에서 지금까지 살아남은 국가는 거의 없다고 지적하면서, 오늘날 많은 국가가 지난 몇 세기 동안 통합된 것이라고 본다. 지역화보다는 국가화가 강력하게 추진되고 있다는 것이다. 그는 또 시리아, 레바논, 요르단, 이라크 등은 프랑스와 영국의 외교관들이 그어놓은 경선의 산물인데, 지역성 그러니까 역사, 지리, 경제를 무시한 결과라고 했다. 그 지역의 불안정은 불을 보듯이 뻔한 것이다.

중국과 홍콩, 스페인과 카탈루냐, 일본과 오키나와, 프랑스와 코르시카, 중화민국과 대만 원주민, 미국과 하와이 원주민, 뉴질랜드와 뉴질랜드 원주민 등은 국가와 지역 정체성의 다름을 보여주는 대표적인 경우라고 할 수 있다. 스페인과 프랑스의 경계에 자리 잡고 있는 바스크 지방 역시 지역이 반드시 국가로 통합되어야 하느냐 하는 원초적인 질문을 우리에게 던지고 있다. 하지만 언제나 그렇듯이 국가와 지역의 충돌은 늘 국가가 이기는 것으로 결론이 난다. 그렇게 해서 그 아픔은 언제나 소수에게 전가되고 강요되어왔다.

한번은 홍콩에서 친중국계 인사를 만난 적이 있다. 내가 중국과 홍콩의 갈등 문제를 연구하고 있다니까, 그는 내게 주의를 주었다. 갈등이 있음을 인정하는 연구니까, 중국인들은 안 좋아

할 것이라는 말이었다. 국가주의에 세뇌된 중국인 정체성의 한 단락을 보여준 언급이었다. '중국-홍콩 체제'에서 갈등이 존재한다는 것조차 인정하기 싫은 차원인 것이다. 홍콩의 정체성을 바라보는 대다수 중국인들의 마음 즉 중국 국가주의적 정체성의 실체이다.

내 지도교수는 어릴 때 부모님을 따라 광둥성에서 홍콩으로 이주했다. 홍콩에서 대학을 졸업하고 미국에 가서 박사를 하고 다시 홍콩으로 돌아와서 평생 강단에 섰다. 그는 표면적으로는 홍콩의 시스템 등을 매우 자랑스러워하는 홍콩인이다. 하지만 중국문학 전공자로서 중국문화에 대한 무한한 자부심과 함께 중국인이라는 자존심 역시 매우 강한 분이다. 홍콩인이 어디 있느냐, 모두 중국인이지. 중국이 이제 세계 강대국이 되었는데, 분열은 말도 안 된다고 수시로 강조한다. 나는 그를 우선 혈통이나 문화로 소통하고 공통점을 찾아보자는 입장으로 이해한다.

반면에 홍콩의 대표적인 작가 시시(西西)는 국가 정체성보다는 지역 정체성을 강조하면서 국가 이데올로기를 비판한 지식인이었다. 홍콩의 정체성을 강조하는 본토파는 자치파, 성방파[도시국가 지위 요구, 화하연방(華夏聯邦*) 건립], 독립파(무력항쟁 주장), 순수 좌파 등으로 나누어지고 있었다.

성방파(城邦派, 도시국가파, city state camp)는 수헌파(修憲法)라고 하기두 한다. 〈기본법〉과 '일국양제'를 인정하고, 홍콩의 민

---

* 화하(華夏)는 고대 중국의 호칭이자 한족의 별칭이다. 보편적인 한족 국가 연방을 건립하자는 움직임이다.

주발전과 자유인권의 보통선거를 요구하고, 홍콩의 독립을 반대했다. 중화 전통문화를 지키자는 문화보수주의를 표방하는데 우파, 극우파로 분류된다.

자치파(自治派)는 중국의 주권 아래 영원한 자치를 요구했다. 스페인 바스크 지방과 영국 북아일랜드 지방의 관계를 집중적으로 연구했다.

귀영파(歸英派, 영국치하로 들어가자는 파)는 중화인민공화국에서 이탈하여 영국 해외영토의 일원이 되는 것을 희망했다. 1997년 주권 반환 이후의 상황을 볼 때, 1984년의 〈중영공동성명〉이 무효화되었다고 보았다. 이들은 중국이 국제법의 정신을 위반했다는 것이다. 지브롤터, 포클랜드 제도, 버뮤다의 경우를 중점 연구했다. 모두 영국의 해외 영토(Overseas Territory)로서 버뮤다 제도는 1998년 영국으로부터 독립을 묻는 국민투표가 부결되기도 했다.

홍콩독립파(港獨派)는 홍콩의 독립을 주장하며, 홍콩인을 하나의 독립된 '홍콩 민족'으로 생각했다. 영국이나 중국 양자 모두로부터의 독립을 희망하는 극우파로서, 2016년 '홍콩민족당'을 결성하면서 주목받기 시작했다.

좌익 식민 해방파(左翼解殖派)는 홍콩 사회주의라고도 하는데, 노동자 계급을 조직하여 사회주의 세계를 건설하자는 행동이다. 중화인민공화국은 이미 빈부격차가 세계 최고 수준이 되었기에, 자본가가 지배하는 독재체제로 규정했다. 나는 몇 년 전 홍콩학 전문서점인 서언서실(序言書室) 구석에서 우연히 『사회주의자』와 『노동자문예』라는 두 권의 잡지를 발견하면서, 이들의 존재를 눈치 채고 주목하기 시작했다. 중국공산당과 자본주의를 타도하자는 구호를 외치고 있었고, 최저임금 인상 투쟁을 하고 있었다.

홍콩은 자신의 정체성을 지키기 위해 이 정도의 고민을 했다. 하지만 이런 논의와 고민은 이제 영원히 역사 속으로 사라지게 되었다. 국가와 겨루어 이긴 지역이 있었던가, 아니 처음부터 국가와 지역이라는 양자의 소통과 이해를 위한 진지한 논의가 가능이나 했을까?

같음과
다름

중국과 홍콩은 다르다. 중국인과 홍콩인은 다르다. 하지만 중국인들은 언제나 '피는 물보다 진하다(血濃於水)'라는 말로 상황을 정리하려고 한다. 우리가 간과해서는 안 되는 사실은 무엇보다도 그 '피'는 과거의 것이라는 점이다. 과거 한때 같은 '피'였다는 말이다. 그 피는 유전자를 말한다. 과거에는 동일한 유전자였지만, 지금은 아닌 것이다. 지나온 시간의 굴레만큼 그 '피'도 달라졌다.

프롤로그에서 나는 두뇌과학에 관심이 많다고 했다. 또 그것을 정체성 연구에 적용하고 싶다는 욕심도 말했다. 중국과 홍콩 사이에 문제가 있다면, 그것은 정체성의 문제이고, 중국과 홍콩이 충돌했다면, 그것은 정체성이 충돌한 것이다. 사회심리학적으로 정체성을 두뇌 구조의 발현이라고 본다면, 중국인과 홍콩인의 각기 '다른' 두뇌 구조가 충돌한 것이다.

따라서 현재 우리와 그들의 다름을 알아야 한다. 그것이 문제 해결의 출발점이다. 일국양제도 처음에는 홍콩의 다름을 인정해주자는 뜻에서 나온 구상이었다. 그것이 점차 일국과 양제의 대립구도가 되더니, 나중에는 양제는 아무것도 아닌 것이 되고, 일국만 절대화되었다. 상황이 진전될수록 상대의 다름을 망각해버린 것이다.

'중국-홍콩 체제'는 전근대와 근대, 다수와 소수, 특수성과 보편성의 대립구조이기도 하다. 어쩌면 모든 갈등이 근대와 전근대라는 도식에서 비롯된 것인지도 모른다. 홍콩이 민주와 과학으로 무장하고 있다면, 중국은 국가와 민족을 앞세운다. 중국이 여전히 국가나 민족 이데올로기를 숭상한다면, 홍콩은 말끝마다 합리성을 내세우는 정체성이다. 중국 정부는 중국적인 정체성을 주입해야 문제 해결이 될 것이라고 보았다.

중국은 홍콩을 향해 국가와 민족 이데올로기 주입에 총력을 기울였다. 홍콩인들을 빠른 시간 내에 국민으로 만들어야만 했다. 중국과 홍콩이라는 정체성은 다시 작은 정체성으로 나누어진다. 중국에도 홍콩에도 각각 여러 개의 작은 정체성이 있다. 즉 작은 정체성들이 모여서 큰 정체성을 구성하는데, 중국과 홍콩은 각각 작은 정체성들의 총합이다. 그 작은 정체성들의 변화는 큰 정체성의 변화와 직결되며, 큰 정체성은 다시 작은 정체성에 영향을 준다.

책 앞에서부터 살펴보아 왔듯이 정체성은 외부의 충격 또는 내부의 갈등에 따라 시시각각 변화한다. 1997년 주권 반환 이후 '중국-홍콩 체제'는 수많은 갈등을 보여주었다. 중국은 홍콩을 확고한 중국 정체성으로 포섭하기 위해, 홍콩은 자기 정체성을 수호하기 위해 노력했다. 하지만 요지부동인 중국 정체성에 비해 홍콩 정체성은 더욱 빠른 속도로 분화되어갔다. 홍콩 정체성의 역사가 생성, 분화, 재조립되듯이, 정체성으로 보면 망하는 역사는 없다. 역사는 부단히 재편되고 재조립될 뿐이다.

세계 인구는 교묘하게 남녀 비율을 반반으로 유지한다고 한다. 인위적으로 남녀 비율을 조정하지 않는 한 그렇게 유지되어왔다. 나는 두뇌 구조에 대한 비율도 마찬가지가 아닐까 하는 가설을 세우고 싶다. 우선 '334의 가설'이라고 명명해놓고 싶다. 즉 세계 각국 국민의 정치적인 성향은 기본적으로 30은 보수, 30은 진보, 40은 중도라고 본다. 과학적으로 입증하려면 국가별로 수많은 자료가 필요하겠지만 한국, 대만, 홍콩의 자료만 놓고 본다면, 334는 견고한 형태를 보여주고 있다.

미국의 경우도 민주당이나 공화당 지지 세력을 분석한 자료나 대선 결과 등을 보면, 언제나 팽팽한 균형을 보여준다. 큰 이슈가 없는 선거의 경우 언제나 간발의 차이를 보여주는 팽팽한 접전으로 끝난다. 보수와 진보는 언제나 중간 지대인 중도표를 얻기 위한 싸움을 한다. 사실상 미국이나 한국 선거를 보더라도 선거는 중도를 어떻게 잠식하고 흔들어버리느냐에 달려 있다고 해도 과언이 아니다. 홍콩에서도 마찬가지여서 홍콩이 자랑하는 광범위한 '제3의 공간' 즉 중간지대의 넓이는 정치경제적 상황에 따라 큰 변화를 보여주었다.

그러니까 평소 '나는 홍콩인'이라는 대답이 30% 정도였다면, 그 수치가 우산운동이나 송환법 반대 시위가 한창일 때는 무려 70% 이상까지 증가했다. 당시 중간지대인 40% 대부분이 '나는 홍콩인이야'라는 인식을 함께했다. 평소 중국과 홍콩 사이에서 '애매한' 입장을 취해오던 사람들이 덜컥 홍콩인이라는 정체성을 수용해버린 것이다. 홍콩의 위기가 또는 위기의식이 홍콩인이라는 정체성의 결집을 추동했던 것이다.

중간지대는 정치경제적 상황에 따라 늘 이렇게 유동적이다. 물론 '중국'이라는 국가와 민족적 명분을 우선하는 두뇌의 소유자 30%는 요지부동이었다. 다만 이도 저도 아닌 40% 정도가 중간지대에서 상황의 변화를 지켜보면서 이쪽으로 갈까, 저쪽으로 갈까 고민했다. 비단 홍콩 사회에만 해당되는 분석은 아닐 것이다.

주권 반환 10년째인 2006년 홍콩을 대표하는, 아니 세계에서 가장 영향력 있는 중국어 인문잡지 『명보월간(明報月刊)』은 '중립적인 문화 공간(中立的文化空間)'이라는 제목의 특집을 준비했다. 중국 국가 이데올로기가 해일처럼 홍콩 사회를 덮쳐오는 시점에 인문 잡지로서 무슨 대항을 할 수 있었겠는가? 그저 '중립'이라는 가치가 얼마나 소중한 것인지를 간접적으로 피력할 수밖에 없었을 것이다.

특집에서 중국학자 장이허(章詒和)는 「우리에게 중립적인 공간은 있는가」라는 도발적인 제목의 논문을 발표했다. 중국인들은 역사적으로 엄격한 등급과 기준 즉 좋음과 나쁨, 위와 아래, 왼쪽과 오른쪽, 높음과 낮음, 귀함과 천함, 가난함과 부유함 등등의 사회에서 살아왔다고 했다. 절대다수의 백성들은 평생 그 속에서 삶을 도모해왔다는 것이다.

평소 기회 있을 때마다 홍콩의 문화적 가치를 높게 평가해오던 류짜이푸 역시 제3공간으로서 홍콩의 중요성을 설파했다. 그는 특집의 「다시 제3담론공간을 논함」이라는 논문에서 막스 베버의 '가치중립' 개념을 끌어와서 중국에는 '우리 편 아니면 바로 적'이라는 공간만 존재하는 데 비해, 홍콩의 '제3공간'은 양안삼지(중국, 홍콩, 대만)에서 가장 광활하다고 했다. 어디 그 뿐인가, 수많은 학자들이 홍콩이라는 '중간지대' 또는 '회색지대'의 존재를 매우 긍정적으로 평가해왔다. 좌도 우도 아닌 '제3공간'은 홍콩의 자유를 다른 측면에서 증명해주고 있었기 때문이다.

명분과 실리

우리가 한 번 더 상기해야 할 점은 명분과 실리 역시 두뇌 구조의 작동에서 나온 지령이라는 것이다. 전두엽이 활성화되어 있는 사람은 현실(실리)적인 측면이 우선이고, 측두엽이 활성화되어 있는 사람은 낭만(명분)을 우선 중시하는 경향이 강하다. 따라서 실리를 아무리 챙겨주더라도 명분을 포기하지 않는 사람은 포기하지 않는다. 그들에게 목숨이란 실리도 아무것도 아니어서 내 죽음이란 명분으로 가볍게 응수하기도 한다.

명분을 중시하는 사람들에게 죽음은 초개와 같은 것이다. 역사적으로 내 머리(실리)는 자를 수 있지만, 내 상투(명분)는 자를 수 없다는 고집을 어디 한두 번 보아 왔던가? 정말 홍콩 독립을 희망하는 사람에게 중국이나 홍콩 정부가 제공하는 경제적인 혜택은 한갓 사탕발림에 불과한 것이 된다. 누구의 두뇌는 처음부터 명분인 홍콩 독립을, 누구의 두뇌는 처음부터 실리인 친중국을 선택하고 있었다.

유권자들은 언제나 각자 두뇌 구조에 따라 투표한다. 여러 번 언급했듯이 사람이 다른 것은 두뇌가 다르기 때문이다. 누구의 두뇌는 명분에 반응하고, 누구의 두뇌는 실리에 민감하다. 같은 두뇌가 만나면 연대가 되고, 다른 두뇌가 만나면 싸움이 된다. 어느 순간에는 접점을 찾기도 한다. 애국이라는 명분과 경제적인 실리가 만나면 상상할 수 없는 힘을 발휘한다.

앞에서 살펴보았듯이 정체성은 명분과 실리의 교집합이다. 어느 때는 명분이 우위를, 어느 때는 실리가 중시되는 구조인 것이다. 나는 명분과 실리가 정체성을 구성하는 근간이라고 본다. 정체성은 그때그때 상황에 따라 명분과 실리가 비율을 달리하면서 시시각각 재구성된다. 같은 명분을 좇다가도 그 속에서 다시 명분과 실리로 분화되고, 실리에 목매다가도 다시 명분과 실리로 재분화된다. 그것이 정체성의 본질이다. 영원하지도 않고,

영원할 필요도 없다. 윤리주의는 명분이고, 역사주의는 실리로서 서로 모순되지만, 서로 견제하면서 정체성을 만든다. 명분도 실리도 어느 것 하나 빠짐없이 모두 필요하다는 말이다.

'중국-홍콩 체제'에서 홍콩인들은 정치적 신분을 새로 창조하려는 시도를 했다. 일국양제는 사실 경제적 신분을 부여하기 위한 장치였다. 중국 정부는 경제적 실리를 주면 홍콩의 정치적 명분 문제도 해결될 것으로 기대했다. 하지만 뜻밖에도 1997년 주권 반환 이후 중국의 정치경제적 조치들은 오히려 홍콩의 정치적 정체성의 강화를 자극한 측면이 강했다. 어느 시점부터는 홍콩의 정치적 정체성 즉 '홍콩 독립' 등의 명분이 다른 정체성 즉 경제적 실리를 압도하기 시작했다. 중국의 국가적 정체성을 치명적으로 자극한 최대 요인이었다. 명분에 지나치게 집착할 경우, 명분도 실리도 잃게 된다. 에라스무스가 말과 글의 전쟁이 오래가면 폭력으로 끝을 맺는다고 말한 까닭이다.

전체적으로 보면 경제적 실리를 공유하는 것이 중요하다. 중국 정부가 지속적으로 추진한 경제 일체화의 혜택은 홍콩 사회에 골고루 전달되지 못했다. 경제적 이익의 불균형이나 편차는 바로 정체성의 분화를 야기한다. 그것이 전부는 아니지만 막대한 영향을 미치는 중요한 요소 중의 하나인 것은 분명하다.

1997년 주권 반환 이후 홍콩인들은 순간순간 비교했다. 영국익 당시와 중국의 현재를 비교하는 것이다. 서민들의 살림살이는 좀 나아졌을까? 주권 반환이 신자유주의처럼 홍콩의 서민들을 더욱 힘들게 하는 계기가 되었다는 주장이 힘을 얻고 있다.

홍콩의 재벌은 중국 정부 내지 중국 재벌과의 결탁으로 더욱 부유해진 반면, 홍콩 서민들의 삶은 더욱 팍팍해졌다는 것이다. 빈익빈 부익부의 흐름은 변함이 없고, 착취구조는 더욱 견고해졌다. 중국 자본의 공습으로 홍콩의 아파트 가격이 폭등했다.

정체성은 시시각각 변화한다. 또는 기왕의 정체성을 흔들어서 새로운 정체성을 만들 수도 있다. 명분과 실리가 합쳐져야 하는데, 주권 반환 이후 조국이라는 명분만 앞세웠을 뿐이라는 것이다. 국제금융도시라는 자부심도 이제 상하이와 선전에 밀리고 있었다. 홍콩 출신이라는 장점은 사라졌다. 청년들의 취업 자리도 중국 출신들에게 우선권이 주어진다. 과거에는 중국인들이 홍콩에서 차별받는 아찬이었다면, 현재는 홍콩인들이 중국에서 차별받는 '강찬(港燦)'이 되었다.

홍콩에서 매번 지하철 맞은편에 앉아 있는 사람들이 피곤해 보였다. 홍콩인들은 자신이 소수라는 것을 알지만, 홍콩 내부의 소수에 대해서는 얼마나 알까? 주권 반환 초기 홍콩 정부는 의료, 주택 등 서민복지의 향상에 기여하지 못했다. 2003년 중국과 홍콩 마카오 사이 긴밀한 경제무역관계협정이 체결되었다. 하지만 혜택은 재벌과 홍콩의 서비스 업계에 한정되었다. 서민(하위주체)들의 취업이나 이익에는 큰 도움이 되지 못했다. 오히려 홍콩의 빈부격차는 더욱 심화되었던 것이다.

2021년 10월 홍콩의 행정장관이 홍콩의 서북쪽에 250만 명 규모의 도시를 건설한다는 계획을 발표했다. 중대한 고비를 지날 때마다 정부가 내놓은 장밋빛 청사진이다. 중국 최대 경제특구인 선전과의 일체화를 앞당기겠다는 의지다. 홍콩과 선전 사이에 새로운 도시를 건설하여 홍콩과 선전을 하나로 묶겠다는 것이다. '10년 주택 건설 계획' 같은 것도 마찬가지 경우인데, 이제라도 실리를 챙겨주겠다는 동작이다.

홍콩 정체성의 역사를 살펴보면 광범위한 중간지대의 여론이 중요했다. 자존심이나 경제적인 불편이 돌출되었을 때는 홍콩 독립 의지 등 낭만(명분)적인 반응을 보여주었으나 최종적으로 중간지대는 현실(실리)적인 선택을 했다. 명분에 취약했지만 결국 실리를 선택했던 것이다. 나는 이런 시각으로 '중국-홍콩 체제'의 갈등을 지켜보고 있었다. 중국 정부도 이런 홍콩인들의 정체성을 잘 알고 있었다.

근대와
전근대

1997년 중국으로의 주권 반환 이후 홍콩인들은 스스로를 '2등 국민' 또는 '차(次)국민'이라고 부르기 시작했다. 홍콩이 소수의 정체성에서 볼 때는 통일(통합)당한 것이다. 하지만 어떤 학자들은 홍콩이 강자(強者)라고 주장하기도 하는데, 사실상 홍콩식 자본주의가 중국을 지배하고 있다는 것이다.

사실 개혁개방 초기 중국은 전국의 경제무역 담당 공무원을 홍콩에 파견하는 등 홍콩식 자본주의를 학습하기 위한 노력을 경주했다. 홍콩의 금융 시스템을 고스란히 대륙에 옮겨 놓은 것이다. 물론 홍콩식 자본주의의 고질적인 병폐에 똑같이 시달리고 있다.

조너선 하이트는 『바른 마음』의 결론 부분에서 이렇게 말했다.

정치의 어느 한쪽에 일단 발을 들이고 나면, 사람들은 그 안의 도덕 매트릭스에 갇혀 좀처럼 헤어나지 못한다. 사람들은 어디를 가나 자신이 품은 장대한 서사가 옳다고 확신하며, 따라서 그 매트릭스 바깥에서 논쟁을 벌여서는 그들이 틀렸다고 이해시키기가 무척 힘들어진다(아마도 불가능할 것이다).

하이트는 보수주의자가 진보주의자를 이해하는 것보다, 진보주의자가 보수주의자를 이해하는 일이 더 어렵다고 했다. 진보주의자들은 충성심, 권위, 고귀함 등의 기반을 도덕성과 관련시켜 이해하는 일을 어려워하는 경향이 있다는 것이다. 홍콩을 진보라고 가정하고, 중국을 보수라고 할 때, 중국은 정말 이해하기 어려운 대상이었다.

중국인들은 중국이라는 도덕 매트릭스에, 홍콩인들은 홍콩이라는 도덕 매트릭스에 갇혀 있었다. 발생, 성장, 생성의 모체(母體)라고 할 수 있는 매트릭스(matrix)는 매우 견고하여 복제만 가능하다. 결국 매트릭스와 매트릭스는 만날 수 없는 평행선을 달리는데, 양자가 만난다면 대부분 전쟁터에서다. 중국과 홍콩은 전쟁 직전의 단계인 국가보안법으로 결론을 내렸던 것이다. 그렇다면 상호 수용하고 이해하기 위해 다른 방법은 없었던 것일까?

리처드 니스벳에 의하면 그리스에서는 개인의 자율성이 중요했다면, 중국에서는 집단의 자율성이 우선되었다. 궁극적으로 '중국-홍콩 체제'는 중국과 영국이라는 완전히 다른 두 개 정체성의 충돌이다. 충돌은 정체성 즉 문화적 정체성의 다름에서 시작되었으니, 해법도 문화에 있다. 중국-홍콩 양자 최대 공통부분은 역시 문화일 수밖에 없다.

사회심리학자들은 갈등의 해법, 즉 평화 전략으로 네 가지 해법을 제시하고 있다. 네 가지 C 즉 4C로 요약할 수 있는데, 접촉(contact), 협력(cooperation), 의사소통(communication), 조정(conciliation)이다.

'중국-홍콩 체제'에서 양자는 '접촉'했고, '협력'하기도 했다. 하지만 진정한 '의사소통'은 했을까? 1997년 이후 양자가 진정으로 인정하고 이해하고 소통하고 있다는 느낌을 받아본 적이 없다. 그들은 공동의 적을 향해서 힘을 모아본 적도 없고, 직접 흥정을 해본 적도, 제3자에게 중재를 요청하는 의사소통도 해본 적이 없다. 특히 상호 복종을 강요했을 뿐, 갈등 당사자를 리드할 수 있는 중재자의 조정 단계를 거치지 못했다.

그렇다면 '중국-홍콩 체제'에서 공동의 적이나 공동의 목표를 만들 수는 없었을까? 그것은 애초에 불가능했을까? 해외 화인(華人)들이 일본 제국주의에 대해 일치된 정체성을 보여주듯이 중국과 대만/홍콩 사이 대외적으로 일체화될 수 있는 정체성 회복 요인을 찾는 것이 좋다.

2003년 홍콩에 중국 최초의 우주인을 파견하는 등 조국의 위대함을 보여주고자 했다. 중국 정부는 2008년 원촨 대지진, 2008년 베이징 하계 올림픽을 국가의식 함양의 장으로 삼기도 했다. 애국심을 끌어낼 수 있는 최고의 재료이기 때문이다. 하지만 결과적으로 중국의 '전근대'와 홍콩의 '근대'가 합리적인 접점을 찾는 데 실패했다.

쿠르트 레빈은 문화가 바뀌려면 리더십의 변화가 일어나야 한다고 했다. 이데올로기와 권력 문제는 밀접하게 연결되어 있다고도 했다. 이렇게 본다면 중국 정부가 홍콩의 리더십에 그토록 집착했던 태도는 자연스럽다. 앞서 쿠르트 레빈은 개인이 옛날 가치체계에 대해 충성도가 클수록 적대감이 크다고 했다. 사회적 성향이 강하고, 이기적인 성향이 덜할수록 재교육에 강하게 저항한다고 했다.

홍콩은 어떤 사회였을까? 홍콩은 어떻게 형성되었으며, 어떻게 작동하고 있었을까? 어떠한 경우든 재교육의 과정은 적대감에 봉착한다고 했다. 이 말은 주권 반환 이후의 홍콩 정체성 또는 분화를 이해하는 데 매우 중요한 잣대가 될 수 있다.

조너선 하이트에 의하면 특히 중요한 것은 유전자와 문화의 공진화(共進化)로 인해 우리가 일련의 부족 본능을 지키게 되었다는 사실이다. 우리가 당연하다고 알고 있는 것들이 모두 유전자와 문화가 상호 작용한 결과물이라는 말이다. 우리는 또 스스로 어떤 집단에 속하는지 표시하기를 무엇보다도 좋아하며, 그런 표시를 한 뒤에는 자기 집단에 속하는 사람들과 우선적으로 협조하려는 경향을 보인다는 것이다. 어떤 측면에서 정체성은 그만큼 완고하고 폐쇄적이라는 말이다.

그렇다면 향후 '중국-홍콩 체제'를 긍정적으로 볼 수는 없을까? 지금부터야말로 한배를 탔다는 공통분모를 갖게 된 것은 아닐까. 중국의 홍콩특별행정구의 앞날 즉 홍콩이라는 유전자와 홍콩이라는 문화는 공진화하는 것으로 보아야 하지 않겠는가?

심리학에 '장 의존성(field-dependence)'이라는 개념이 있다. 간단하게 말하면 장 독립적인 사람은 주변 배경에 영향을 덜 받는다는 것이다. 농경사회 사람들은 수렵사회보다 장 의존적이다. 리처드 니스벳에 의하면 수렵사회 사람들은 현대 산업사회와 마찬가지로 장 독립적이며, 정통 유대교, 비정통 유대교, 신교 아이들의 순서대로 장 의존적이다. 홍콩인들을 정의해보라고 하면 단번에 수렵인을 떠올리는 데 우리 모두는 거부감이 없다. 홍콩은 농경사회가 아니었다. 따라서 새로운 환경에 잘 적응할 것이라는 믿음이 가능한 것이다.

헤겔은 『역사철학강의』에서 세계를 이성적으로 보는 사람에게 세계 역시 이성적인 모습을 제시한다고 했다. 홍콩 원래의 정체성은 사라졌지만, 새로운 정체성이 창조되고 있다. 친구들이 자주 묻는다. 홍콩은 어떻게 될 거 같아? 홍콩은 이제 끝났지? 아니다. 홍콩은 본래의 자신을 알아가고 있는 중이다. 홍콩인들도 중국인들도 모두 사유의 지평을 넓히고 있는 중이다.

역사란
무엇인가?

역사는 발전하는가? 인류는 진보하는가? 유
발 하라리는 역사가 펼쳐짐에 따라 인류의 복지가 필연적으로
개선된다는 증거는 전혀 없다고 했다. 또 역사가 인류에게 이익
이 되는 방향으로 작동한다는 증거도 없다고 했다. 유발 하라
리는 역사를 연구하는 것은 미래를 알기 위해서가 아니라, 우리
의 지평을 넓히기 위해서이며, 우리의 현재 상황이 자연스러운
것도 아니고, 필연적인 것도 아니라는 사실을 이해하기 위해서
라고 했다. 헤겔도 역사란 정신이 본래의 자기를 차츰 정확하게
알아가는 과정을 서술하는 것이라고 했다.

박물관은 물론 교과서의 스토리텔링 속에 숨어 있는 의미를
곱씹어볼 필요가 있다. 문자로 기록된 역사는 '사실'일까? 사실
에 어느 정도 부합될까? 역사를 서술한다는 것은 이렇게 어렵
다. 아니 애초부터 역사를 서술한다는 것 자체가 불가능한 일인
지도 모른다. 나는 이 책에서 양쪽의 '다른' 생각을 말해주고, 사
실이 필요할 때는 사실로만 요약했다. 나머지 판단은 독자에게
넘기는 방식이다. 이것은 내가 원하는 박물관의 스토리텔링, 내
가 읽고 싶은 역사교과서의 방향이기도 하다.

홍콩 역사를 기록하고 싶다면, 홍콩이라는 정체성 변화 역사
를 가르치면 된다. 더 정확하게 말한다면 중국-홍콩 관계 변화
에 따른 홍콩 정체성의 변화를 가르치면 된다. 이것은 모든 지역
(국가) 역사 교육의 방법에서 정곡이 될 수 있다.

'중국-홍콩 체제'에서 살펴본다면 역사는 반드시 발전하지 않
는다. 때로 퇴보한다. 물론 중국은 동의하지 않을 것이고, 홍콩

에 있는 친중국계 인사들도 동의하지 않을 것이다. 복지라는 의미를 원뜻대로 좁힌다고 하더라도 크게 개선된 것 같지도 않다. 하물며 인간의 자유와 행복감을 기준으로 삼는다면 1백 년 이전으로 퇴보했다고 해도 과언이 아닐 것이다. 홍콩 원래의 가치가 사라졌다. 원래 홍콩은 소멸되고, 새로운 홍콩이 생성되고 있는 것이다.

이제 프롤로그에서 던졌던 질문에 대답해야 할 시간이 다가왔다. 역사의 정곡은 무엇일까? 우리 사유의 지평을 확장시키기 위한 역사 서술은 어떤 것일까를 생각하면서 여기까지 왔다. 류짜이푸는 역사적인 측면에서 '가치 중립'은 역사 사건에서 객관적인 평가를 추구하며, 역사 인물에 대해서도 이해하고 동정한다는 것이라고 했다. 즉 당파나 권력 투쟁 입장에서 충신이 아니면 간신, 선(善)이 아니면 악(惡) 등의 절대적인 가치 판단을 하지 않는다는 것이다. 누구는 명분에 목숨을 걸고, 누구는 내게 돌아올 실리만을 계산한다. 물론 이러지도 저러지도 못하고, 중간에서 수시로 이쪽저쪽을 넘나드는 사람도 많다. 그렇게 해서 고비 고비 역사는 선택되어지고, 지역과 국가의 정체성이 만들어지는 것이다. 역사는 아(我)와 비아(非我)의 투쟁이 아니다. 과거와 현재의 대화도 아니다. 그저 명분을 중시하는 두뇌와 실리를 좋아하는 두뇌의 투쟁일 뿐이다.

참고문헌

김철 지음, 『우리를 지키는 더러운 것들-정체성이라는 질병에 대하여』,
    뿌리와이파리, 2018
노먼 도이지 지음, 김미선 옮김, 『기적을 부르는 뇌-뇌가소성 혁명이 일
    구어낸 인간 승리의 기록들』, 지호, 2008
다니엘 G. 에이멘 지음, 안한숙 옮김, 『그것은 뇌다』, 브레인월드, 2008
다치바나 다카시 지음, 이규원 옮김, 『뇌를 단련하다』, 청어람미디어,
    2004
데이비드 G. 마이어스, 진 M. 트웬지 지음, 이종택 등 옮김, 『마이어스의
    사회심리학』, 시그마프레스, 2021
데이비드 이글먼 지음, 김소희 옮김, 『인코그니토-나라고 말하는 나는 누
    구인가』, 쌤앤파커스, 2011
롤프 도벨리 지음, 비르기트 랑 그림, 두행숙 옮김, 『스마트한 생각들』,
    걷는 나무, 2020
류영하, 『대만 산책』, 이숲, 2022
류영하, 『방법으로서의 중국-홍콩 체제』, 소명, 2020
류영하, 『이미지로 읽는 중화인민공화국』, 소명, 2010
류영하, 『중국 민족주의와 홍콩 본토주의』, 산지니, 2014
류영하, 『홍콩 산책』, 산지니, 2019
류영하, 『홍콩이라는 문화 공간』, 아름나무, 2008
류영하, 『홍콩-천 가지 표정의 도시』, 살림, 2008

리 매킨타이어 지음, 노윤기 옮김, 『지구가 평평하다고 믿는 사람과 즐겁고 생산적인 대화를 나누는 법』, 위즈덤하우스, 2022

리 매킨타이어 지음, 정준희 해제, 김재경 옮김, 『포스트 트루스』, 두리반, 2019

리처드 니스벳 지음, 이창신 옮김, 『마인드웨어-생각은 어떻게 작동하는가』, 김영사, 2016

리처드 니스벳 지음, 최인철 옮김, 『생각의 지도』, 김영사, 2004

리처드 니스벳, 리 로스 지음, 김호 옮김, 『사람일까 상황일까』, 푸른숲, 2019

마르쿠스 가브리엘, 오노 카즈모토 편찬, 김윤경 옮김, 『왜 세계사의 시간은 거꾸로 흐르는가』, 타인의 사유, 2021

미셸 세르, 실비 그뤼스조프 외 9명 지음, 이효숙 옮김, 『정체성, 나는 누구인가』, 알마, 2013

스티븐 핑커 지음, 김한영 옮김, 『빈 서판』, 사이언스북스, 2004

스티븐 핑커 지음, 김한영 옮김, 『지금 다시 계몽』, 사이언스북스, 2021

싯다르타 무케르지 지음, 이한음 옮김, 『유전자의 내밀한 역사』, 까치, 2017

아포 지음, 김새봄 옮김, 『슬픈 경계선』, 청림출판, 2020

왕단 지음, 송인재 옮김, 『왕단의 중국현대사』, 동아시아, 2013

요아힘 바우어 지음, 장윤경 옮김, 『공감하는 유전자』, 매일경제신문사, 2022

조너선 하이트 지음, 왕수민 옮김, 『바른 마음-나의 옳음과 그들의 옳음은 왜 다른가』, 웅진지식하우스, 2022

최연호 지음, 『기억 안아주기』, 글항아리, 2020

쿠르트 레빈 지음, 정명진 옮김, 『사회적 갈등 해결하기』, 부글북스, 2016

티머시 스나이더 지음, 함규진 옮김, 『피에 젖은 땅-스탈린과 히틀러 사

이의 유럽』, 글항아리, 2021

프랜시스 젠슨, 에이미 엘리스 넛 지음, 김성훈 옮김, 『10대의 뇌』, 웅진
   지식하우스, 2018

柳泳夏, 『香港弱化-以香港歷史博物館的敘事為中心』, 圓桌文化, 2018

王賡武, 「19, 20世紀新加坡华人的身分认同與忠诚」, 『华人研究国际学
   报』第八卷 第二期, 2016

蔡榮芳, 『香港人之香港史 1841-1945』, 香港: Oxford University
   Press, 2001

高馬可 著, 林立偉 譯, 『香港簡史-從殖民地至特別行政區』, 香港: 中華
   書局, 2015

周子峰 編著, 『圖解 香港史 遠古至一九四九年』, 香港: 中華書局, 2010

周子峰 編著, 『圖解 香港史 一九四九至二0一二年』, 香港: 中華書局,
   2012

徐振邦 陳志華 編著, 『圖解香港手冊』, 香港: 中華書局, 2015

张连兴 著, 『香港 二十八总督』, 北京: 朝华出版社, 2007

劉再復, 「再論'第三話語空間'」, 『明報月刊』2006年 4月號

章詒和, 「我們有'中立空間'嗎」, 『明報月刊』2006年 4月號

林泉忠, 「香港本土主義的起源」, 『明報月刊』2016年 7月號

林泉忠, 「'舊香港'與'新香港'-港人身份認同何去何從?」, 『明報月刊』
   2022年 7月號

紀碩鳴, 「香港回歸二十五年政治和社會的幾個關鍵時刻」, 『明報月刊』
   2022年 7月號

任珺 著, 『身份認同與香港文化政策研究』, (香港: 三聯書店有限公司,
   2022年 12月)

香港民意研究所(www.pori.hk)